PSICOPATAS
NO TRABALHO

PSICOPATAS
NO TRABALHO

COMO IDENTIFICAR E SE DEFENDER

DR. PAUL BABIAK &

DR. ROBERT D. HARE

São Paulo
2022

Grupo Editorial
UNIVERSO DOS LIVROS

Snakes in Suits - Understanding and surviving the psychopaths in your office - revised edition
Copyright © 2006, 2019 by Paul Babiak, Ph.D., and Robert D. Hare, CM, Ph. D

© 2022 by Universo dos Livros
Todos os direitos reservados e protegidos pela Lei 9.610 de 19/02/1998.
Nenhuma parte deste livro, sem autorização prévia por escrito da editora, poderá
ser reproduzida ou transmitida sejam quais forem os meios empregados: eletrônicos,
mecânicos, fotográficos, gravação ou quaisquer outros.

Diretor editorial
Luis Matos

Gerente editorial
Marcia Batista

Assistentes editoriais
Letícia Nakamura
Raquel F. Abranches

Tradução
Marcia Men

Preparação
Marina Constantino

Revisão
Ricardo Franzin
Tássia Carvalho

Diagramação e Capa
Renato Klisman

Dados Internacionais de Catalogação na Publicação (CIP)
Angélica Ilacqua CRB-8/7057

B113p
Babiak, Paul
Psicopatas no trabalho : como identificar e se defender / Paul Babiak, Robert D. Hare ; tradução de Marcia Men. –– São Paulo : Universo dos Livros, 2022.
384 p.
Bibliografia
ISBN 978-65-5609-214-0
Título original: *Snakes in suits – understanding and surviving the psychopaths in your office*
1. Psicologia industrial 2. Distúrbios da personalidade antissocial I. Título II. Hare, Robert D. III. Men, Marcia
22-2321   CDD 658.3

Universo dos Livros Editora Ltda.
Avenida Ordem e Progresso, 157 — 8º andar — Conj. 803
CEP 01141-030 — Barra Funda — São Paulo/SP
Telefone/Fax: (11) 3392-3336
www.universodoslivros.com.br
e-mail: editor@universodoslivros.com.br
Siga-nos no Twitter: @univdoslivros

À memória de Joan Bedard

SUMÁRIO

Introdução 9

O CASO DE DAVE:
UMA SERPENTE USARIA UM TERNO TÃO BACANA? 15
ATO 1, CENA 1 – GRANDE ENTRADA 17

   1. O caso do pit bull 23

   2. Quem *são* essas pessoas? 33

O CASO DE DAVE
ATO 1, CENA 2 – COMEÇANDO A CORRIDA 59

   3. O que se vê pode não ser o que se vê 63

O CASO DE DAVE
ATO 2, CENA 1 – OLÁ, COLEGA! 83

   4. Manipulação psicopática:
   Como é que ele fez isso? 87

O CASO DE DAVE
ATO 2, CENA 2 – COLHENDO A MAÇÃ 101

   5. Entra o psicopata, à esquerda do palco 105

O CASO DE DAVE
ATO 3, CENA 1 – HORA DO PÂNICO 125

   6. Peões, patronos e bodes expiatórios:
   Papéis no drama do psicopata 129

O CASO DE DAVE
ATO 3, CENA 2 – UM ERRO INOCENTE?...................................157

7. Caos e escuridão: os amigos do psicopata.....................161

O CASO DE DAVE
ATO 3, CENA 3 – VAMOS MARCAR UM ALMOÇO.......................179

8. Eu não sou um psicopata,
só falo e ajo como um...183

O CASO DE DAVE
ATO 4 – AS DÚVIDAS SAEM, DANÇANDO..............................209

9. Um estudo empírico único sobre
a psicopatia corporativa..213

10. O B-scan: uma medida da psicopatia corporativa........231

11. Inimigo nos portões...243

O CASO DE DAVE
ATO 5, CENA 1 – ASSUMINDO UMA POSIÇÃO DEFENSIVA.........281

12. Autodefesa pessoal..287

O CASO DE DAVE
ATO 5, CENA 2 – DESVENDANDO O ENIGMA..........................317

13. A quinta-coluna...323

O CASO DE DAVE
ATO 5, CENA 3 – ASCENSÃO E QUEDA.................................343

Agradecimentos...347

Apêndice...351

Alguns documentários recomendados..................................357

Notas..361

INTRODUÇÃO

As pessoas, em sua maioria, são honestas e leais, cidadãs que respeitam as leis e concentram sua energia em ganhar a vida, cuidar da família e contribuir com a sociedade. Outras são mais egoístas, preocupando-se apenas consigo mesmas, e parecem carecer de uma bússola moral. Demonstram pouca consideração pelos outros, permitindo que sua necessidade de poder e prestígio se sobreponha a seu senso de justiça e equidade.[1] Infelizmente, no mundo dos negócios, alguns indivíduos deixam as responsabilidades da liderança e os privilégios do poder sobrepujarem seu senso moral. O recente aumento de relatos de abuso em grandes corporações e governos não deveria, portanto, ser uma surpresa, considerando-se a ampliação do acesso ao poder irrestrito e a recursos de proporções impressionantes, e a erosão de padrões e valores éticos.

Talvez líderes dos setores empresarial e governamental experimentem esse enfraquecimento do senso moral entre "certo ou errado" devido ao excesso de tentações e à facilidade de acesso ao poder. Outros podem se sentir no direito de colher recompensas proporcionais ao tamanho da organização que lideram, argumentando que suas extravagâncias parecem exageradas apenas àqueles que têm poucas chances de realizá-las. Alguns justificam seu sucesso abraçando o mantra de que "a ganância é benéfica"* e acreditam que o sucesso a qualquer custo é tanto desejável quanto legítimo.

Existe, entretanto, um outro grupo, cujos comportamentos e atitudes são potencialmente muito mais destrutivos para empresas e funcionários, governos e cidadãos. Esse grupo, o assunto deste livro, responde por uma personalidade obscura baseada em falsidade, manipulação, engano, egocentrismo, insensibilidade e outros traços que podem causar danos. Essa personalidade é a psicopatia.

O que torna a psicopatia singular é o fato de que as características e traços que a definem levam a comportamentos que entram em conflito com as normas geralmente seguidas e as leis da sociedade. Algumas pessoas com personalidade psicopática estão presas por crimes, amiúde violentos, contra outras pessoas e propriedades. Outras cumprem pena por crimes do colarinho branco, como estelionato, desvio de dinheiro ou manipulação do mercado de ações. Contudo, muitas, se não a maioria, das que cometem crimes raramente enfrentam processos ou, se os enfrentam, frequentemente terminam cumprindo sentenças leves antes de retomarem uma vida de crimes econômicos. Como indicamos no Capítulo 2, os instrumentos utilizados para avaliar a psicopatia identificam um *continuum* que vai desde nenhum até uma concentração alta de traços psicopáticos. Nós nos referimos aos indivíduos do segundo caso como psicopatas (ver Figura 9.1 para uma representação desse *continuum*). Isso é análogo a descrever aqueles que sofrem de pressão alta como hipertensos.

Muitos indivíduos com alto índice de traços psicopáticos manipulam ou desobedecem a lei rotineiramente, mas conseguem evitar denúncias ou condenações por seus atos. Alguns pesquisadores se referem a eles como "psicopatas bem-sucedidos". No entanto, nos parece incongruente referirmo-nos a psicopatas como bem-sucedidos *apenas porque conseguem evitar serem presos*. Muitos deles se envolvem em diversas atividades parasitárias, predatórias e socialmente

---

* Referência a uma fala do personagem Gordon Gekko (interpretado por Michael Douglas) no filme *Wall Street – Poder e cobiça*. O personagem, conhecido como "demolidor de empresas", diz "*greed is good, actually*", o que acabou virando um lema dos financistas e especuladores dos anos 1980 em diante. (N. da T.)

impróprias, como flagrantes violações das leis de trânsito, má conduta sexual, abuso infantil ou doméstico, *bullying*, práticas desonestas nos negócios e outros comportamentos que resultam em sérios danos psicológicos, físicos e financeiros a terceiros, inclusive à própria família e aos amigos. Para vários desses indivíduos, que são o assunto deste livro, o sucesso é definido pela aquisição de poder, prestígio e enriquecimento financeiro, sem nenhuma consideração pelos sentimentos ou pelo bem-estar dos outros. Dessa perspectiva, alguns obtêm êxito, mas, para outros, o sucesso é esporádico, transitório e, em alguns casos, beira o ilusório.[2]

A bibliografia científica sobre o psicopata criminoso é extensa. Entretanto, na época em que escrevemos a primeira edição deste livro, o número de estudos empíricos sobre psicopatas em diversas organizações era escasso. Durante anos, muitos especialistas acreditavam que a própria natureza dessas pessoas dificultava sua vida em sociedade ou suas chances de terem carreiras longas e bem-sucedidas nos negócios e em diferentes indústrias. Ao menos essa era a sabedoria convencional até fazermos nossa pesquisa.

Mais de uma década atrás, havia pouquíssima compreensão de como psicopatas conseguiam passar despercebidos em organizações com e sem fins lucrativos, no serviço público, em grupos religiosos, na academia, no setor militar e nas agências governamentais. A primeira edição deste livro** surgiu de nossa compreensão de que o público precisava de mais informações sobre o que constitui a manipulação e o engano de psicopatas aparentemente bem-sucedidos. Conforme escrevemos na primeira edição: "A premissa deste livro é de que os psicopatas estão, sim, trabalhando em organizações modernas. Eles com frequência têm carreiras bem-sucedidas, segundo a maioria dos padrões pelos quais se mede o sucesso profissional, e as características destrutivas de sua personalidade são invisíveis para muitas das pessoas com quem interagem. São capazes de driblar e às vezes até tomar o controle dos sistemas de planejamento de sucessão e de gestão de desempenho para legitimar seus comportamentos. Tiram

---

** Publicada nos EUA em 2006, sem tradução em português. (N. da T.)

vantagem de falhas na comunicação, nos sistemas e nos processos organizacionais; de conflitos interpessoais; e de fatores gerais de estresse que flagelam todas as empresas. Abusam de colegas e, ao reduzir o moral e criar conflitos, da própria empresa. Alguns podem até roubar e cometer fraudes" (p. 139-140).[3]

Embora a literatura científica sobre psicopatas criminosos fosse extensa e continue crescendo, ela dizia respeito primariamente a cientistas forenses, médicos e profissionais da justiça criminal. Ao compartilhar nossa pesquisa, sem uma linguagem técnica e com estudos de casos reais, esperávamos suprir algumas das lacunas na compreensão da psicopatia entre os leitores de livros de negócios. Queríamos oferecer-lhes a experiência de trabalhar bem perto de um psicopata e reconhecê-lo, apresentando situações reais com as quais nos deparamos em nosso trabalho — inclusive, em muitos casos, as mesmas falas reproduzidas pelos participantes. Um colega de trabalho psicopata pode prejudicar sua carreira de formas visíveis e invisíveis, e por isso esperávamos que esse conhecimento ajudasse os leitores a evitar os efeitos devastadores do abuso psicopático. Desde aquela época, recebemos inúmeras cartas e e-mails de leitores agradecendo-nos e compartilhando suas experiências pessoais com colegas de trabalho, chefes e até membros da família com traços psicopáticos.

Diferentemente de quando escrevemos a primeira edição, agora temos um número considerável de estudos empíricos sobre a psicopatia corporativa, aos quais nos referiremos ao longo da obra. Apesar de várias de nossas ideias a respeito da psicopatia no ambiente profissional terem sido estudadas e confirmadas empiricamente desde então, a análise científica da psicopatia corporativa ainda está engatinhando. Existem muitas perguntas que ainda precisam de pesquisas de campo. Por exemplo: Como psicopatas conseguem entrar em uma empresa? Que impacto exercem sobre a organização e a reputação da empresa e de seu pessoal? Nosso objetivo nesta edição revisada é atualizar o leitor quanto às descobertas mais recentes sobre a psicopatia e partilhar nossa compreensão desse fenômeno, sempre em evolução.

Abordamos essa tarefa informando o leitor sobre a natureza da psicopatia e seu impacto no ambiente profissional. Nos capítulos 1 e 2, exploramos em detalhe os muitos traços e características que definem a síndrome psicopática. Do capítulo 3 até o 10, nos concentramos nas técnicas de manipulação utilizadas pelos psicopatas para usar e abusar de suas vítimas. Na terceira parte do livro, dos capítulos 11 ao 13, oferecemos boas práticas, recolhidas durante nossa experiência como *coaches* e consultores em empresas, que podem ajudar os leitores que sintam estar lidando com um psicopata no trabalho.

Para ilustrar muitos dos conceitos, incluímos estudos de casos pelo caminho. O primeiro, "O caso de Dave", divide-se em dez segmentos, escritos como cenas de uma peça de teatro, de modo que o leitor possa não apenas testemunhar e sentir a presença de psicopatas, mas conectar diretamente suas maquinações ao conteúdo do texto. No início do livro, também mostraremos um caso na íntegra, o "Caso do Pit Bull", para ilustrar como geralmente se desenrola todo o processo de manipulação psicopática na vida real. Ao longo do livro, ainda introduzimos outros casos, mais curtos, para exemplificar pontos específicos. (Nota: com algumas exceções, não usamos nomes reais e alteramos detalhes que pudessem servir como fatores de identificação.)

Além disso, agrupamos as notas de pesquisa atualizadas como material suplementar, nomeadas de acordo com o capítulo em que se encontram, sua posição no capítulo e com um título curto. Por exemplo: o primeiro suplemento para o Capítulo 2 é o S 2.1: *Natureza? Criação? As duas coisas!* Os suplementos se encontram no final dos capítulos para que os estudantes interessados em psicopatia possam se aprofundar nos dados enquanto os demais leitores passam para o capítulo seguinte. Também introduzimos a seção "Questões para discussão" para provocar o leitor a considerar os pormenores do material. Elas também são adequadas para uso em sala de aula ou para debates em clubes de leitura. O capítulo de notas fornece referências para materiais discutidos no texto, organizadas por capítulos. Existem muitos documentários sobre a psicopatia. Indicamos alguns dos melhores na seção "Documentários recomendados".

Os leitores podem também acessar www.hare.org para uma lista atualizada de livros, capítulos e artigos sobre psicopatia [em inglês]. Em muitos casos, há links diretos para o resumo dos artigos. Os sites da Society for the Scientific Study of Psychopathy [Sociedade para o Estudo Científico da Psicopatia] (SSSP, www.psychopathysociety. org) e da Aftermath: Surviving Psychopathy Foundation [Fundação Consequências: Sobrevivendo à Psicopatia] (www.aftermath-surviving-psychopathy.org) oferecem informações importantes sobre pesquisas em psicopatia e técnicas de sobrevivência, respectivamente.

Este livro apresenta o modo como essas pessoas manipulam os outros; também busca ajudar o leitor a identificar os seus joguinhos e oferecerá dicas de como proteger a si mesmo, sua carreira e sua empresa.

O CASO DE DAVE:

uma serpente usaria
um terno tão bacana?

ATO 1, Cena 1
GRANDE ENTRADA

Era possível imaginar que ele estivesse chegando para uma sessão de fotos para uma revista, a julgar por sua entrada calma, altiva e confiante. Seu terno era muito bem-feito; seu sorriso, amplo; sua camisa, engomada; e, bem, todo o pacote apresentado era o retrato da perfeição.

— Oi, meu nome é Dave. Estou aqui para ver o Frank — disse ele à recepcionista.

— Vou chamá-lo, senhor. Sente-se, por favor — respondeu ela.
— É bom vê-lo de novo. — Sorriu.

— Oi, Dave, que bom te ver de novo! — soou a voz de Frank, do outro lado do saguão. — Como foi a viagem para cá?

— Foi boa, agradável — declarou Dave, oferecendo-lhe um firme aperto de mão.

— Temos mais algumas entrevistas para você hoje — disse Frank. — É só com um pessoal dos recursos humanos. Depois há uma reunião com o meu chefe, nosso vice-presidente, e então um almoço e um passeio pela vizinhança.

— Ótimo, estou pronto para começar — disse Dave, entusiasticamente.

Fundada em uma garagem no Meio-Oeste americano, a Garrideb Tecnologias era uma daquelas empresas de alta tecnologia que havia levantado voo e atingido um sucesso muito além do que seus fundadores jamais sonharam. Devido ao incrível crescimento da empresa, muitas mudanças precisavam ocorrer, das quais uma das maiores era a necessidade de contratar mais funcionários. A equipe administrativa buscava os melhores talentos disponíveis para poder acompanhar a demanda crescente por seus produtos e serviços. Poucos candidatos tinham currículos com a formação e a experiência especializadas de que precisavam, mas Dave tinha.

As entrevistas com o setor de recursos humanos correram melhor do que o usual. Profissionais de RH tendem a cutucar mais a fundo nas motivações das pessoas do que os entrevistadores de outros departamentos, solicitando muitos detalhes sobre empregos anteriores e recomendações, mas Dave foi polido e cooperativo.

— Ficarei aqui pelo tempo necessário — disse, sorrindo —, então, seja lá o que precisarem, por favor, perguntem. É para isso que estou aqui.

Ao fim do processo, o assistente do RH acompanhou Dave até a ala dos executivos seniores.

— Bem-vindo, Dave. Fico feliz por finalmente conhecê-lo — disse John, o vice-presidente de novos produtos, reparando no terno e na gravata caros de Dave. — Como foi a sua viagem?

— Excelente — declarou Dave. — Esta é uma parte linda do país. Mal posso esperar para conhecer melhor a vizinhança. Suas instalações são extraordinárias. Eu nunca tinha visto uma arquitetura dessas.

— Obrigado — respondeu John. — Tentamos deixar nossa equipe confortável. O sucesso tem suas recompensas, e nós não economizamos nas comodidades.

— Fiquei sabendo de algumas coisas sobre o planejamento estratégico pelo Frank e estudei o site da empresa, mas gostaria de ouvir mais detalhes de você, o maior estrategista do sucesso da empresa. Como vocês fazem tudo isso? — indagou Dave.

Satisfeito com o interesse de Dave pelo futuro da empresa, John tirou alguns slides de uma pasta em sua estante para mostrar alguns gráficos e se lançou na exposição de seu plano.

— Inacreditável! Você fez mesmo um excelente trabalho orquestrando tudo — exclamou Dave.

John ficou feliz em interagir com alguém que, apesar da idade, compreendia tão bem os meandros da construção de um negócio. Ele deixou de lado as sugestões de perguntas que o RH havia preparado para a entrevista e pediu a Dave que lhe falasse um pouco sobre si mesmo. Dave obedeceu animadamente, descrevendo seu histórico profissional e dando uma abundância de exemplos que refletiam o respeito de John pelo entusiasmo, o trabalho duro e a diligência. A extensão da experiência de Dave era, aos 35 anos, impressionante, resultando em um currículo e um portfólio que a maioria das pessoas teria que trabalhar uma vida inteira para alcançar.

Quando a entrevista terminou, Dave estendeu a mão, sorriu e disse, olhando diretamente nos olhos de John:

— Muito obrigado pelo seu tempo. Estou ansioso para trabalhar com você. Sei que posso ajudá-lo a concretizar sua visão estratégica.

— O prazer foi todo meu. Espero vê-lo de novo.

A secretária de John acompanhou Dave de volta ao saguão para esperar por Frank. *Impossível encontrar um candidato melhor,* pensou John enquanto ligava para transmitir sua aprovação a Frank.

Depois de falar com John, Frank apanhou seu casaco e saiu para se encontrar com Dave, mas, ao chegar à porta do escritório, seu telefone voltou a tocar.

— Eu gostaria que todos nós nos reuníssemos mais tarde, ainda hoje, para discutir a situação de Dave — disse a diretora de RH.

— Ah, Melanie, não será necessário. John e eu acabamos de decidir que Dave é a melhor pessoa para a vaga. Vou levá-lo para almoçar e fazer a oferta.

— Mas nós combinamos que reuniríamos todos os entrevistadores para discutir cada candidato a fundo e queríamos trazer o Tom, o cara de Nova York, para uma segunda conversa — ela relembrou Frank.

— Isso não será necessário. Claramente, é impossível encontrar um candidato melhor do que Dave — disse ele, desligando.

Frank estava feliz por ter encontrado alguém que se encaixava perfeitamente na vaga e na empresa, e não queria que ele escapasse.

Durante o almoço, Frank fez a oferta. Dave questionou o salário, que era, na verdade, até mais alto do que a média, e Frank concordou em melhorá-lo com um bônus na assinatura do contrato e uma reavaliação dali a seis meses.

Frank ficou muito feliz quando Dave aceitou a contraoferta. Vendo potencial de liderança nele, Frank sabia que o estilo, a inteligência e o conhecimento técnico de Dave faziam dele um candidato ideal para desenvolvimento gerencial nessa empresa de tecnologia bem-sucedida e de crescimento rápido. Todos que entrevistaram Dave o acharam perfeito. Um dos gestores do laboratório até declarou que ele era "bom demais para ser verdade". Dave começaria a trabalhar para Frank em duas semanas.

Esse tipo de situação tem se tornado cada vez mais comum, conforme as empresas aceleram as etapas de seleção para atrair, contratar e reter novos talentos de alto potencial antes que os competidores o façam. Os dias de processos de avaliação longos e arrastados ficaram para trás. A concorrência é feroz e os candidatos qualificados são poucos. Os negócios agora andam rapidamente, e a sabedoria popular diz que quem hesita perde. Entretanto, será que Dave foi uma boa contratação?

Seguiremos Dave e outros como ele ao longo deste livro e exploraremos o que os torna tão atraentes, mas potencialmente tão danosos para uma empresa. Descreveremos como entram e crescem dentro das empresas, assumindo cargos de poder e influência crescentes, nos quais podem causar prejuízo considerável à empresa e a seus membros. Oferecemos, então, sugestões a funcionários e colegas de trabalho que podem ser alvos potenciais e também a gerentes e executivos sobre como proteger organizações de manipulações inescrupulosas.

QUESTÕES PARA DISCUSSÃO

⮑ Como você descreveria a personalidade de Dave?

⮑ Dave exibiu algum comportamento que o faria questionar a decisão de Frank de oferecer o emprego a ele?

⮑ Dave disse ou fez alguma coisa que despertou sua desconfiança?

1

O CASO DO PIT BULL[4]

FRED LEVOU O GRUPO À TAVERNA DO O'HARE NAQUELA NOITE depois do expediente. Ele abriu uma conta e pediu uma rodada de bebidas para todos da empresa. Conforme mais gente chegava, havia comemorações e cumprimentos de colegas de trabalho que se regozijavam com a boa sorte. Fred ergueu seu copo para fazer um brinde. O silêncio se espalhou pelo grupo quando todos se voltaram para ele e seu copo levantado:

— O Pit Bull morreu. Longa vida ao Pit Bull! — gritou, para a alegria de todos ali.

— Apoiado! Apoiado! — todos responderam, com risos e aplausos irrompendo pelo salão. Não havia uma só pessoa triste no local aquela noite. Era uma bela mudança de como a maioria das noites de sexta no O'Hare vinham sendo nos últimos dois anos.

No início, as coisas na empresa tinham sido boas. Os aumentos eram excelentes; os bônus, generosos; as condições de trabalho, agradáveis; e a chance de trabalhar para um dos nomes mais antigos e respeitados do ramo, pessoalmente recompensadora para muita gente. Todavia, como acontece com tudo o que é bom, uma mudança ocorreu. Dois anos antes, o CEO, o "Velho Bailey", como seus amigos o chamavam (e a maioria dos funcionários eram seus amigos), vendeu sua empresa de serviços financeiros para uma concorrente maior. Entretanto, como ocorre com muitos empreendedores, ele simplesmente não conseguia se permitir desaparecer em silêncio. Precisava manter as mãos na massa, então negociou um cargo interino como consultor da diretoria para auxiliar na transição.

A diretoria recebia bem seus conselhos e se sentia confortável com suas visitas ocasionais à sede da sua antiga empresa (agora uma subsidiária). Bailey queria ajudar a manter vivos os antigos valores que havia imprimido ao seu pessoal e torcia para que eles se espalhassem a outras partes da corporação maior; mas não foi assim. A nova empresa-mãe tinha muitas subsidiárias em muitos locais, e o pedacinho de mundo corporativo que pertencia a Bailey, assim como sua capacidade de influência, diminuía a cada aquisição. Cada subsidiária tinha seus próprios valores, linhas de serviço e seu jeito de fazer as coisas, e a equipe tinha suas próprias ideias sobre como a cultura da empresa deveria ser de modo geral.

Jarras de cerveja e tigelas de amendoim foram espalhadas pelas mesas na salinha dos fundos do O'Hare. Conforme equipes de departamentos diferentes interagiam, aqueles que tinham ouvido apenas uma parte dos rumores buscavam mais informações; outros queriam confirmar o que tinham escutado. Era bem divertido reunir trechos e pedaços diferentes da história e tentar montar uma narrativa da demissão do Pit Bull.

Embora ele fizesse questão de não participar da gestão do dia a dia dos negócios, uma decisão em particular havia incomodado Bailey: a transferência e promoção de Gus para a vaga de alto escalão da subsidiária. Bailey via Gus como um puxa-saco motivado pelo status que evitava confrontos, não responsabilizava os outros e era muito suscetível a elogios e atenção. Bailey achava que Gus passava tempo demais socializando com executivos e tempo de menos garantindo que as coisas funcionassem em seu setor.

Seis meses depois da promoção de Gus, as portas do inferno se abriram. Pela primeira vez em sua longa história, a subsidiária de Bailey não cumpriu suas metas, por uma margem tão grande que analistas do mercado começavam a fazer comentários nada elogiosos, colocando em perigo a reputação da empresa toda. Para piorar as coisas, também existia o risco de uma multa muito elevada, muito pública e muito humilhante pelo descumprimento de alguns serviços para o governo — um problema que ainda não tinha sido divulgado, mas que com certeza chegaria às manchetes se não fosse contornado rapidamente. Bailey sentia que devia mandar Gus embora, e se ofereceu para comandar a operação até que um substituto adequado e mais qualificado fosse encontrado. A diretoria discordou. Em vez disso, num esforço para ajudar Gus em sua nova função, decidiram criar um novo cargo, o de diretor de operações, que se reportaria a ele.

Uma pessoa que chamou a atenção como a candidata perfeita para a tarefa foi Helen. Surgira de uma das outras aquisições e era tida como uma estrela em ascensão. O relatório de sua avaliação de desempenho elogiava sua coragem, diligência, foco, energia e talento para a liderança. Ela tinha a reputação de agitar as coisas, realizar tarefas e cumprir prazos. Bailey não se impressionou, apontando que já tinha havido danos colaterais consideráveis no processo e que a subsidiária de Helen tinha um desempenho abaixo do esperado, além de ultrapassar o orçamento repetidamente. Entretanto, isso não parecia preocupar a gerência dela, que a colocou na lista de referência de potenciais executivos cruciais. Bailey estava pasmo com o modo como os executivos conseguiam ignorar aqueles números e considerar alguém acostumado a gastar dinheiro para resolver um problema financeiro; porém, essas decisões não cabiam mais a ele.

Helen se saiu muito bem nas entrevistas com os membros do comitê de contratação. Seu jeito dinâmico e cativante e sua autoproclamada habilidade de consertar problemas organizacionais fizeram dela uma escolha óbvia para a vaga. Analistas externos também viram a nomeação de uma pessoa tão assertiva, vibrante e direta para uma subsidiária proeminente, mas problemática, como um compromisso muito firme com a solução de algumas das questões de desempenho. Seu estilo e seu comportamento combinavam com o que a organização e os analistas queriam ver. O momento, as circunstâncias e suas habilidades pareciam combinar muito bem. Com apenas um voto contra (o de Bailey), a diretoria decidiu oferecer-lhe o cargo.

Helen ficou desapontada. Esperava que Gus fosse demitido e que ela ocupasse a liderança. O pessoal dos Recursos Humanos explicou-lhe que a vaga recém-criada de diretora era uma posição proeminente que permitiria o desenvolvimento do ocupante, um cargo fundamental para melhorar o funcionamento cotidiano da subsidiária; todos estariam prestando atenção se ela conseguiria ajudar Gus a recuperar a subsidiária em pouco tempo. Um desempenho incrível em sua nova função podia ajudar, e muito, a alcançar promoções mais rápidas e importantes mais adiante.

Helen disse que cogitaria aceitar a vaga, sob a condição de que recebesse todo o apoio de que precisasse para ser bem-sucedida, um pedido razoável sob todos os aspectos. A empresa estava preparada para tomar quaisquer medidas necessárias e aceitar qualquer pedido para corrigir o problema. Em contraste nítido com os controles financeiros existentes no resto da empresa, portanto, Gus e Helen podiam contar com basicamente qualquer recurso que solicitassem. Com essa garantia, na verdade um cheque em branco, Helen concordou em assumir o cargo.

Em pouco mais de seis meses, os problemas que tinham atormentado a subsidiária pareciam ter desaparecido. O nível de serviço nos contratos governamentais subiu para um desempenho de entrega de 95 por cento; os erros (individuais, gerados por sistemas informáticos ou de processo) que haviam causado os problemas foram identificados e rapidamente corrigidos; e a questão de conformidade regulatória foi abafada rapidamente. Helen foi destacada para receber elogios publicamente por salvar a subsidiária. Até Gus falou de forma positiva sobre ela, especialmente sobre sua conduta ética, diligência e dedicação ao trabalho. A diretoria aprovou colocá-la no plano de sucessão executiva.

Fred deu a volta pelas mesas em torno do salão, brindando conforme passava de lá para cá. Trechinhos de conversas animadas eram audíveis por cima do ruído geral. Rick, do setor de correspondências, confirmou que a polícia estadual esteve na porta dos fundos para manter todo mundo lá dentro.

— E tinha aqueles dois caras de terno preto apreendendo computadores, pastas e o que tinha na fragmentadora de papel — relatou ele.

Sheila, da equipe de segurança, confirmou que tinham recebido a ligação naquela manhã, seguida da ordem de posicionar os seguranças junto à porta da frente.

— Algemas, sim — disse, respondendo à pergunta do pessoal do marketing.

Ninguém ficou surpreso quando Gus foi removido do cargo — exceto, talvez, o próprio Gus —, depois que Helen apresentou argumentos aos membros do comitê executivo que o implicavam na queda de rendimento original dos negócios. Helen se relacionava de modo bastante competitivo e dramático com os outros, e simplesmente amava estar no centro das atenções e atrair os holofotes. A recuperação da subsidiária deu-lhe a plataforma de que precisava para subir de carreira na empresa. Naturalmente, foi escolhida para substituir Gus, recompensada com uma promoção ao cargo de Gus.

A porta da frente do O'Hare se abriu devagar. Ali estava um homem um tanto grandalhão, em um casaco longo e preto. Deu uma olhada no relógio de pulso e adentrou o bar. O'Hare saudou o sujeito bem-vestido com a cabeça. Tirando as luvas pretas, o homem pediu um ginger ale com uísque e um palito para misturar. O'Hare assentiu e foi fazer o drinque.

A maior parte da equipe de Helen não confiava nela. Ela tratava seus subordinados com desdém e um certo desprezo, com frequência zombando de suas habilidades e sua competência. Com aqueles que ela julgava úteis à sua carreira, contudo, Helen era graciosa, interessante e divertida. Tinha um talento para mostrar seu lado bom para aqueles que julgava importarem, ao mesmo tempo que desmentia, desconsiderava, descartava e deslocava qualquer um que não concordasse com suas decisões. Helen dizia aos executivos o que eles queriam ouvir, orquestrando reuniões como se fossem produções de cinema. Helen era mestra em impressionar os gestores; efetivamente manipulava seus superiores e intimidava seus subordinados diretos, enquanto atuava para pessoas específicas que fossem importantes para sua carreira.

Apanhando sua bebida, o homem olhou ao redor da taverna. O lugar estava tranquilo, exceto pelo barulho na sala dos fundos.

Com Gus fora da jogada, Helen revelou seu estilo dominador de comandar. Ataques histriônicos durante reuniões com a equipe eram comuns, e os participantes com frequência saíam surrados, feridos e humilhados. Ela saía pisando duro pelo prédio do novo escritório — que havia alugado porque queria uma sala maior — sem cumprimentar ninguém, ladrando ordens e, de modo geral, intimidando, assustando e oprimindo as pessoas.

Isso estava muito longe do estilo de gestão de Bailey, um homem cujas portas estavam sempre abertas e que rotineiramente andava pela empresa solicitando novas ideias para melhorar os negócios. Bailey valorizava sua equipe e espantava novos integrantes com sua capacidade de lembrar o nome de cônjuges e as façanhas esportivas de filhos de funcionários. Bailey era sociável; não apenas era extremamente inteligente, como também sabia ganhar dinheiro. Tinha consciência de que seu sucesso — o sucesso dos negócios — dependia da qualidade de sua equipe e compartilhava as glórias e as recompensas com as pessoas à sua volta.

Ao longo dos meses seguintes, Helen contratou sua própria equipe para substituir muitos de seus oponentes mais barulhentos. Confiando em sua abordagem instintiva para a aquisição de talentos, ela oferecia grandes bônus de contratação para convencer executivos jovens e brilhantes a deixarem os cargos que ocupavam naquele momento; mas, se ela decidisse — em questão de semanas ou, em alguns casos, de dias — que eram inadequados, incompetentes ou não leais o bastante, ela os demitia. Não havia nenhuma preocupação com o prejuízo que causava à carreira e à vida familiar dessas pessoas, nem com os problemas legais que podia causar à empresa. Ela também contratou vários amigos, amiúde sem consultar o setor de recursos humanos.

Helen parecia capaz de fazer qualquer coisa que quisesse sem impedimentos, incluindo propiciar a si mesma luxos extravagantes, como um carro novo, móveis de escritório caríssimos, um apartamento mobiliado ou o aluguel de um jato corporativo para suas viagens. Ela deu início a uma série de conferências de gestão muito caras, realizadas em destinos tropicais, com palestrantes de destaque, nas quais ela alardeava as realizações da subsidiária, assumindo ela mesma os holofotes. Suas alegações de sucesso contrastavam com uma crescente falta de coesão, diminuição do moral e um aumento nos níveis de estresse dentro da divisão — porém, de alguma forma, aqueles que estavam no topo não notavam essa discrepância.

Questionar o comportamento de Helen provocava reações intensas, como quando ela demitiu o coach executivo contratado pela empresa para ajudar a polir as arestas de sua personalidade. Ela nunca estava errada e se interessava apenas em ouvir notícias positivas. As pessoas se ressentiam do jeito como ela desfilava, como se fosse uma abelha rainha, exibindo seu status, seu poder e os privilégios de executiva que havia estabelecido. Muitos da equipe tinham medo dela; pelas costas, diziam que ela era como um pit bull.

O homem junto ao balcão olhou para seu relógio e conferiu o salão, como se procurasse por alguém.

— Eles estão lá dentro — disse O'Hare, indicando o salão dos fundos com o queixo. — Acho que não esperavam vê-lo, mas tenho certeza de que você pode entrar direto.

Mas o que realmente aborrecia a equipe era a ausência cada vez maior de Helen do escritório. O segundo responsável, Ned — um amigo próximo nomeado por ela para um cargo de desenvolvimento de novos negócios —, com frequência se ausentava ao mesmo tempo, o que provocava fofocas nada gentis. Outros rumores, mais críticos, diziam que ele cuidava de outro negócio às escondidas, apesar de isso ser proibido pela política da empresa. A presença de Ned não era bem-vista pelo pessoal, mas Helen o protegia e ninguém ousava contradizê-la.

Lynda, da contabilidade, estava sentada no fundo do salão, bebericando seu vinho. A conversa barulhenta dos colegas que estavam com ela fornecia um pano de fundo tranquilizador para seus pensamentos privados. Recém-formada em Finanças e Contabilidade, Lynda estava empolgada por trabalhar em uma empresa tão prestigiosa. Também estava muito feliz por Julie, a integrante mais antiga da equipe de auditoria, ter permitido que ela introduzisse algumas técnicas de contabilidade forense que aprendera na faculdade nos procedimentos de auditoria interna do departamento.

— Você deveria estar feliz, Lynda — disse Julie. — Você notou algo estranho e soou o alerta, e a [xingamento omitido] se foi.

Lynda deu um gole e sorriu timidamente. As últimas semanas tinham sido um inferno na Terra. Quando Ned contou para o Pit Bull que Lynda estava mergulhando fundo no banco de dados contábil da empresa, ela ficou fula da vida com o departamento financeiro inteiro. Exigiu que Lynda fosse demitida. Hoje deveria ser o último dia dela.

— Escuta, Lyn, há todo tipo de gente no mundo, e você deu azar de pegar uma canalha, uma criminosa, no seu primeiro emprego. Mas a maioria das pessoas é honesta e quer fazer um bom trabalho... Você é uma delas, e está cercada por amigos. Você fez o que era certo; você é a nossa heroína.

Todos à mesa ofereceram uma expressão coletiva de apoio, e Julie passou os braços em torno de Lynda, que sorriu.

Com o copo na mão, o homem de casaco preto lentamente abriu a porta da sala dos fundos.

— Ned foi visto tentando fugir pela cafeteria! — berrou Sheila. — Ficou doido quando eles o algemaram, exigindo ligar para o seu advogado!

— E esse negócio de o Pit Bull tentar fugir de jatinho? — indagou Sam, que era sempre o último a ficar sabendo das fofocas quentinhas.

Vendo quem tinha entrado na sala, Fred tossiu alto em uma tentativa de silenciar o grupo, mas poucos o ouviram. Batendo em seu copo com a aliança, ele começou a chamar a atenção do grupo. O ruído alto se transformou em cochichos, e os cochichos viraram um silêncio completo conforme mais e mais pessoas reparavam na chegada do cavalheiro.

A fraude era tão inteligente quanto descarada. Ninguém suspeitava que a maioria das contas cruciais responsáveis pela recuperação e o crescimento da empresa eram completamente falsas. E ninguém no escritório se deu conta de que, usando códigos de acesso de alto nível, Ned e o Pit Bull também tinham invadido o servidor e eram capazes de fazer pequenas alterações em diversas contas de clientes reais, escoando, gradualmente, bens para uma conta no exterior. Eles não podiam imaginar que estavam trabalhando lado a lado com um par de vigaristas.

O cavalheiro passou os olhos pelos rostos no salão e sorriu para aqueles a quem ainda reconhecia. Ao ver Shirley, da contabilidade, dirigiu-se à mesa dela. A maioria do pessoal já tinha se levantado, mas Lynda, que se encontrava de costas para a porta, ainda estava mergulhada em pensamentos. Conforme ele se aproximava, a multidão se abria. Ao chegar perto dela, ele perguntou:

— Você é a Lynda?

Acordando de seu devaneio, surpresa, ela se virou para ver quem estava ao seu lado.

Poucas empresas vivenciam o tipo de drama que se desenrolara naquele dia. Ned, que por acaso tinha chegado cedo, viu a polícia estadual e várias vans pretas nas imediações e teve tempo suficiente para ligar para Helen antes de disparar na direção da porta dos fundos, caindo diretamente nas mãos da equipe de segurança. Helen deu mais sorte. Enquanto os carros de polícia descaracterizados desciam por sua rua, ela fugiu pela porta dos fundos de sua mansão e saiu pelo quintal para a rua de trás, onde sempre mantinha seu segundo carro estacionado, exatamente para o caso de uma emergência assim. Seu jatinho corporativo estava vigiado, mas poucos imaginavam que ela também alugava um avião particular de um campo de pouso local do outro lado da cidade.

— Sim, senhor — disse Lynda, timidamente.

— Eu queria lhe agradecer pessoalmente por toda a sua ajuda. Aprecio muito a sua coragem e honestidade.

— Sr. Bailey — disse Fred, aparecendo atrás dele. — É ótimo ver o senhor. Bem-vindo à nossa celebração.

—Também é bom te ver, Fred. Parece que estamos sem cerveja. A festa é por minha conta, gente! — disse o Velho Bailey, sentando-se perto de Lynda. — Fred, você poderia buscar outro drinque para mim? O O'Hare sabe o que eu bebo.

QUESTÕES PARA DISCUSSÃO

- ➲ Como você descreveria os estilos de gestão do Velho Bailey, de Gus e de Helen?

- ➲ Como você descreveria a personalidade de cada um?

- ➲ Será que um (ou mais) deles pode ser um psicopata?

- ➲ Gênero e/ou idade influenciaram sua opinião?

2

QUEM *SÃO* ESSAS PESSOAS?

Filmes e livros retratam psicopatas de maneiras extremas e estereotipadas. Eles aparecem como assassinos em série frios, perseguidores, agressores sexuais, trapaceiros, vigaristas ou como o típico vilão maldoso e manipulador, como Dr. No ou Hannibal Lecter. A realidade oferece algum embasamento para essa visão, mas, na verdade, o quadro geral é um pouco mais complexo. Parte do problema reside no fato de que a população em geral e muitos profissionais usam os termos *psicopatia, transtorno de personalidade antissocial* e *sociopatia* como termos intercambiáveis. Essas condições compartilham alguns traços antissociais, mas não são idênticas.

A **psicopatia** é um construto clínico multidimensional caracterizado pelos traços de personalidade e pelos comportamentos que formam a base deste livro (ver Tabela 2.1).[5] A psicopatia não é somente um produto de forças sociais e ambientais. Os fatores genéticos desempenham um papel importante na formação dos traços de personalidade e temperamento considerados essenciais para a definição desse distúrbio. Entretanto, sua expressão permanente é resultado de interações complexas entre predisposições biológicas/temperamentais e fatores sociais. Os traços e comportamentos que ajudam a definir a psicopatia adulta começam a aparecer no início da infância.[6] Psicopatas têm relativamente pouca consciência e habilidade para direcionar sentimentos de empatia, culpa ou lealdade a qualquer um que não a si mesmos. Nos Estados Unidos da América, cerca de 1 por cento da população e por volta de 15 por cento dos criminosos presos se encaixam na definição de psicopatia descrita neste livro. Alguns teóricos e pesquisadores consideram que a psicopatia seja um distúrbio, o resultado de uma disfunção ou dano cerebral, enquanto outros argumentam que ela não é um distúrbio, e sim uma adaptação evolutiva, uma perspectiva que o segundo autor acha convincente (ver S 2.1: *Natureza? Criação? As duas coisas!*). O Apêndice contém um resumo do uso de neuroimagens para o estudo da psicopatia.

O **transtorno de personalidade antissocial** (TPAS) é uma categoria de diagnóstico amplo introduzida na terceira edição do *Manual Diagnóstico e Estatístico de Transtornos Mentais* da Associação Americana de Psiquiatria (DSM-III, 1980), que continuou inalterada na quarta edição (DSM-IV, 1994).[7] Comportamentos antissociais e criminosos têm um papel de destaque em sua definição. Nesse sentido, o TPAS é similar à sociopatia, descrita abaixo. Um diagnóstico de TPAS requer a presença de pelo menos três de sete critérios: incapacidade de se adaptar a normas sociais no que diz respeito a comportamentos lícitos; falsidade; impulsividade ou incapacidade de planejar antecipadamente; irritabilidade e agressividade; descaso imprudente em relação à própria segurança ou à de terceiros; irresponsabilidade consistente; e ausência de remorso.

A diferença entre a psicopatia e o transtorno de personalidade antissocial é que a primeira inclui traços de personalidade como ausência de empatia, grandiosidade e emoções superficiais (ver Tabela 2.1), que não são necessários para o diagnóstico de TPAS. O TPAS é muito mais comum do que a psicopatia na população geral e nas prisões.

Devido à insatisfação com a ênfase excessiva no TPAS em comportamentos criminosos, a Associação Americana de Psiquiatria planejava mudar os critérios do TPAS na quinta edição do DSM (DSM-5, 2013). No início de seu desenvolvimento, o Grupo de

Trabalho em Transtornos de Personalidade propôs renomear o TPAS para *Tipo Antissocial/Psicopatia*. A intenção era incorporar a extensa teoria e pesquisa sobre a psicopatia ao critério de diagnóstico desse transtorno de personalidade. Por psicopatia, referiam-se ao construto clínico descrito tão magistralmente pelo psiquiatra Hervey Cleckley em várias edições de *The Mask of Sanity* [A máscara de sanidade] (discutido mais abaixo) e mensurado com a Escala de Avaliação de Psicopatia de Hare e seus derivados (ver Tabela 2.1 e abaixo). No entanto, após anos de debate e pesquisas de campo mal desenhadas, o DSM-5 manteve os critérios originais de diagnóstico para o TPAS listados acima. Muitos médicos e pesquisadores proeminentes fizeram comentários sobre esse fracasso em alinhar o TPAS com o mais útil construto da psicopatia.[8]

A **sociopatia** não é uma condição psiquiátrica formal, embora nos anos 1930 alguns médicos tenham usado o termo para características "psicopáticas" resultantes de forças sociais adversas. De forma semelhante, hoje em dia ela se refere a padrões de atitudes e comportamentos que a sociedade considera antissociais e criminosos, mas que são normais ou necessários na subcultura ou no ambiente social em que se desenvolveram. Por exemplo: pessoas que cresceram em uma subcultura criminosa, marginalizada ou empobrecida com frequência adotam as atitudes e costumes dessa subcultura. Os primeiros trabalhos do psicólogo David Lykken tiveram uma forte influência sobre a carreira científica de Hare. Ele via os sociopatas como um subgrupo dos portadores de TPAS, o resultado de pais não socializados e/ou incompetentes.[9] Alguns sociopatas podem ter uma capacidade normal ou quase normal de sentir empatia, culpa e lealdade, mas seu senso de certo e errado depende das normas e expectativas de sua subcultura ou grupo. Alguns médicos e pesquisadores se referem a esses indivíduos como *psicopatas secundários*, ou como tendo comportamentos externalizantes (rebeldia). Muitos criminosos e membros de gangues se encaixam nessa descrição. A prevalência de pessoas que descreveríamos como sociopatas é alta.

PSICOPATIA COMO CONSTRUTO CLÍNICO TRADICIONAL

A psicopatia é um construto clínico multidimensional composto de um agrupamento de traços e comportamentos interpessoais, afetivos, antissociais e de estilo de vida. Entre eles estão a enganação, manipulação, irresponsabilidade, impulsividade, busca por estimulação, pouco controle comportamental, afeto superficial, ausência de empatia, culpa ou remorso e uma gama de comportamentos antiéticos e antissociais persistentes, embora não necessariamente criminosos. Entre as características mais devastadoras da psicopatia estão um descaso cruel pelos direitos de terceiros e o risco elevado para uma variedade de comportamentos predatórios e agressivos. Em *Sem consciência*,[10] Hare descreveu psicopatas como:

Predadores sociais que encantam, manipulam e abrem caminho impiedosamente pela vida afora, deixando um rastro amplo de corações partidos, desejos despedaçados e carteiras vazias. Completamente sem consciência nem sentimentos pelos outros, eles egoisticamente tomam o que querem e fazem o que têm vontade, violando normas sociais e expectativas sem o menor senso de culpa ou arrependimento (p. xi) [...] Psicopatas formam uma parcela considerável das pessoas que a mídia descreve como: assassinos em série, estupradores, ladrões, golpistas, vigaristas, espancadores de mulheres, criminosos do colarinho branco, promotores de ações que seguem tendências e operadores de vendas fraudulentas, abusadores de crianças, membros de gangue, barões das drogas, apostadores profissionais, membros do crime organizado, advogados e médicos que perderam suas licenças, terroristas, líderes de seitas, mercenários e empresários inescrupulosos (p. 2).

Atualmente, sabemos que homens e mulheres psicopatas cometem muito mais e mais variados crimes do que outros criminosos.[11] Seus crimes tendem a ser mais violentos e seu comportamento é, via de regra, mais controlador, agressivo, ameaçador e abusivo. Além disso, sua agressão e violência com frequência têm uma natureza predatória — são frias e desprovidas da intensa excitação emocional que comumente envolve os atos violentos da maioria das pessoas.

São *instrumentais,* simplesmente um meio para um fim, e não são acompanhados por nada que ao menos se aproxime da preocupação normal pela dor e pelo sofrimento infligidos a outrem. Por outro lado, a violência da maioria dos outros criminosos tende a ser *reativa* — uma resposta a situações ou ameaças percebidas. Esse tipo de violência é amiúde descrito como violência *afetiva,* ou crime passional, acompanhado por um estado de emoção intensa e tipicamente seguido por sentimentos de remorso e culpa pelo dano causado aos outros. Os psicopatas também são capazes de praticar violência reativa, mas sem emoções intensas que não sejam raiva ou frustração.[12] A prevalência da psicopatia na população geral é relativamente baixa, mas os danos sociais, econômicos, físicos e psicológicos causados por indivíduos com esse distúrbio são desproporcionais em relação a esse número. Particularmente alarmante, sob o ponto de vista da segurança pública, é o fato de que os criminosos com traços psicopáticos têm taxas de reincidência muito mais altas, e reincidem mais rapidamente, do que os outros criminosos[13] (ver S 2.2: *Psicopatia e Violência Letal*).

Alguns psicopatas vivem em sociedade e, tecnicamente, não desobedecem as leis — embora possam chegar perto disso, causando problemas econômicos, psicológicos e de abuso emocional de modo oculto.[14] Eles não resultam em pais, filhos ou membros de família carinhosos e amorosos. Não são amigos ou colegas de trabalho confiáveis. Eles tiram vantagem e com frequência abusam da confiança e do apoio de amigos e da família. É possível ser funcionário, colega de trabalho ou se casar com alguém com uma personalidade psicopática sem saber. Pode ser um vizinho, um amigo ou um parente cujo comportamento você talvez ache fascinante, confuso ou repulsivo. Considerando-se seu pendor para desafiar as regras e forçar os limites do comportamento humano aceitável, também é provável que, no ambiente profissional, alguns psicopatas cometam atos ilegais que sejam discretos ou, para proteger sua reputação, encobertos pela empresa.

Então, como psicólogos e psiquiatras decidem com precisão se alguém tem uma personalidade psicopática? Nos primórdios da pesquisa científica sobre a psicopatia (até o final dos anos 1970), não havia nenhum padrão de avaliação amplamente utilizado. Os critérios psiquiátricos usados para diagnóstico eram vagos, às vezes confusos, e podiam ser interpretados de várias formas, a depender das experiências pessoais do pesquisador ou do responsável pelo diagnóstico. Várias escalas de autorrelato que pretendiam mensurar a psicopatia não tinham nenhuma relação entre si ou com diagnósticos psiquiátricos.[15] Esse passado sombrio e turvo ficou consideravelmente mais transparente ao longo dos últimos cinquenta anos, conforme a psicopatia crescia até tornar-se uma das variáveis clínicas e forenses mais pesquisadas e bem compreendidas. A estrutura clínica e a inspiração para boa parte da pesquisa atual sobre psicopatia vêm dos relatos descritivos e teóricos fornecidos por vários médicos pioneiros, em particular de Hervey Cleckley.

DO CLÍNICO AO EMPÍRICO

A ciência depende da disponibilidade de instrumentos precisos e padronizados para medir fenômenos de interesse. Por exemplo: observações clínicas dos sintomas de um paciente cardíaco são úteis como ponto de partida para determinar sua condição. Entretanto, o médico utiliza também ferramentas científicas de mensuração, como eletrocardiogramas e angiografias, para obter informações biométricas empíricas sobre a situação do sistema cardiovascular do paciente. No que tange à psicopatia, os psicólogos Drew Westen e Joel Weinberger descreveram a transição *do clínico para o empírico* no estudo da psicopatia da seguinte forma: "Um corpus de pesquisas emergentes sugere que observações clínicas, assim como observações leigas, podem ser quantificadas utilizando-se procedimentos psicométricos padronizados, para que a descrição clínica se torne uma previsão estatística". Além disso, "praticamente toda pesquisa atual sobre a psicopatia [...] pressupõe as observações de um observador clínico brilhante [Cleckley, 1941], cuja imersão clínica entre psicopatas há mais de sessenta anos ainda fornece as bases para a medição [o PCL-R] considerada o exame de referência na pesquisa da psicopatia".[16]

Hervey Cleckley (1903-1984) foi um influente psiquiatra americano cujas descrições detalhadas e perspicazes da psicopatia e de suas manifestações tiveram um papel crucial para as conceitualizações atuais da psicopatia. Ele também influenciou o desenvolvimento do que hoje é o padrão internacional para a avaliação clínica e forense da psicopatia, o PCL-R.[17] Inicialmente conhecido por seu livro *As três faces de Eva*, escrito em parceria com Corbett Thigpen em 1957, o maior legado de Cleckley é seu conjunto de primeiros escritos e pontos de vista prescientes sobre a psicopatia.

Nos anos 1930, assim como atualmente, alguns criminosos com doenças mentais acabavam recebendo tratamento em manicômios judiciários. Como um jovem psiquiatra, Cleckley teve a oportunidade de estudar seus pacientes cuidadosamente, e percebeu que muitos deles não exibiam os sintomas usuais de doenças mentais, parecendo, em vez disso, "normais" na maioria das situações. Ele os observou encantar, manipular e explorar outros pacientes, familiares e até a equipe do hospital. Para o olhar treinado de Cleckley, esses indivíduos eram *psicopatas*, que costumava ser um vago conceito psiquiátrico com uma história problemática e controversa, que datava de mais de um século antes.

Com base em suas experiências, Cleckley escreveu um livro clínico clássico sobre a psicopatia: *The Mask of Sanity* [A máscara da sanidade]. Publicado em 1941, esse livro seminal foi a primeira tentativa de apresentar um retrato clínico claro e detalhado da psicopatia e suas manifestações. A quinta edição do livro apareceu em 1976.[18] Cleckley destacou que esses pacientes tinham uma inteligência normal, mas com frequência tomavam péssimas decisões na vida. Não aprendiam muito com suas experiências pessoais, o que fazia com que repetissem comportamentos infrutíferos ou disfuncionais. Faltava-lhes a percepção de si mesmos e do impacto de seu comportamento nos outros, mas isso não parecia preocupá-los, já que não entendiam nem se importavam com os sentimentos alheios. Eram notavelmente pouco dignos de confiança, mesmo em relação a coisas relevantes à sua situação atual, e pareciam não ter nenhum objetivo de vida ou plano real. Eram dissimulados, embora sempre parecessem muito sinceros àqueles que tinham interagido pouco com eles, particularmente novos membros da equipe médica e novos pacientes. O mais óbvio de tudo: esses pacientes eram mentirosos contumazes.

Cleckley nunca pretendeu que suas observações fossem uma lista formal para o diagnóstico e nunca testou seu modelo estatisticamente. Ele simplesmente relatou, ainda que de forma persuasiva, os traços que lhe pareciam caracterizar a síndrome. A confirmação de suas observações e o desenvolvimento de métodos científicos de avaliação, portanto, tornaram-se um esforço primário para Hare e sua equipe de alunos e colegas ao longo das décadas de 1970 e 1980. Um artigo recente descreveu esse período histórico como um momento em que Cleckley e Hare incentivaram-se mutuamente a continuar seus respectivos esforços para compreender a psicopatia: "Sem a correspondência entre Cleckley e Hare, a quinta edição de *The Mask of Sanity* e a carreira de Hare como pesquisador da psicopatia talvez nunca tivessem ocorrido".[19]

O problema que Hare e outros pesquisadores encaravam nos anos 1970 era a falta de um instrumento de avaliação padronizado e confiável para medir o que Cleckley e outros médicos pioneiros haviam descrito. Durante esse período, ele e seus estudantes conduziram dezenas de estudos sobre a psicopatia, usando sistemas de "classificação" baseados no trabalho de Cleckley, entrevistas detalhadas com criminosos e uma revisão aprofundada da informação de seus históricos.[20] Não obstante a utilidade dessas classificações, permanecia a necessidade de se criar uma medição da psicopatia que fosse confiável, válida e sensata do ponto de vista psicológico e psicométrico. Coletando um grande número de descrições conhecidas de traços e comportamentos psicopáticos e usando técnicas de análise estatística, Hare, com a colaboração de seus colegas e alunos, propôs estabelecer quais eram os traços e comportamentos mais comuns e específicos que definiam a psicopatia. O resultado inicial foi uma escala com 22 itens, pontuados a partir de uma entrevista e das informações no histórico e de terceiros, que combinava traços de personalidade com comportamentos antissociais, de acordo com a tradição clínica.[21] Os comentários de outros pesquisadores e as extensivas experiências feitas por Hare e seus colegas por mais de uma década levaram a uma revisão da escala de avaliação, publicada como *The Hare Psychopathy Checklist — Revised* (PCL-R) [Checklist de Avaliação da Psicopatia de Hare – Revisada], em 1991. Uma segunda edição foi lançada em 2003.[22]

A título pessoal, em 2005 a Society for the Scientific Study of Psychopathy [Sociedade para o Estudo Científico da Psicopatia] criou o prêmio R. D. Hare Lifetime Achievement, e Hare foi o primeiro a recebê-lo. O prêmio foi para David Lykken em 2007 e para Hervey Cleckley em 2011 — postumamente, nos dois casos. Hare considerava uma honra ser associado dessa forma com os dois estudiosos responsáveis pelo lançamento de sua carreira.

A MENSURAÇÃO CLÍNICA/FORENSE DA PSICOPATIA

O PCL-R

Embora seja o instrumento adotado para avaliações confiáveis e válidas da psicopatia, usuários do PCL-R devem ter experiência e treinamento adequados, bem como qualificações profissionais condizentes com os padrões éticos e profissionais de sua área.[23,24] Médicos e pesquisadores usam uma entrevista semiestruturada e informações abrangentes do caso/de terceiros para atribuir uma pontuação a cada item de acordo com cada critério específico de avaliação listado no Manual: 0 = item não se aplica; 1 = item se aplica parcialmente; e 2 = item se aplica ao indivíduo. A pontuação do PCL-R pode variar de 0 a 40. O resultado total representa até que ponto o indivíduo se combina com o modelo prototípico e tradicional do psicopata. Para propósitos de pesquisa e "diagnóstico", uma pontuação de 30 no PCL-R usualmente indica que o indivíduo é altamente psicopático, possivelmente fazendo jus ao rótulo "psicopata". Note, contudo, que esse valor é um tanto arbitrário, e que todos os instrumentos desse tipo são sujeitos a erros de mensuração. Além disso, análises estatísticas indicam que os itens medem um construto multidimensional, não uma variável discreta. Como indicado na Tabela 2.1 (coluna esquerda), são agrupados em quatro domínios, dimensões ou fatores correlacionados: *Interpessoal* (como nos mostramos aos outros); *Afetivo* (como nos sentimos emocionalmente); *Estilo de vida* (como vivemos em sociedade); e *Antissocial* (nossa propensão a comportamentos antissociais). Os itens 19 e 20 do PCL-R e do PCL: YV são considerados apenas se o indivíduo tiver sido condenado por um crime.

O PCL: SV

Até onde sabemos, apenas um estudo robusto de psicopatia corporativa (ver Capítulo 9) usou o PCL-R. O *Psychopathy Checklist: Screening Version* (PCL: SV) [Checklist de Avaliação da Psicopatia: Versão para Triagem] é mais adequado para a avaliação da psicopatia na sociedade e no ambiente de trabalho. É menor e mais fácil de usar do que o PCL-R, mas usa o mesmo procedimento de pontos.[25,26] A pontuação média pode variar de 0 a 24, com o resultado de 18 sendo mais ou menos equivalente ao de 30 no PCL-R. Uma pessoa comum pontua entre 0 e 3, enquanto criminosos costumam ter resultados por volta de 13. Conforme mostrado na Tabela 2.1 (coluna do meio), os itens se encaixam nas mesmas quatro dimensões encontradas no PCL-R. A estrutura e as propriedades psicométricas do PCL-R e do PCL-SV são basicamente as mesmas. As duas escalas são praticamente equivalentes em sua medição da psicopatia. Como discutiremos a pesquisa sobre traços psicopáticos em adolescentes e crianças posteriormente neste livro, listamos os itens presentes em *Psychopathy Checklist: Youth Version* (PCL: YV) [Checklist de Avaliação da Psicopatia: Versão para Jovens]. Ela tem a mesma estrutura e propriedades que as outras escalas PCL.

O problema é que pouca gente da área de recursos humanos (RH) tem a experiência ou o treinamento para utilizá-las rotineiramente. Isso é uma pena, pois a maioria do pessoal de RH depende de vários instrumentos de autoavaliação projetados para medir traços gerais da personalidade, muitos dos quais têm pouca relação com a psicopatia e estão sujeitos à falsificação e à gestão de impressão pessoal positiva por parte dos indivíduos psicopatas.[27] É possível que as avaliações clínicas e as autoavaliações forneçam perspectivas diferentes para o mesmo construto e que seu uso conjunto possa nos ajudar a entender melhor a psicopatia. Também é possível que elas representem conceitualizações de construtos diferentes ou com pouca relação entre si, apesar de terem o mesmo nome (a "falácia do jingle"***).

Apesar disso, ao longo do texto, descreveremos e analisaremos pesquisas sobre psicopatia corporativa com autoavaliações sempre que apropriado. Entre as medições mais populares estão várias versões da *Tríade Sombria,* que consiste na psicopatia, no maquiavelismo e no narcisismo. Ver S 2.3: *A Tríade Sombria.*

*** Trata-se de uma falácia que não foi traduzida nem é famosa no Brasil, mas consiste em se presumir que duas coisas diferentes são iguais porque seus nomes soam ou são iguais (como jingle-jangle). (N. da T.)

Tabela 2.1
O modelo de quatro fatores para as Escalas PCL Hare

PCL-R	PCL-SV	PCL-YV
Interpessoal 1. Loquacidade/charme superficial 2. Senso grandioso de amor-próprio 4. Mentira patológica 5. Manipulador/trapaceador	*Interpessoal* 1. Superficial 2. Grandioso 3. Enganador	*Interpessoal* 1. Gestão de impressão pessoal 2. Loquacidade/charme superficial 4. Mentira patológica 5. Manipulação para ganho pessoal
Afetivo 6. Ausência de remorso ou culpa 7. Afetos superficiais 8. Insensível/Ausência de empatia 16. Falha em aceitar responsabilidade	*Afetivo* 4. Ausência de remorso 5. Ausência de empatia 6. Negação da responsabilidade	*Afetivo* 6. Ausência de remorso 7. Afetos superficiais 8. Insensível/Ausência de empatia 16. Falha em aceitar responsabilidade
Estilo de Vida 3. Necessidade de estimulação 9. Estilo de vida parasitário 13. Nenhuma meta realista ou de longo prazo 14. Impulsividade 15. Irresponsabilidade	*Estilo de vida* 7. Impulsivo 9. Ausência de metas 10. Irresponsabilidade	*Comportamental* 3. Busca por estímulos 9. Orientação parasita 13. Ausência de metas 14. Impulsividade 15. Irresponsabilidade
Antissocial 10. Pouco controle comportamental 12. Problemas comportamentais desde cedo 18. Delinquência juvenil 19. Violar liberdade condicional 20. Versatilidade criminal	*Antissocial* 8. Pouco controle sobre o comportamento 11. Comportamento antissocial adolescente 12. Comportamento antissocial adulto	*Antissocial* 10. Pouco controle sobre a raiva 12. Problemas comportamentais desde cedo 18. Comportamento criminoso grave 19. Violações graves da liberdade condicional 20. Versatilidade criminal

Nota: PCL-R = Psychopathy Checklist — Revised. PCL: SV = Psychopathy Checklist: Screening Version. PCL: YV = Psychopathy Checklist: Youth Version. Reproduzido com permissão de R. D. Hare e Multi-Health Systems. Avaliadores atribuem pontos a cada item com referência aos critérios formais contidos nos manuais publicados. Os itens de número 11 (Comportamento sexual promíscuo) e 17 (Muitos relacionamentos conjugais de curto prazo) do PCL-R contribuem para o resultado total, mas não influenciam os fatores. Alguns pesquisadores usam um modelo de dois fatores: **Fator 1** = Interpessoal e Afetivo. **Fator 2** = Estilo de Vida e Antissocial.

SERÁ QUE SOU UM PSICOPATA?

Ler uma lista de características psicopáticas frequentemente provoca preocupação ou um lampejo superficial de compreensão. "Ai, meu Deus, meu chefe é impulsivo, irresponsável e mente na cara dura. Talvez ele seja um psicopata!". Ou então: "Eu gosto de me arriscar e já dormi com muita gente. Será que sou psicopata?". Talvez, mas *apenas* se muitos outros traços e características estiverem presentes.

Pense na psicopatia como um *continuum* multidimensional que consiste nos traços interpessoais, afetivos, antissociais e de estilo de vida descritos na Tabela 2.1. O número e a gravidade (densidade) dessas características variam de zero até anormalmente altos (40 no PCL-R e 24 no PCL: SV). A maioria das pessoas se encontra na extremidade mais baixa, com poucas características psicopáticas, quando elas estão presentes. Nós nos referimos àqueles na outra extremidade dessa gama como psicopáticos; esses indivíduos apresentam uma concentração extremamente alta das características interpessoais, afetivas, antissociais e de estilo de vida que definem a psicopatia. Aqueles no meio do caminho têm um número considerável de traços psicopáticos, mas não são psicopatas no sentido mais estrito do termo. Seu diagnóstico depende de uma mistura particular das características definidoras cruciais. Certamente, muitos daqueles que se encontram nessa posição intermediária não serão cidadãos modelo ou pessoas lá muito bacanas, mas outros, por sua vez, se mostrarão esforçados, divertidos, mimados, agressivamente ambiciosos, seriamente pragmáticos ou difíceis de lidar. Alguns podem ser aspirantes a psicopata, apresentando-se como se fossem perfeitos, em geral sem convencer muito. Ao longo de sua carreira, Hare recebeu centenas de e-mails e cartas de pessoas que afirmavam ser psicopatas ("o próximo estágio da evolução", como alguns declararam), muitas das quais se ofereceram como voluntários de pesquisa.

Para gráficos da distribuição das pontuações do PCL: SV em uma amostra da população geral e em uma amostra do mundo corporativo, ver Capítulo 9.

TALVEZ ELES MELHOREM COM A IDADE

As pesquisas indicam que, para alguns criminosos psicopáticos, o envelhecimento está associado a uma redução na pontuação do PCL-R. Todavia, essa diminuição ocorre apenas em traços e comportamentos do Fator 2 (ou seja, impulsividade, busca de emoções, pouco controle comportamental). Traços do Fator 1 (ou seja, grandiosidade, mentira patológica, dissimulação, manipulação/vigarice, ausência de empatia e remorso) continuam relativamente estáveis com o avanço da idade.[28] Sabemos pouco sobre os efeitos do envelhecimento nos psicopatas de "colarinho branco", já que a maioria deles tende a não exibir altos níveis de características e comportamentos do Fator 2. Porém, em seu livro *Sem consciência*, Hare tinha isto a dizer:

Em julho de 1987, em reação a um artigo publicado no The New York Times *resumindo meu trabalho com a psicopatia, recebi uma carta de Brian Rosner, Assistente do Promotor Público de Nova York. Ele contou que havia prestado depoimento recentemente no julgamento de um homem que fora condenado por uma fraude multimilionária em um banco internacional. "Suas palavras, como relatadas no artigo, descreveram esse réu perfeitamente. [...] No Departamento de Fraudes, nossas especialidades são, para parafrasear suas palavras, o advogado, o médico e o empresário charlatões. Seu trabalho, creio, vai nos ajudar a convencer os tribunais a entenderem por que homens instruídos e vestidos em ternos caríssimos cometem crimes, e qual sentença devem receber. Caso lhe interesse, envio anexos alguns materiais referentes a esse caso. Se algum dia você precisou de fatos para confirmar uma teoria, aqui estão eles". Junto da carta havia um pacote de materiais descrevendo as façanhas de um tal John Grambling Jr., 36 anos, que, com a ajuda de um comparsa, fraudou não apenas um ou dois, mas muitos bancos, convencendo-os a lhe entregar, com confiança e de livre e espontânea vontade, milhões de dólares, embora os dois não tivessem absolutamente nenhuma garantia para dar em troca.*

O livro *Swindle* [Fraude], de Rosner, e o pacote que ele enviou a Hare descreviam em detalhes estarrecedores as façanhas de um homem que nascera cercado de privilégios, mas que escolheu levar uma vida de predação fria e desenfreada.[29] Como Rosner disse: "Ele atulhou esta nação com carreiras e aspirações interrompidas. A destruição financeira causada por ele pode ser calculada. O sofrimento humano e os danos psicológicos, não" (p. 86). Rosner e seus colegas concluíram, com base em um extensivo relatório sobre as relações familiares de Grambling, que nunca tinham "visto uma análise mais abrangente da mente de um criminoso do colarinho branco: o impulso implacável para acumular riqueza; o uso das pessoas para atingir esse objetivo; o abandono de todas as emoções e valores humanos que não o amor-próprio" (p. 361). Encorajamos todos a ler o brilhante relato de Rosner sobre um psicopata criminoso do colarinho branco.

Em 1986, Grambling tinha 36 anos, o que significa que está na faixa dos 70 agora. Talvez ele tenha sossegado, ficado "mole" ou encontrado Jesus, como acontece com muitos criminosos. Mas, não! Em 2012, O Tribunal Americano de Primeira Instância do Estado de Kentucky determinou que Grambling e suas empresas pagassem 6.900.000 dólares por quebra de contrato e "declarações negligentes e fraudulentas" por conta de promessas de levantamento de fundos feitas para a parte reclamante.[30]

Recentemente, Hare entrou em contato com Rosner para perguntar sobre as atividades mais recentes de Grambling. Sua resposta foi de que, a cada seis meses, mais ou menos, ele recebe uma ligação de alguém que, com algumas variações, diz: "Você não vai acreditar, esse cara tentou pegar dinheiro emprestado/me vender alguma coisa, não parecia certo, fui pesquisar na Internet, é ele mesmo?". No que diz respeito ao tópico dessa discussão, Rosner fez um comentário interessante: "É triste que algumas pessoas sejam programadas de um jeito infeliz que não muda, o que, suspeito, pode ser uma observação consistente com o seu trabalho".[31]

QUESTÕES PARA DISCUSSÃO

➲ Você conhece alguém que parece exibir características semelhantes às psicopáticas?

➲ Que características já observou em um indivíduo específico?

➲ Conhece alguém cujas características psicopáticas diminuíram com a idade?

➲ Que características psicopáticas *não mudaram* ou se suavizaram em Grambling com a idade?

S 2.1
Natureza? Criação? As duas coisas!

Será que características psicopáticas são resultado da natureza ou da criação? Uma pergunta mais adequada seria: "Até que ponto a natureza e a criação influenciam conjuntamente o desenvolvimento dos traços e comportamentos que definem a psicopatia?". A resposta a essa questão tem ficado mais clara graças ao emprego da genética comportamental conjuntamente ao estudo dos traços de personalidade e das disposições comportamentais.

Genética comportamental

Os psicólogos Waldman, Rhee, LoParo e Park revisaram estudos sobre gêmeos e adoção e encontraram evidências convincentes de que fatores genéticos desempenham um papel importante no desenvolvimento das características psicopáticas.[32] Isso não significa que os processos que levam à psicopatia adulta sejam fixos e imutáveis, mas indica, sim, que o ambiente social terá muita dificuldade de superar aquilo que a natureza forneceu. A natureza e possivelmente algumas influências biológicas desconhecidas sobre o feto em desenvolvimento e o recém-nascido fornecem os elementos necessários para o desenvolvimento da psicopatia — tais como uma profunda incapacidade de manifestar empatia e a gama completa de emoções, inclusive medo. Como resultado, há uma redução na capacidade que o indivíduo tem de desenvolver controles e consciência internos, assim como de formar "conexões" emocionais com os outros.

Um fator complicador para a compreensão da questão natureza-criação é a evidência recentemente descoberta pela epigenética comportamental de que eventos ambientais podem "ligar" ou "desligar" os genes. "Mecanismos epigenéticos são eventos moleculares que administram o modo como o ambiente regula os genomas dos organismos. Os processos epigenéticos levam a diferenças individuais na aparência, fisiologia, cognição e comportamento — o grupo de traços conhecido como o *fenótipo*" (p. 588).[33] Por exemplo, se alguém tem o gene (ou os genes) para uma característica psicopática, é possível que experiências ou traumas na primeira infância o(s) ative(m).

Trauma precoce

Talvez o candidato mais lógico para a influência da epigenética no desenvolvimento da psicopatia seja o trauma precoce, particularmente o abuso infantil — físico, emocional ou sexual — e o abandono. Entretanto, a dinâmica do abuso infantil é tão complexa e específica ao contexto particular de uma família que os pesquisadores, especialmente aqueles que usam relatos pessoais de experiências infantis, têm dificuldade para chegar a conclusões generalistas sobre o impacto do abuso precoce na psicopatologia e em comportamentos posteriores.

Diversos estudos indicam que o abuso infantil (físico, emocional, sexual ou o abandono) está associado a alguns componentes da psicopatia adulta, conforme medida pelo PCL-R. Contudo, as relações são usualmente fracas e parecem depender do tipo de abuso e da dimensão, ou fator, do PCL-R. Em um estudo com criminosas, por exemplo, os pesquisadores descobriram que relatos pessoais de abuso infantil (físico e sexual) e tendências suicidas estavam associados a comportamentos criminosos e antissociais (características do Fator 2), mas não apresentavam associação com manipulação, dissimulação, grandiosidade, insensibilidade, superficialidade e falta de empatia (características do Fator 1).[34] Um estudo posterior sobre traumas psicológicos (eventos potencialmente traumáticos; trauma na infância), transtorno de estresse pós-traumático (TEPT) e psicopatia feminina obteve resultados semelhantes.[35] Os pesquisadores relataram que o fator Interpessoal (por exemplo, mentiras grandiosas, manipuladoras e patológicas) e o fator Afetivo (por exemplo, falta de empatia, remorso ou culpa e emoções superficiais) do PCL-R não tinham relação com eventos potencialmente traumáticos nem com o TEPT. O fator Estilo de Vida (por exemplo, impulsividade, necessidade de estímulos) e o fator Antissocial (por exemplo, pouco controle comportamental, problemas comportamentais precoces, atividades antissociais) estavam associados a eventos potencialmente traumáticos. O fator Antissocial estava associado de forma única aos sintomas do TEPT. Outros pesquisadores descobriram que o abuso infantil entre agressores sexuais avaliados por tratamento involuntário estava associado primariamente com a dimensão Antissocial do PCL-R.[36]

De maneira similar, um relatório recente concluiu que o abuso físico na primeira infância tinha relação com o fator Antissocial da psicopatia, mas não com os fatores Interpessoal ou Afetivo em criminosos do sexo masculino.[37] Os autores sugeriram que, em alguns casos, "a inabilidade dos pais de lidar com o temperamento potencialmente psicopático de uma criança podia levar a interações mutuamente destrutivas". Ou seja, parece que o trauma na infância é mais preditivo de uma variedade de comportamentos antissociais e externalizados (por exemplo, rebeldia, agressão) do que das características da personalidade da psicopatia.[38]

Transtorno ou adaptação

A psicologia evolucionária fornece explicações para o estilo de vida nômade de muitos psicopatas: a busca por múltiplos parceiros sexuais, a necessidade de conhecer gente nova e estimulante e de encontrar oportunidades a serem exploradas ("ataque de watering hole"****), e tornar-se conhecido na comunidade como um problema. Os psicopatas se envolvem em muitos relacionamentos de sexo casual desprovidos de apego emocional genuíno e de longo prazo com relação aos parceiros. Ter casos frequentes, usar o sexo como uma arma e tratar

---

**** "Ataque de watering hole" é um tipo de crime cibernético que visa prejudicar um determinado grupo de usuários ao infectar com um *malware* os sites que ele geralmente visita. Quando as vítimas acessam o site em questão, os *hackers* as direcionam para um site malicioso; o objetivo final é infectar os computadores dos usuários e ganhar acesso à rede das empresas. *Watering hole* pode ser traduzido como "bebedouro" ou "vão/concavidade de água" e o termo foi escolhido para nomear esse ataque porque remete ao modo como os felinos capturam suas vítimas na natureza selvagem, sem precisar ir à caça: eles aguardam suas presas visitarem um local com água parada – e então atacam. (N. da T.)

parceiros íntimos de maneira insensível são traços comuns de indivíduos psico-páticos, tanto em homens quanto em mulheres.

As teorias e pesquisas recentes em psicologia evolucionária sugerem que existem explicações genéticas para essas atitudes e comportamentos. Nesse modelo, a psicopatia é uma estratégia de vida adaptativa e hereditária cujo objetivo — refletido na emergência precoce de uma sexualidade agressiva — é conquistar continuidade genética. Existem várias formas de passar adiante o fundo genético, inclusive a criação cuidadosa de um número pequeno de crias.[39] O padrão psicopático parece ser bem diferente, mas igualmente (se não mais) eficaz: a produção de um grande número de descendentes, com pouco ou nenhum investimento emocional e físico em seu bem-estar. Algumas pessoas psicopáticas (homens e mulheres) podem ver sua prole como extensões de si mesmas, mas extensões que servem para proveito próprio (poder, controle, posse, obtenção de auxílio financeiro do Estado etc.), em contextos em que não há afeto real nem ambiente carinhoso, e sim negligência física e emocional e abandono.

Esse comportamento envolve um padrão persistente e cruel de engano e manipulação para atrair potenciais parceiros, uma prontidão para abandoná-los com a prole e a necessidade de buscar novos terrenos de conquista. De maneira mais geral, os psicopatas podem ser o resultado de pressões evolucionárias que, por meio de uma interação complexa de fatores ambientais e genéticos, levam alguns indivíduos a buscar uma estratégia biológica de interações sociais manipuladoras e predatórias.[40] [41]

Essas interações podem envolver uma estratégia *traidora* (por exemplo, manipulação, dissimulação e egoísmo), uma estratégia *falcão guerreiro* (por exemplo, impulsividade, agressividade, insensibilidade, violência) ou ambas: uma *falcão-traidora*.[42] Presumivelmente, psicopatas diferem entre si (dependendo do contexto e do momento) no uso relativo das estratégias manipuladoras ou agressivas. Desse ponto de vista, psicopatas são traidores interpessoais e predadores sociais que obtêm sucesso físico, psicológico e reprodutivo com investimento mínimo. Uma série brilhante produzida pela emissora americana PBS aponta que esses comportamentos enganosos, traidores, agressivos e psi-copáticos são comuns em várias espécies animais.[43] Uma questão relacionada é se a psicopatia seria um distúrbio mental ou uma estratégia biológica evoluída. Alguns pesquisadores argumentam que, se a psicopatia é um distúrbio mental, deveria exibir indicadores de instabilidade no desenvolvimento e evidências de desvantagens intelectuais, operacionais ou reprodutivas.[44] No entanto, ela não exibe essas características de um distúrbio mental. Esses pesquisadores destacam: "Embora os psicopatas tenham uma função e estrutura cerebral diferentes dos demais, *diferença* não é isomórfica com *disfunção*", um argumento repetido por Hare,[45] que expõe sua opinião assim:

> *Minha perspectiva é de que indivíduos com traços psicopáticos têm uma compreensão intelectual das regras da sociedade e do significado tradicional de certo e errado; sabem o suficiente sobre o que estão fazendo para serem considerados responsáveis por seus atos. Como Iago, em Otelo, de Shakespeare, eles escolhem quais regras seguir e quais ignorar, com base em seus próprios interesses, uma avaliação calculista das circunstâncias e uma ausência de preocupação com os sentimentos ou o bem-estar de terceiros. Carecem de empatia e culpa ou remorso por seus atos e são emocionalmente "desconectados" dos outros. Mas não ignoram ou quebram todos os códigos morais e legais, nem fazem de todos que encontram uma vítima. Existem poucas dúvidas de que muitas características psicopáticas estão associadas, de maneiras teoricamente relevantes, com uma variedade de estruturas e funções cerebrais que diferem daquelas presentes na maioria dos indivíduos. [...] Isso não significa necessariamente que [psicopatas] sofram de um déficit ou disfunção neurológico. De fato, psicopatas podem afirmar que, por não estarem presos a bagagens emocionais, são mais racionais do que a maioria das pessoas. Como apontou um criminoso psicopata em uma de nossas pesquisas: "O psiquiatra disse que meu problema é que penso mais com a cabeça do que com o coração". Ele não via isso como um problema e completou dizendo que era "um gato num mundo de camundongos".*
>
> *Essa alusão involuntária, mas sucinta, à visão evolucionária da psicopatia como uma estratégia biológica adaptativa pressupõe que ele estava meramente fazendo o que a natureza pretendia que fizesse. Sejam quais forem os méritos dessa visão específica, devemos considerar a possibilidade de que os atos dos psicopatas refletem processos e estratégias cognitivas, afetivas e comportamentais que diferem dos das outras pessoas, mas por razões outras que não a neuropatologia ou um déficit, no sentido médico e psiquiátrico tradicional desses termos.*

Digo isso porque é tentador — tanto para especialistas como para leigos — explicar o comportamento rígido, manipulador e sem remorsos dos psicopatas em termos de "algo" que não funciona direito. Essas explicações são compreensíveis quando as diferenças observadas entre os psicopáticos e os outros indivíduos envolvem regiões e circuitos do cérebro que tenham relação com as funções emocionais, sociais e executivas que caracterizam a psicopatia. E não surpreende que muitos observadores enxerguem as descrições clínicas e as descobertas empíricas por um prisma de disfunção quando lidam com criminosos condenados, particularmente com os violentos. É mais difícil fazê-lo em relação a psicopatas empreendedores, corretores de ações, consultores financeiros, políticos, médicos, advogados, acadêmicos etc. (p. vii-viii).

O debate continua, como sempre ocorre na ciência. O clichê de sempre, mas adequado aqui, é de que precisamos de mais pesquisas. Ver o Apêndice para um resumo sobre a neuroimagiologia da psicopatia.

S 2.2
Psicopatia e violência letal

A psicopatia é um dos fatores que mais contribuem para todas as formas de comportamento antissocial e criminoso.[46] De fato, o sociólogo Matt DeLisi[47] já defendeu que a psicopatia é "a teoria unificada do crime". Entretanto, o nível de psicopatia — conforme medida por uma das escalas PCL — entre homicidas é mais ou menos o mesmo que se encontra entre os criminosos comuns.[48 49] Em uma análise muito detalhada e sofisticada, Fox e DeLisi estudaram estatísticas de homicídios e descobriram que a força da relação entre psicopatia e homicídio depende muito do *tipo* e da *gravidade* do homicídio.[50] "Em outras palavras, conforme o tipo do homicídio se tornava mais violento, extremo ou horrendo (em geral, sexual, sádico/com mutilação, em série, múltiplo), a relação entre psicopatia e o subtipo de homicídio crescia" (p. 75). O Fator 1 (ver Tabela 2.1) foi o principal contribuinte para essa associação. Psicopatas com frequência descrevem o ato de matar "de um jeito casual, prosaico, externalizando a culpa, de maneira quase clínica, como se o ato de matar fosse tão trivial e mundano quanto cumprir tarefas cotidianas". Após uma meta-análise de 19 estudos e

5161 criminosos do sexo masculino,[51] O'Connell e Marcus relataram que *tanto* o Fator 1 *quanto* o Fator 2 foram associados a sadismo. O sadismo "pode agregar uma falta de empatia por terceiros e uma disposição a explorar os outros para seu próprio prazer ou ganho pessoal (Fator 1), além de um padrão de comportamentos impulsivos de desacato às regras (Fator 2)".

A sangue frio é um termo que muitos pesquisadores usam para descrever a violência dos psicopatas.[52][53] Conforme delineado por Hare: "A violência deles é cruel e instrumental — empregada para satisfazer uma necessidade simples, como sexo, ou para obter algo que ele ou ela deseja — e as reações do psicopata ao evento têm maior probabilidade de serem de indiferença, uma sensação de poder, prazer ou uma satisfação arrogante do que de arrependimento pelo dano causado. Certamente, nada digno de tirar o sono" (p. 71).

Essas descobertas são relevantes ao tópico deste livro não apenas devido ao potencial para a violência psicopática (ver S 3.2: *Criminosos do Colarinho Vermelho)*, mas porque funcionários psicopatas têm uma probabilidade muito maior de se envolverem nos delitos corporativos mais graves, como fraude e estelionato, e de causarem grandes danos a terceiros na empresa.

S 2.3
A Tríade Sombria

Em 2002, Paulhus e Williams apresentaram a ideia da *Tríade Sombria,* um conceito que inclui três personalidades sombrias: narcisista, maquiavélica e psicopática. Descrevemos o narcisismo e o maquiavelismo no Capítulo 3 deste livro.

Após estudarem as três personalidades que compõem a Tríade Sombria, Paulhus e Williams explicaram: "A despeito de suas origens diversas, as personalidades [...] compartilham diversas características. Em graus variados, todas as três acarretam um caráter socialmente malévolo com tendências comportamentais para a autopromoção, frieza emocional, duplicidade e agressividade" (p. 557).[54] Os autores, entretanto, concluíram que essas personalidades não são equivalentes. Quais são os traços comuns associados a essas personalidades sombrias? Existem evidências de que os componentes interesseiros no Fator 1 do PCL-R de Hare (por exemplo, Manipulação, Enganação e Insensibilidade/ Falta de empatia) estão no cerne das personalidades da Tríade Sombria.[55]

De uma perspectiva evolutiva (ver S 2.1), esses componentes são "indicadores de uma estratégia estável e adaptativa voltada para a recompensa e a gratificação imediatas, que, por sua vez, estão associadas com benefícios reprodutivos e de sobrevivência para um indivíduo."[56]

É importante notar que, entre as três, a psicopatia parece ser a mais desonesta, traiçoeira e destrutiva. Embora essas declarações se apliquem a indivíduos psicopáticos na população em geral, acreditamos que também sejam verdadeiras no ambiente profissional.

O suplemento S 12.2 descreve outras características das personalidades sombrias.

S 2.4
Gênero, Etnia, Cultura

É provável que a psicopatia seja universal na natureza, podendo ser encontrada em todas as sociedades, etnias e culturas, em homens e mulheres.[57] Contudo, algumas de suas manifestações comportamentais podem se originar de diferenças nas normas e expectativas comportamentais que uma sociedade em particular tem em relação a seus membros. Por exemplo, muitas sociedades têm *expectativas*, explícitas ou implícitas, de como homens e mulheres devem se comportar. De maneira semelhante, algumas expectativas sociais dependem de etnia, religião, fatores políticos, posição socioeconômica etc. Conforme indicado abaixo, essas características podem influenciar os procedimentos projetados para medir a psicopatia. Aqui, nós nos concentramos em nossa breve discussão sobre o PCL-R e seus derivados. Discussões detalhadas que incluam outras ferramentas de medição estão disponíveis em outras fontes.[58,59]

Gênero
Muitos estudos indicam que mulheres (adultas e adolescentes) obtêm menos pontos nas medidas de psicopatia do que seus equivalentes masculinos.[60,61] Mulheres podem ser biologicamente menos psicopáticas do que os homens. No entanto, também é possível que a diferença se deva a expectativas relacionadas ao papel social de gênero e fatores culturais que inibam ou modifiquem a expressão de certos comportamentos, especialmente os antissociais ou

agressivos. Em geral, a evidência empírica indica que as características interpessoais e afetivas (Fator 1) da psicopatia (por exemplo, grandiosidade, enganação, manipulação, insensibilidade, ausência de culpa ou remorso) são razoavelmente similares em homens e mulheres. Entretanto, existem diferenças entre os sexos na expressão das características antissociais impulsivas (Fator 2) da psicopatia, com as mulheres exibindo menos problemas comportamentais precoces e menos ou diferentes formas de agressividade e violência do que os homens. Em seu estudo abrangente sobre essa questão, os psicólogos Verona e Vitale[62] sugeriram que, na avaliação da psicopatia feminina, pode ser útil considerar indicadores "que abordem expressões exclusivamente femininas de tendências antissociais externalizadas (Fator 2), como prostituição, comportamento sexual de risco, [violência interpessoal], autoagressividade e formas relacionais de agressão, como traição de amizade e fofoca". Destacamos que o item Comportamento Sexual Promíscuo do PCL-R já mede a prostituição e o comportamento sexual de risco.

Apesar das diferenças mencionadas acima, um resultado norte-americano do PCL-R (digamos, entre 20-30) reflete aproximadamente o mesmo nível de psicopatia em mulheres e homens.[63] Ademais, homens e mulheres adultos e adolescentes compartilham basicamente a mesma estrutura de quatro fatores da psicopatia, conforme medida pelo método PCL.

Etnia/Cultura

Em muitos aspectos, as questões relativas à psicopatia feminina são semelhantes àquelas relativas a etnia/raça e cultura. Por exemplo: fatores culturais, condições e oportunidades econômicas, regiões com alto índice de crimes etc. ajudam a elevar a pontuação em algumas das características antissociais da psicopatia. Após a publicação do PCL-R, em 1991, alguns médicos e pesquisadores ficaram preocupados com um potencial viés contra estadunidenses negros e, no Canadá, contra aborígenes. Em ambos os casos, a pontuação total e a pontuação do Fator 2 no PCL-R são mais altas do que em caucasianos. Porém, as propriedades psicométricas, a estrutura dos fatores e a habilidade de planejar crimes e atos de violência eram mais ou menos iguais.[64,65] Conclusões semelhantes foram obtidas em relação a uma ampla gama de países e culturas.[66] De fato, o PCL-R e seus derivados são o padrão de pesquisa para a avaliação de psicopatia na

América do Norte, em muitos países europeus e em vários países do Oriente Médio, da América do Sul e da Ásia, assim como México, Austrália e Nova Zelândia.

Para concluir, destacamos que os resultados de uma pesquisa global de características psicopáticas e correlatas servem como argumento para uma generalização ampla do construto da psicopatia.[67] O estudo envolveu 11 regiões, 58 nações e 33.016 participantes (58 por cento eram mulheres). Como não era viável usar o PCL-R ou o PCL-SV, a escala de medida adotada foi uma versão baseada em autorrelato do PCL-R, o SRP-E, traduzida para a linguagem local.[68] Em todas as regiões, a proporção de participantes com alta psicopatia autorrelatada foi menor em mulheres do que em homens. Entretanto, a estrutura dos fatores foi a mesma em homens e mulheres, consistente com a estrutura de quatro fatores descrita na Tabela 2.1. Conforme esperado, houve diferenças de gênero e regionais na prevalência de alta psicopatia nos resultados totais e fatoriais. Em geral, os padrões foram consistentes com o esperado, mas complexos demais para serem relatados aqui. Ficou claro que a cultura afeta a expressão da psicopatia com base na SRP. Não obstante, o padrão de resultados fatoriais masculinos e femininos foi similar em todas as regiões do mundo, "sugerindo alguma universalidade em relação a *como* a cultura pode afetar a expressão da psicopatia".

O CASO DE DAVE

ATO 1, Cena 2

COMEÇANDO A CORRIDA

O PRIMEIRO DIA DE DAVE NO EMPREGO GEROU MUITA EMPOLGAÇÃO, enquanto ele era conduzido pelo departamento e apresentado para a equipe. Havia um zum-zum-zum de que o recém-contratado tinha sido "roubado" de uma empresa concorrente bem maior e de que era alguém que os ajudaria a reconquistar parte do terreno perdido por conta de ciclos problemáticos de lançamento de novos produtos. Todos vieram cumprimentar Dave e todo mundo que o conhecia imediatamente gostava dele. Ele tinha uma personalidade cativante, era bem-apessoado e projetava uma aura de confiança sólida como uma rocha, sem mencionar sua grande experiência técnica na principal área de pesquisa da empresa.

Depois de apresentar Dave, Frank o levou para seu novo escritório.

— Ah — murmurou Dave, decepcionado com o que encontrou. — Pensei que ficaria um pouco mais perto da ação... — E, após uma pausa: — E que seria um pouco maior.

— Bem, estamos crescendo muito rapidamente e o espaço no escritório é disputado — explicou Frank, perguntando-se por que estava se sentindo culpado —, mas você vai sair daqui em breve, já que estamos sempre mudando a equipe de lugar. Na verdade, isso já virou uma piada por aqui.

Dave não viu graça, mas quando se virou de frente para Frank abriu um sorriso e disse:

— Isso é ótimo! Então, é melhor eu me ajeitar e começar a trabalhar!

Frank voltou para seu escritório e continuou seu dia de reuniões, confecção de relatórios e telefonemas. Ele buscaria Dave por volta da uma e meia da tarde e o levaria para almoçar no refeitório da empresa — na verdade, um restaurante de alta qualidade onde os funcionários podiam comer de graça. Talvez, se pudesse, também o levasse até a ala executiva para apresentá-lo a Jack Garrideb, o fundador e CEO, se este estivesse disponível.

A manhã passou rapidamente enquanto Frank estava imerso em seu trabalho. Marge, sua secretária, deu-lhe um susto quando apareceu à porta às 13h15.

— Frank, a Victoria, do escritório do sr. Garrideb, ligou. Ele gostaria que você fosse vê-lo agora mesmo — disse ela, acrescentando antes que ele perguntasse: — Ela não disse do que se tratava.

Frank apanhou seu caderno de projetos e sua agenda e tirou seu terno de trás da porta, vestindo-o enquanto seguia apressado pelo corredor. Resolveu dar uma olhada em Dave quando passou por seu escritório para avisar que o almoço talvez atrasasse um pouquinho. Dave não estava lá, então Frank continuou caminhando, voltando a pensar nos projetos que tinha em andamento e por que Jack precisava dele tão de repente.

Chegando à ala executiva, que ficava na outra ponta do complexo, Frank foi à mesa de Victoria.

— Oi, Vicki, então estou encrencado de novo? — gracejou.

— Você sabe que nunca está encrencado com o sr. Garrideb. Ainda é o favorito dele — ela respondeu, também fazendo piada.

Vicki e Frank começaram a trabalhar na Garrideb Tecnologias no mesmo dia, muitos anos antes, e eram amigos desde então. A cultura da empresa era amistosa, relaxada e informal, mas a ala executiva era sempre intimidante por causa da aura de grande empresa que todos achavam que deviam projetar para visitantes ou clientes em potencial.

Jack Garrideb viu Frank junto à mesa de Vicki pela porta aberta e o convidou a entrar com um aceno. Frank reparou que havia mais alguém sentado no escritório, mas não conseguiu ver muito do visitante na suntuosa cadeira de couro.

— Ei, Frank, eu estava aqui conversando com alguém da sua turma — disse Jack. Dave se levantou e encarou Frank. — Outra escolha acertada — continuou Jack. — As coisas vão começar a rolar de verdade no setor de P&D se depender do seu novo contratado!

Frank tomou um susto ao ver Dave no escritório do CEO.

— Bom, Jack, temos que acompanhar o pessoal do marketing, que fica prometendo aos clientes produtos que ainda não existem.

— Boa sorte, Dave. Agora você trabalha para a melhor pessoa da área — disse Jack, enquanto Frank e Dave se despediam.

— Cara bacana — comentou Dave enquanto ambos seguiam pelo corredor para o refeitório.

A cabeça de Frank já tinha se voltado para o relatório que estava escrevendo quando foi interrompido pelo chamado de Victoria.

— Você deu sorte de encontrá-lo aqui hoje. Ele viaja demais.

QUESTÕES PARA DISCUSSÃO

- ➲ Você visitaria o CEO da empresa, sem ter sido convidado, no seu primeiro dia em um novo emprego?

- ➲ Será que Frank deveria ficar preocupado ou apenas contente por Dave ter demonstrado tanta iniciativa?

3

O QUE SE VÊ PODE NÃO SER O QUE SE VÊ

ELLYN PEGOU SUA FILHA PEQUENA E SAIU PARA O TRABALHO. O ônibus deixou as duas na praça principal, bastante iluminada, onde multidões de turistas caminhavam e conversavam durante o meio-dia. Seu emprego dependia dessas pessoas, e ela previa uma tarde boa.

Um grupo havia se formado na esquina da rua Principal com a Primeira, bloqueando sua passagem. Abrindo caminho em meio à multidão, ela viu que havia um jogo monte de três cartas em andamento. Os turistas eram alertados a evitar esse golpe, mas sempre há alguém na multidão que acaba caindo. O jogo funciona assim: quem dá as cartas coloca três delas viradas para cima numa mesinha; uma é uma figura, como um rei, uma dama ou um valete, e as outras duas são números. Ele (ou, às vezes, ela) vira as cartas para baixo e mexe-as rapidamente sobre a mesa. Falando agradavelmente e sem parar, a pessoa convida membros da plateia a apostar e adivinhar qual das cartas é a figura. Cedo ou tarde, um transeunte decide que seus olhos são mais rápidos do que as mãos de quem dá as cartas e faz uma aposta. Apenas a pessoa com as cartas ganha nesse jogo.

Depois de algumas rodadas, os transeuntes se reorganizam e aqueles que estavam lá atrás chegam mais perto da mesa. Ellyn conseguiu chegar à frente. O homem com as cartas sorriu e começou a conversar diretamente com a filha dela.

— Você é uma menina tão linda. E esperta também, como sua mãe! Aposto que vai para a faculdade um dia!

Essa conversa brincalhona continuou com outras pessoas que estavam perto quando, sem querer, uma carta voltou-se para trás, revelando brevemente a imagem. O crupiê rapidamente tentou mover as cartas, mas Ellyn e alguns outros notaram cada movimento.

— Eu topo — Ellyn gritou nervosa. — Quero apostar.

— Quanto? — perguntou o crupiê, hesitante, enquanto a multidão se aproximava ainda mais para ver o que estava acontecendo. Ellyn estava com o dinheiro para pagar o aluguel, e dobrar pelo menos uma parte da quantia com certeza ajudaria nas contas. Ela pensou, pensou...

— Você vai apostar ou não? — insistiu o crupiê.

— Vou, sim, cem dólares!

Os que se encontravam mais próximos da ação prenderam a respiração. Ellyn não parecia ter cem dólares, quanto mais a capacidade de apostar essa quantia em um jogo de rua. O crupiê se recusou — ele teria que pagar o dobro se ela ganhasse —, mas a multidão se manifestou.

— Deixe-a jogar! — algumas pessoas gritaram.

— É, aceita a aposta! — outros reforçaram.

O crupiê parecia nervoso.

— Certo, certo — disse. — Me mostra o dinheiro.

Ellyn parecia nervosa.

— Vá em frente, mostra seu dinheiro pra ele — disse alguém na multidão atrás dela.

Enfiando a mão por dentro da camisa, ela puxou a nota de cem dólares e a estendeu para ele.

— Escolha sua carta — disse o crupiê, e Ellyn escolheu.

Pareceram ocorrer em câmera lenta, mas, na realidade, os acontecimentos seguintes se desenrolaram muito, muito depressa. O crupiê virou a carta que Ellyn escolhera, e era o sete de ouros; virou a carta ao lado, e era o rei de paus. Ellyn tinha perdido. Aí alguém atrás do grupo gritou: "Polícia!". O crupiê puxou o dinheiro de Ellyn, rapidamente dobrou sua mesinha e desapareceu com os cúmplices na horda de turistas em movimento. Ellyn ficou ali, parada. Estava em choque. Lágrimas surgiram em seus olhos.

— O dinheiro do aluguel! — choramingou.

Alguns na multidão se afastaram, balançando a cabeça. Uma idosa em um casaco azul surrado tentou reconfortar Ellyn e afagou a cabeça da sua filhinha. Ela tirou uma nota de dez dólares da bolsa e entregou a Ellyn. Outros fizeram o mesmo, mas esses gestos de altruísmo e boa vontade não podiam compensar todo o dinheiro perdido do aluguel, tampouco a vergonha de ter caído em um dos golpes mais antigos da praça. Esse golpe, como vários outros, usa habilmente a natureza humana mais básica contra a vítima incauta.

O fato de que entre 1 e 2 por cento da população mundial tem personalidade psicopática sugere (talvez quase garanta) que a maioria de nós vai topar com, no mínimo, um psicopata em um dia típico. Entretanto, a habilidade que psicopatas inteligentes têm de esconder sua verdadeira natureza dificulta que os distingamos das outras pessoas que podemos encontrar pela rua. Embora tenhamos de fato observado os eventos descritos acima em uma esquina de uma grande cidade dos Estados Unidos, falta-nos a informação necessária para determinar se o rapaz é um psicopata ou apenas um vigarista. Até onde sabemos, trata-se de um golpista (o jogo monte de três cartas é ilegal na cidade em questão) que ludibria curiosos e ingênuos para ficar com o dinheiro deles. Embora os turistas possam achar que essas experiências "da vida real" geram histórias interessantes para contar aos amigos em casa, o fato é que um crime foi cometido.

PSICOPATAS SÃO MAIS HABILIDOSOS DO QUE NÓS?

INTERAÇÕES COM UM PSICOPATA

Nosso argumento é de que várias habilidades — aptidões, na verdade — dificultam que enxerguemos os psicopatas como eles são. Em primeiro lugar, eles têm um talento para "ler" as pessoas e julgá-las rapidamente. Identificam gostos e aversões, motivações, carências, pontos fracos e vulnerabilidades. Sabem como jogar com nossas emoções. Todos nós temos "botões" que podem ser apertados, e psicopatas, mais do que a maioria, estão sempre prontos a fazê-lo (falaremos mais a respeito disso em um capítulo subsequente). Em segundo lugar, muitos psicopatas são muito hábeis na comunicação oral. Eles se aproveitam de que o conteúdo de uma mensagem é menos importante do que o modo como ela é transmitida. Uma comunicação confiante e agressiva — carregada de jargões, clichês e floreios — compensa a falta de substância e sinceridade em suas interações com terceiros. Essa aptidão, somada à crença de que merecem tudo o que puderem tomar, permite que os psicopatas usem com eficácia o que aprenderam sobre alguém *contra* essa pessoa quando interagem com ela — eles sabem o que dizer e como dizê-lo para exercer influência. Em terceiro lugar, eles são mestres em administrar as impressões dos outros. Sua intuição sobre a psique alheia, aliada a uma fluência verbal superficial, mas muito convincente, lhes permite mudar de persona habilmente de acordo com o que for mais adequado à situação e aos seus planos. Têm a habilidade de assumir várias máscaras, de mudar "quem são" dependendo da pessoa com quem estão interagindo e de parecer mais agradáveis para a vítima escolhida. Poucas pessoas suspeitariam de que estão lidando com um psicopata que está se aproveitando de suas personalidades e vulnerabilidades. No grande jogo da vida, os psicopatas sabem que cartas você tem na mão, e trapaceiam.

Pesquisadores que interagem regularmente com psicopatas reconhecidos os descrevem como camaleões sociais. Camaleões, claro, têm a capacidade de assumir a coloração do ambiente ao seu redor para sobreviver. Quando se agarram a uma folha ou a um galho, tornam-se verdes ou marrons, usando sua habilidade de mudar a cor da pele para se misturar aos arredores. Assim, usando a proteção da natureza, podem permanecer invisíveis para seus inimigos e se aproximar dos insetos desavisados que compõem sua dieta. Eles são o tipo perfeito de predador invisível. Como os camaleões, os psicopatas podem esconder quem de fato são e esconder suas intenções verdadeiras de suas vítimas por períodos prolongados. O psicopata é um predador humano invisível quase perfeito.

Isso não quer dizer que a maioria das pessoas não possam ser comunicadoras charmosas, eficazes, com desenvoltura social e ainda serem honestas — é claro que podem. Muita gente usa técnicas de manipulação e de gerenciamento de impressões para conquistar os outros e ganhar a sua confiança, ou para obter o que desejam — com muita frequência, isso é feito de forma inconsciente, mas, às vezes, é resultado de treinamento, prática e planejamento. No entanto, querer que as pessoas gostem de você e o respeitem (e fazer o que for preciso para alcançar isso) não é necessariamente desonesto ou insincero — a necessidade de aprovação e validação de terceiros é normal. A manipulação social passa a ser insincera quando realmente não leva em conta os sentimentos dos outros ou quando há a tentativa de se tirar uma vantagem indevida de terceiros. A diferença entre a abordagem psicopática e a não psicopática jaz na *motivação* para se tirar vantagem das pessoas de maneira injusta e insensível. Psicopatas simplesmente não ligam se o que dizem e fazem machuca as pessoas, desde que consigam o que querem, e são muito bons em esconder esse fato. Considerando-se suas poderosas habilidades de manipulação, não é de se espantar que seja tão difícil enxergar uma "personalidade psicopática" por trás da fachada charmosa e interessante. Ver S 3.1: *Usando o que se tem.*

Nem todos os psicopatas, porém, agem tão sutilmente. Alguns não têm aptidões sociais ou comunicativas suficientes ou lhes falta a educação necessária para interagir harmoniosamente com os outros. Sendo assim, fazem uso de ameaças, coerção, intimidação e violência para conseguir o que querem. Este livro fala menos sobre esse tipo do que sobre aqueles que são capazes e estão dispostos a usar seu "charme mortal" para enganar e manipular pessoas. No entanto, se a abordagem charmosa não funciona, os psicopatas prontamente passam para a intimidação, seja escancarada, seja sutil. Ver S 3.2: *Criminosos do Colarinho Vermelho.*

PSICOPATIA E NARCISISMO

É importante destacar que a psicopatia é um transtorno de personalidade e que transtornos de personalidade *não são* análogos a distúrbios mentais. Em um nível muito básico, uma pessoa com um transtorno de personalidade tem uma gama limitada de "soluções" estereotipadas aplicáveis à maioria dos problemas encontrados na vida. Aqueles que não sofrem de transtornos de personalidade são capazes de adotar *uma variedade* de comportamentos, de acordo com o que for mais adequado à situação.

Indivíduos com um transtorno de personalidade às vezes enfrentam dificuldades na vida por causa de sua perspectiva limitada e sua abordagem um tanto inflexível. Eles sofrem para navegar em um mundo que não opera na via de mão única preferida por eles, enquanto aqueles que os cercam podem vê-los como pessoas de mente fechada, previsíveis e, às vezes, infelizmente, irritantes.

Existem dez transtornos de personalidade reconhecidos pelo DSM, inclusive o *transtorno de personalidade narcisista* e o *transtorno de personalidade histriônica*. É importante compreendermos ambos, já que têm relação com a psicopatia.

O transtorno de personalidade narcisista, por exemplo, envolve uma necessidade excessiva de admiração e um senso de superioridade, entre outras características. O DSM-5[69] descreve a pessoa com transtorno de personalidade narcisista como alguém que exibe um padrão generalizado de grandiosidade (fantasioso ou comportamental), necessidade de admiração, senso de orgulho e ausência de empatia.

Narcisistas acham que tudo o que acontece a seu redor, de fato, tudo o que os outros dizem e fazem, tem ou deveria ter a ver *com eles*. Em situações sociais em que isso não acontece, farão de tudo para se tornarem o centro das atenções, tomando conta da conversa ou diminuindo os outros enquanto chamam atenção para suas próprias qualidades. Pessoas narcisistas só apresentam esse tipo de comportamento em seu repertório, não podendo optar por prestar atenção às necessidades e desejos dos outros, "dividir o palco" e negociar atenção e feedback com terceiros. Ser narcisista não é necessariamente algo ruim, segundo a visão dos próprios narcisistas, já que veem a autoadmiração patológica meramente como uma reação natural à sua óbvia perfeição. Afinal, "como não gostar de tudo sobre mim?". Alguns chegam até a reclamar que seu talento e sua beleza são fardos que precisam carregar!

Narcisistas têm dificuldade para aprender comportamentos alternativos. Com o tempo e alguma assistência, porém, podem aprender a moderar seus impulsos e os efeitos negativos que exercem sobre os outros. O problema real para as outras pessoas ocorre quando as características narcisistas, especialmente o senso de orgulho e a ausência de empatia, transformam-se em comportamentos antissociais e destrutivos. Quando isso acontece, o padrão pode ser o narcisismo agressivo ou maligno, que é difícil de distinguir da psicopatia.

O transtorno de personalidade histriônica também compartilha alguns traços e características com a psicopatia, sendo os mais destacados a emotividade e a necessidade de aprovação excessiva pelos outros. Esses indivíduos podem parecer exageradamente dramáticos, emotivos e possivelmente teatrais. Às vezes se vestem e agem de maneira provocante para chamar a atenção. Diferentemente dos narcisistas, porém, eles nem sempre precisam se sentir superiores — aceitam o papel de coadjuvantes, se disponível, caso possa lhes fornecer o retorno psicológico pelo qual anseiam.

O número de indivíduos que podem ser diagnosticados com transtorno de personalidade narcisista (apenas 1 por cento da população geral) ou histriônica (2 a 3 por cento) é baixo. Na verdade, muito mais indivíduos são percebidos pelos outros como "narcisistas" ou "histriônicos" do que os que realmente apresentam o transtorno. Infelizmente, enxergamos alguns psicopatas como narcisistas ou histriônicos por causa das características egocêntricas ou emotivas que exibem em público, e não pelo seu lado oculto, que leva muito mais tempo para se fazer notar. Isso torna o diagnóstico difícil e às vezes confuso para aqueles com pouca experiência com esses indivíduos. Até psicólogos ou psiquiatras treinados no diagnóstico de transtornos de personalidade podem ter dificuldade para diferenciar a psicopatia de outros transtornos de personalidade cujas características coincidam.[70]

É apenas depois de uma análise considerável que os outros traços que definem a síndrome psicopática podem ser identificados por trás do narcisismo e do drama escancarados.

Nota: Esta é uma explanação simplificada dos transtornos de personalidade. Orientamos os leitores interessados a consultarem o DSM-5 para uma discussão mais completa acerca das semelhanças e diferenças entre os transtornos de personalidade.

O PSICOPATA EM MOVIMENTO

Psicopatas são mestres em manipulação e em joguinhos: fazem uso de todo e qualquer truque para atingir seus objetivos. Os traços e características destacados por Hare e Cleckley lhes são muito úteis, particularmente se explicados no contexto em que se desenrolam em seu dia a dia. Compreender como atuam em público e como interagem com terceiros — o que rotulamos como o psicopata em movimento — pode ajudar a vislumbrar a pessoa real por trás da fachada encantadora e, esperamos, ajudará o leitor a montar uma estratégia de defesa contra suas inteligentes manipulações.

Começamos analisando as estratégias e táticas usadas em um processo de manipulação psicopática trifásico, uma manifestação natural da personalidade que com frequência é mais automática do que algo conscientemente planejado.

FASE 1: AVALIAÇÃO

Psicopatas gostam de fazer joguinhos com as pessoas. A chance de tapear e manipular os outros é uma importante fonte de motivação. Eles estão assiduamente à procura de indivíduos para enganar e ludibriar, e esta primeira fase de manipulação psicopática envolve identificar e, então, avaliar alvos ou presas. A maioria dos psicopatas são predadores oportunistas e agressivos, que tirarão vantagem de quase todos que conheçam, enquanto outros são mais afeitos a planejar, preferindo manter-se à espera de uma vítima perfeita e inocente que cruze seu caminho. Nos dois casos, o psicopata está constantemente analisando a potencial utilidade dos indivíduos que conhecem para conseguir dinheiro, poder, sexo ou influência. Pessoas com poder, fama ou posição social elevada são particularmente atraentes. Ver S 3.1: *Usando o que se tem.*

No mundo dos negócios, é relativamente fácil identificar quem tem poder — salas grandes e títulos pomposos são pistas óbvias que indicam quem é quem em uma empresa. Entretanto, não pense que, por não ter uma sala enorme nem um cargo de nome chamativo, não possui poder ou acesso a ferramentas que um psicopata possa julgar úteis. Você é uma secretária que controla o acesso à pessoa no comando e a agenda dessa pessoa? É um representante do sindicato que pode mediar os conflitos e dificuldades entre os funcionários? Está ligado na "rádio peão" da sua empresa e tem acesso às informações que circulam entre todos que estão "por dentro"? Ou ainda: talvez você seja a pessoa do setor de correspondência que faz aquele esforço extra para garantir que documentos importantes cheguem a seus destinatários a tempo. Estes são exemplos de poder *informal*, que um psicopata inteligente pode usar como alavanca para avançar em seus objetivos egoístas mais amplos.

Além de avaliar a potencial utilidade dos outros, os psicopatas avaliam pontos fracos emocionais e defesas psicológicas para montar seu plano de ataque. Indivíduos psicopatas fazem isso de formas diferentes e em graus variados, pois seu estilo pessoal, experiência e preferências também desempenham um papel nessa análise. Alguns gostam de desafios maiores, como aqueles oferecidos por uma celebridade confiante e riquíssima, um profissional astuto ou um executivo com um grande ego. Outros preferem atacar pessoas solitárias, que estejam precisando de apoio emocional e companheirismo: idosos que recebem uma renda fixa, menores de idade ingênuos ou pessoas que foram recentemente magoadas ou atacadas por outras. Embora a utilidade desse último grupo possa não parecer óbvia de um ponto de vista estritamente monetário, a "facilidade" percebida para abordá-los os torna atraentes para o psicopata criminoso que calcula o tempo e a energia do investimento.

Vários traços e características psicopáticos são aparentes nessa fase. Em um nível superficial, os psicopatas geralmente são percebidos como pessoas no auge, que vestem os trajes do sucesso. Contudo, na verdade têm um estilo de vida *parasitário*. Preferem viver do trabalho dos outros a viver de seus próprios esforços, de modo que ser um andarilho, um aproveitador ou um pedinte são escolhas comuns de estilo de vida, embora a fachada possa disfarçá-lo. Eles não têm qualquer escrúpulo de pedir e com frequência exigir dinheiro de outras pessoas. Às vezes, o alvo é um membro da família ou um amigo, mas pode facilmente ser um estranho a quem seduzem ou manipulam para que forneça comida, abrigo e uma fonte de renda. Bem, não é incomum nem errado depender da ajuda de outras pessoas, inclusive do governo, durante momentos difíceis da vida. Psicopatas, porém, usam os outros sem remorso, mesmo quando se encontram fisicamente hábeis e capazes de sustentar a si mesmos. Nem todos os psicopatas são desempregados, é claro. De fato, conduzimos boa parte de nossos estudos recentes em empresas e na administração pública. Entretanto, como veremos, até psicopatas empregados se aproveitam dos outros de maneiras evidentes e dissimuladas. Tiram vantagem tanto dos colegas de trabalho como de seus empregadores.

Tipicamente, o impacto econômico e emocional exercido por seu comportamento parasita sobre os outros é irrelevante para eles, em parte porque acreditam que todos neste mundo cão são gananciosos e insensíveis. Também parecem incapazes de construir uma imagem acurada da profundidade emocional das outras pessoas, presumindo erroneamente que a paisagem emocional de todo mundo é tão superficial e árida quanto a sua. No mundo mental dos psicopatas, as pessoas só existem como objetos, alvos e obstáculos. Para a maioria das pessoas, essa é uma das características da mente psicopática mais difíceis de se aceitar (ou, dito de outra forma, de ser compreendida). Eles realmente não apresentam emoções como culpa, remorso e empatia. Alguns podem afirmar que psicopatas são predadores tão eficazes porque *não são* atormentados por dúvidas e preocupações da consciência.

Adicionalmente à sua natureza parasitária e à ausência de uma vida emocional, existem evidências de que psicopatas precisam de consideráveis novos estímulos para não se entediarem. Essa necessidade, que pesquisas recentes sugerem que pode ser provocada por sua fisiologia cerebral, com frequência os leva a buscar novas e empolgantes oportunidades, passando casualmente de um relacionamento para outro e de emprego em emprego. A maioria das pessoas é capaz de suportar o tédio e se esforçar por longos períodos para conquistar coisas importantes na vida, como se formar na universidade, fazer um estágio ou aceitar um emprego de cargo mais baixo na esperança de obter uma promoção. Psicopatas procuram rotas mais fáceis para alcançar esses mesmos fins. Eles têm baixíssima tolerância à frustração. Um número surpreendentemente alto consegue terminar a faculdade ou obter formação profissional (muitos em nossa pesquisa são formados, com diplomas em Medicina ou Direito, entre outros cursos, inclusive pós-graduações), mas, na maioria dos casos, essas credenciais são conquistadas menos graças ao seu esforço e dedicação e mais por meio de colas, exploração do trabalho alheio e "manipulação" do sistema.

Esse traço é evidente no ambiente de trabalho, já que tendem a evitar tarefas que pareçam monótonas, difíceis ou que necessitem de um comprometimento sério e de longo prazo. Não conseguem imaginar como nem por que alguém se esforçaria — ou esperaria sua vez — por algo que quisesse. Sua necessidade de estímulos torna-se evidente na propensão por comportamentos de alto risco, já que estão sempre buscando emoções fortes. Muitas pessoas buscam a injeção de adrenalina associada a esses comportamentos, especialmente em atividades esportivas, mas, ao contrário dos psicopatas, normalmente o fazem avaliando os riscos para si mesmos e para os outros, e sem colocar terceiros em perigo. Infelizmente para a sociedade, a necessidade de estímulos dos psicopatas facilmente se manifesta em comportamentos antissociais e criminosos.

Psicopatas têm um grande senso de superioridade e de posse sobre as coisas. Sua visão grandiosa de si mesmos faz com que acreditem que outras pessoas existem apenas para cuidar deles, e não pensam duas vezes antes de se apossarem dos pertences alheios. Como veem a maioria das pessoas como fracas, inferiores e fáceis de enganar, vigaristas psicopáticos com frequência dirão que suas vítimas mereceram o que lhes aconteceu. Às vezes, seu senso de superioridade é tão excessivo que podem alegar ser *um favor* permitirem que suas vítimas os sustentem. Isso é óbvio em muitos casos de líderes de seitas que são charlatães ou psicopatas consumados, mas é também visível em casos mais sutis. Esse ar de condescendência em relação aos outros é visto como arrogante e egocêntrico por muitos observadores, mas, como discutiremos a seguir, alguns podem achar esse comportamento um tanto charmoso, até mesmo carismático.

FASE 2: MANIPULAÇÃO

Após identificar indivíduos que lhes possam ser úteis e avaliar as vulnerabilidades dessas pessoas, os psicopatas começam a tecer uma trama de charme e mentiras que chamamos de *ficção psicopática*. É o início da fase de Manipulação.

O principal objetivo é ganhar a confiança do indivíduo-alvo. Uma das habilidades mais eficazes usadas pelos psicopatas para conquistar a confiança das pessoas é sua capacidade de *encantá-las* por meio de agrados e de várias técnicas de gerenciamento de impressões. Eles têm maneirismos atraentes e provocam ótimas primeiras impressões nas pessoas. A partir daí, começam a construir uma elaborada persona fictícia. Explicaremos em detalhes como isso é feito mais adiante, mas, em geral, psicopatas podem ser vistos como fortes, ingênuos, dominantes, honestos, submissos, confiáveis, experientes ou como qualquer coisa que acreditem ser capaz de provocar respostas positivas de outras pessoas a suas abordagens manipuladoras. Alguns se utilizam de estereótipos sociais para criar uma fachada útil. Podem, por exemplo, projetar a imagem de um artista sofredor, um cônjuge incompreendido, um empresário bem-sucedido, uma celebridade, de uma pessoa com uma profissão respeitável ou conectada a ricos, famosos e infames.

Claro, alguns psicopatas abusam do charme, sendo então percebidos como levianos, superficiais e nada convincentes. No entanto, os realmente talentosos elevam sua capacidade de encantar pessoas à perfeição, inclusive se orgulhando (e amiúde se gabando) de sua habilidade para enganar as pessoas ao apresentar um eu fictício convincente. Psicopatas fazem naturalmente o que alguns políticos, vendedores e divulgadores precisam se empenhar para realizar, como convencer as pessoas a acreditarem no que dizem. Em casos criminais, às vezes as pessoas só questionam a máscara encantadora de sinceridade, integridade e honestidade de um psicopata depois que as autoridades descobrem algum crime repugnante ou mentira magistral. Em casos menos dramáticos, muita exposição diária pode ser necessária antes que a fachada se torne perceptível para alguns observadores empenhados, mas isso raramente acontece com a maioria das pessoas com quem interagem, já que seus alvos ficam cada vez mais cativados pela ficção psicopática.

O que contribui consideravelmente para seu sucesso em ganhar a confiança de suas vítimas é sua habilidade quase patológica de *mentir* sem escrúpulos nem qualquer hesitação. Livres de ansiedades sociais, medo de serem descobertos, empatia, remorso e culpa — alguns dos repressores naturais do comportamento antissocial em humanos —, os psicopatas contam histórias tão críveis, tão divertidas, tão criativas que muitos ouvintes *instintivamente* confiam neles.

Seria de se imaginar que uma longa série de mentiras terminaria por ser descoberta, levando ao desmascaramento do psicopata, mas isso raramente acontece. A maioria dos observadores não enxerga as mentiras porque muitas das mentiras psicopáticas servem tanto para apaziguar as dúvidas e preocupações da vítima como para alimentar a ficção psicopática. Suas histórias com frequência teatrais, mas convincentes, asseguram um ambiente de confiança e deleite genuínos, levando a maioria das pessoas a aceitá-los como os indivíduos que aparentam ser — e a quase inconscientemente perdoar qualquer inconsistência que possam ter notado. Se alguém os confronta ou identifica sua mentira, não ficam envergonhados. Simplesmente mudam ou inventam uma parte da história para acomodar todas as pontas soltas em uma trama crível. Habilidades bem praticadas de comunicação oral fazem esse fluxo infinito de desinformação parecer crível, razoável e lógico. Alguns psicopatas são tão bons nisso que podem criar uma visão verossímil de seu mundo de fantasia na mente dos outros, uma imagem na qual eles mesmos quase parecem acreditar.

Surpreendentemente, psicopatas podem mentir de forma convincente até para quem já conhece a verdade sobre um assunto. As vítimas constantemente começam a duvidar de *seu próprio* conhecimento da verdade e mudam *suas próprias* perspectivas para acreditar no que o psicopata lhes diz em vez de naquilo que sabem ser verdade. Esse é o poder da manipulação psicopática. Alguns psicopatas se orgulham dessa perícia, zombando da credulidade das vítimas e com frequência se gabando de como enganaram algumas pessoas. Somos obrigados a reconhecer que, em muitos casos, esse autoelogio é justificado.

Ainda não está claro para os pesquisadores se psicopatas mentem porque se trata de uma tática eficiente para obter o que querem, porque o ato de mentir é em si prazeroso ou devido às duas coisas. Pode ser que psicopatas não consigam aprender o valor da honestidade durante sua juventude e, em vez disso, aprendam a utilidade de mentir para conseguir o que desejam dos outros. Em crianças típicas, o ato de mentir e a necessidade de inventar histórias diminuem com a idade, mas são comportamentos que persistem nos psicopatas por toda a vida adulta. Eles não enxergam o valor da honestidade no lugar da mentira, a menos que isso os ajude a conseguir o que querem. Trata-se de uma decisão de negócios.

A diferença entre as mentiras psicopáticas e aquelas contadas pelos outros reside no fato de que as segundas normalmente são menos premeditadas e destrutivas. Também são muito menos prevalentes (você pode mentir apenas ocasionalmente) do que as mentiras psicopáticas. Por exemplo: homens tentando um encontro com uma mulher, adolescentes tentando convencer os pais a deixá-los ir a uma festa, um empresário tentando fechar um negócio e um político tentando ser eleito podem fazer uso de uma variedade de mentiras (inofensivas ou mais sérias) para conquistar seus objetivos. Todavia, ao contrário do que ocorre com psicopatas, mentir com facilidade e de maneira cínica não é uma parte integral e sistêmica de suas *personalidades* e essa atitude não coexiste com os outros traços que definem a psicopatia.

Outra característica dos psicopatas é a habilidade de evitar assumir a responsabilidade por coisas que dão errado; em vez disso, eles atribuem a culpa a outras pessoas, circunstâncias, choques de personalidade, sorte e assim por diante. Possuem um arsenal impressionante de desculpas para justificar por que *não são* os culpados por nada do que fizeram ou disseram para magoar outra pessoa. Curiosamente, apontar outros culpados também pode servir muito bem a seus planos manipuladores, especialmente se a manobra for bem executada, já que pode ser utilizada para melhorar a própria imagem, enquanto espalham informações afrontosas sobre rivais e detratores. Fazem isso ao transformar a terceirização da culpa em uma exibição de lealdade ao ouvinte. Ou seja, aparentam ajudar ou proteger a pessoa ao jogar a culpa nos outros. Em muitas empresas, há funcionários que não confiam na empresa ou que têm raiva de algo que lhes aconteceu. Ao se aliarem para culpar o sistema, a empresa ou até a sociedade como um todo por coisas que deram errado, os psicopatas podem obter apoio para seus próprios objetivos.

Sem causar nenhuma surpresa, até os psicopatas que admitem envolvimento em algum crime minimizam o impacto negativo nas vítimas e podem inclusive culpá-las pelo próprio infortúnio, enumerando motivos convincentes para justificar por que só receberam o que mereceram!

Como a fase da manipulação forma o "grosso" das maquinações dos psicopatas, passaremos um tempo considerável nos capítulos seguintes detalhando suas estratégias e táticas.

FASE 3: ABANDONO

Tão logo os psicopatas tenham sugado tudo de suas vítimas, eles a abandonam e partem para a próxima. O abandono é, comumente, abrupto — um dia, o psicopata simplesmente desaparece — e sempre ocorre sem que a vítima perceba que o psicopata estava procurando outra pessoa para usar.

Em crimes como falsidade ideológica, fraude de cartões de crédito e golpes no setor de construção civil, o psicopata tipicamente ressurge com uma nova identidade em outra localização geográfica para predar novas vítimas. O advento da Internet facilitou a vida dos criminosos psicopatas, já que a fuga e o ocultamento são obtidos com o apertar de um botão, e os alvos são abundantes, de pronto acesso e anônimos.

Para abandonar pessoas de um jeito tão cruel e nefasto, é preciso que o indivíduo seja imune aos sentimentos das vítimas. Psicopatas conseguem fazer isso facilmente, pois desenvolvem laços emocionais e sociais débeis ou precários com os outros. A maioria das pessoas sente ao menos uma pontada de culpa ou arrependimento se magoam alguém. Psicopatas têm apenas uma vaga imagem dessa noção e às vezes acham o conceito de culpa ou remorso uma fraqueza engraçada que as outras pessoas têm — algo que podem usar em benefício próprio. E que também torna mais fácil para os psicopatas movimentarem pessoas como se fossem objetos ou peças de um jogo. Psicopatas entendem melhor a vida cognitiva ou intelectual dos outros do que a sua própria vida emocional. Por consequência, o valor das pessoas é medido por aquilo que podem oferecer. Uma vez usadas, são descartadas.

Ao longo da vida dos psicopatas, o processo de avaliação, manipulação e abandono leva a resultados previsíveis. O primeiro é que têm muitos relacionamentos breves ao longo da vida. Eles podem se aproximar de muitos indivíduos oferecendo "compromisso", mas vão embora quando a utilidade dessas pessoas expira. Isso resulta em uma série de casamentos tradicionais e uniões estáveis, relacionamentos em que moram com a pessoa por pouco tempo etc. Com frequência, deixam um rastro de amantes rejeitados, ex-cônjuges possivelmente abusados e filhos abandonados. Ocasionalmente, esse padrão de comportamento lhes vale uma reputação de "galinha", título que alguns psicopatas até promovem pessoalmente para aumentar seu status e mística. Infelizmente, para os parceiros de psicopatas, esses relacionamentos são unilaterais e, com frequência, contaminados por intimidação, abuso e violência. Lamentavelmente, um em cada cinco abusadores domésticos recorrentes têm personalidade psicopática. Muitos evitam ir para a cadeia ingressando em programas de tratamento ordenados pela justiça que não têm efeito nenhum sobre eles nem sobre seus parceiros. Outros manipulam, de modo muito eficaz, advogados, juízes, terapeutas e curadores e acabam impunes.

O segundo é que, apesar das alegações em contrário, os psicopatas normalmente não têm carreira ou objetivos de vida de longo prazo. Em vez disso, seu histórico profissional é definido por uma série de empregos sem conexão e selecionados de maneira aleatória. A despeito da falta de uma carreira real, os psicopatas se gabam de todo tipo de metas e conquistas, e criam um "histórico" profissional tão convincente que os outros acreditam no sucesso que alegam ter obtido. No mundo dos negócios, essas realizações fictícias se traduzem em um currículo cheio de cartas de recomendação produzidas por eles mesmos (mediante o uso de nomes de amigos como referências) e prêmios falsos. Até os psicopatas que escolhem uma carreira *criminosa* não têm metas e objetivos definidos, envolvendo-se em uma vasta gama de delitos oportunistas em vez de se especializar, como os típicos criminosos de carreira. Isso é resultado de sua impulsividade, escasso controle comportamental e baixa tolerância à frustração.

Em resumo, primeiro os psicopatas avaliam o valor ou a utilidade dos indivíduos e identificam seus pontos fortes e fracos do ponto de vista psicológico. Depois, manipulam os alvos (transformando-os em vítimas) entregando-lhes mensagens cuidadosamente elaboradas (a ficção psicopática), projetadas para obter e manter o controle. Eles, então, esgotam os recursos psíquicos, psicológicos, emocionais e financeiros dessas pessoas. Finalmente, abandonam as vítimas esgotadas e desnorteadas quando se entediam ou sentem que já terminaram de usá-las.

QUESTÕES PARA DISCUSSÃO

➲ Você já teve alguma experiência em sua vida pessoal ou profissional com alguém que parece seguir o modelo de avaliação, manipulação e abandono?

➲ Você tem algum amigo que tenha sido manipulado e depois abandonado por alguém com quem julgava ter um relacionamento sólido? Que detalhes essa pessoa dividiu com você?

➲ Você conhece alguém que parece não ter emoções humanas básicas, alguém que você descreveria como "frio e vazio"?

➲ Você já tentou "fingir" emoções quando uma situação exigia? Quais emoções? Você teve sucesso?

S 3.1
Usando o que se tem

Se calhar de serem inteligentes, "terem berço" e serem fisicamente atraentes, os psicopatas podem exercer um impacto devastador sobre as pessoas que conhecem.

Caroline, por exemplo, é uma britânica de cinquenta anos, muito bonita e inteligente. Seu pai era advogado e sua mãe, uma artista bem-sucedida. Caroline frequentou várias das melhores escolas, mas raramente permanecia em alguma delas por muito tempo. Ela se metia em pequenos problemas às vezes — por exemplo, foi incapaz de explicar o desaparecimento de certa quantia monetária durante seu trabalho voluntário para uma organização de caridade —, mas era sempre socorrida pelos pais. Ela frequentava círculos sociais elegantes, no âmbito dos quais manteve muitos casos breves.

Aos trinta anos, Caroline fazia parte de uma seita pseudorreligiosa, e sua "linha direta com os santos" a ajudava a convencer idosos a "comprar seu pedacinho no céu". Posteriormente, ela conheceu um contrabandista internacional e isso desembocou em sua primeira prisão, com uma pena de três anos por contrabando de diamantes. Ela é muito eloquente, e emana um charme encantador e uma sagacidade que mantêm as pessoas cativadas por horas. Sua descrição das atuais circunstâncias em que se encontra e dos eventos que a levaram até elas tem uma qualidade quase romântica. Caroline gosta da vida agitada e ama a excitação. Ao longo das últimas duas décadas, vem conciliando esses interesses com a vida de contrabandista de diamantes, viajando regularmente entre Johannesburgo, Nova York, Tel Aviv e Amsterdã com milhares de dólares em diamantes na mala em cada viagem.

A ocupação incomum de Caroline — apenas a mais recente em uma longa lista de trambiques e falcatruas — a recompensa de duas maneiras: garante a ela uma renda substancial, com a qual financia seu estilo de vida luxuoso, e ao mesmo tempo é uma fonte de excitação. Caroline declarou que atravessar um aeroporto com milhares de dólares em diamantes era uma emoção imensa, "uma adrenalina incomparável". Quando foi pega pela primeira vez, por um agente alfandegário casado, ela conseguiu convencê-lo a não entregá-la e acabou tendo um breve caso amoroso com ele. Depois, ela o delatou, como parte do acordo com a promotoria quando foi flagrada pela segunda vez. Embora ele tenha perdido a família, o emprego e a reputação, ela não se comoveu: "Ele se divertiu. Agora, a festa acabou".

Ela só lamentava que seus dias como contrabandista provavelmente tinham acabado, agora que a Interpol a rastreava. Ela tinha vagos planos de se tornar corretora da bolsa ou agente imobiliária. Enquanto isso, trabalhava em um esquema para ser deportada para a Inglaterra, na esperança de que assim conseguisse uma redução na sentença. Em uma carta a um funcionário britânico sobre o assunto, Caroline sugeriu que a esposa ou a namorada dele poderia gostar de ter "algo brilhante no dedo" e que "podia arranjar isso para ele com facilidade". A tática fracassou, e ela conseguiu evitar um processo por suborno. Sua situação e localização atuais são desconhecidas.

S 3.2
Criminosos do colarinho vermelho

Em maio de 2003, eu (Hare) estava prestes a discursar como convidado na conferência da Western Psychological Association [Conferência da Associação Psicológica Ocidental] em Vancouver. O título da palestra era: "Cobras de terno: quando psicopatas vão trabalhar" (um título presciente!). Del Paulhus me apresentou como alguém que estava transferindo sua pesquisa das prisões para o ambiente corporativo. Antes que eu começasse, dois delegados se aproximaram e perguntaram se eu era o dr. Robert Hare. Eu confirmei que sim, e eles prontamente me entregaram uma intimação. Não estava com meus óculos de leitura, mas pude enxergar o valor de 250 mil dólares. Comentei com Del que talvez ele tivesse se antecipado ao dizer para onde eu estava transferindo meu trabalho. A intimação era de um advogado americano, preso por desviar dinheiro de sua cliente e depois matá-la para encobrir a fraude. Eu havia descrito o caso em *Sem consciência*, e o advogado usou isso como base para me processar, porque o juiz, o delegado e o promotor do caso haviam mencionado a passagem do livro para sustentar sua oposição à solicitação de transferência para uma prisão de segurança mínima feita pelo réu. O advogado havia escrito pessoalmente a intimação em outubro de 2002, mas ela só chegou a mim em maio de 2003. No fim das contas, o advogado havia morrido em dezembro. O tribunal decidiu que o caso não tinha fundamento.

Menciono isso porque os crimes desse advogado seguem o padrão de pesquisas recentes sobre pessoas que o advogado criminal e pesquisador de fraudes Frank Perri denomina *criminosos de colarinho vermelho*.[71] O termo se refere a criminosos de colarinho branco, que, após cometerem fraude contra um cliente, recorrem ao homicídio para evitar que a vítima descubra ou denuncie a fraude. Perri apresentou muitos casos desse tipo de assassinato e concluiu que essas pessoas não agiram de modo destoante de seu caráter quando o cometeram.[72] "De fato, o oposto era verdade: a capacidade de matar sem remorso era uma semente inerente ao criminoso do colarinho vermelho que germinou com o aparecimento das condições adequadas" (p. 21).

O CASO DE DAVE

ATO 2, Cena 1

Olá, Colega!

Dave dirigia pelo estacionamento à procura de uma vaga. Ele havia perdido a hora e estava atrasado. Normalmente, costumava já estar em sua mesa antes que Frank chegasse. Soltando um palavrão, foi para o estacionamento de visitantes, no qual sabia que haveria vagas disponíveis. Não que não houvesse vagas sobrando no "fim do mundo", o apelido do estacionamento de funcionários na parte mais distante do complexo, mas ele odiava ter que caminhar quando poderia estacionar muito mais perto. *Eu devia ter pedido uma vaga reservada*, pensou, olhando o carro novo de Dorothy na vaga de "funcionário(a) do mês", bem ao lado do espaço reservado para Jack Garrideb. Ele conhecia a reputação dela como figurona do marketing. *Eu devia ser o diretor de marketing*, pensou Dave enquanto estacionava na primeira vaga disponível para visitantes, pegava sua pasta e abria a porta.

Todd, da segurança, fazia sua ronda. Ele trabalhava no turno da manhã, o que combinava com ele. Por gostar de pessoas, sempre acenava e cumprimentava os outros funcionários que chegavam para o trabalho e, em uma empresa como a Garrideb Tecnologias, recebia excelentes benefícios — muito mais do que receberia caso trabalhasse na segurança de algumas das outras empresas locais. Ele reparou no modelo esportivo vermelho indo para o estacionamento de visitantes e resolveu investigar.

— Você é funcionário da Garrideb, não é? — Todd perguntou a Dave após notar o adesivo de funcionário na janela.

— Como é? Sim, estou atrasado para uma reunião com o comitê executivo — disse Dave, saindo do carro. — Meu nome é Dave S., do setor de pesquisa. Estou com o planejamento da nova linha de produtos — disse, levantando a pasta no ar — e não pegaria nada bem para mim nem para você se me atrasar para essa reunião.

— Funcionários usam os estacionamentos B, C e D, senhor — Todd relembrou Dave. — Vou ter que pedir ao senhor que estacione o carro na área designada.

— Escuta aqui, Todd — respondeu Dave, olhando para o nome no crachá do segurança. — Eu já falei, tenho uma reunião, e ela é muito importante.

— O senhor não pode estacionar aqui — contrapôs Todd, severamente.

Dave lançou a ele um olhar irritado, fechou a porta do carro e começou a andar na direção da entrada do prédio.

— Eu vou ter que multar o senhor — disse Todd às costas de Dave enquanto este se afastava.

— Faça o que tiver que fazer, Todd. Eu não ligo e tenho certeza de que algumas pessoas bem importantes também não vão ligar depois que eu apresentar o meu material — disse Dave bem alto conforme se afastava. — Produtos novos pagam o seu salário, Todd, não se esqueça disso! — gritou, enquanto andava apressadamente sem olhar para trás.

— Oi, Dave — disse Debbie, da contabilidade, que tinha o hábito de descer pelo corredor até o lobby todas as manhãs só para trombar com Dave. Naquele dia, ela já havia repetido a rota quatro vezes e começava a se perguntar se Dave viria ao escritório ou não.

— Aquele cretino — resmungou Dave em voz baixa, mas ainda alto o bastante para que Debbie ouvisse.

— Tudo bem com você? — indagou ela, aproximando-se e torcendo para engatar uma conversa.

Dave ergueu a cabeça.

— Tudo, sim. É que acabei de chegar em um voo noturno — disse Dave enquanto passava por ela no corredor.

Ele me vê praticamente todo dia há três meses já, e ainda não me deu mais do que um bom-dia e um aceno!, pensou Debbie, triste, enquanto ia ao refeitório para encher sua xícara mais uma vez.

Dave chegou ao seu escritório e jogou a pasta no aparador. Apanhando seu notebook, dirigiu-se ao refeitório em busca de café.

— Oi, Marge — disse, abrindo um sorriso enorme ao passar pela mesa dela. — O chefão está aí hoje? — perguntou, olhando para a sala de Frank e notando que a pasta dele não estava lá.

— Reunião externa do comitê executivo. Não espere nenhum deles de volta antes de quarta-feira. Como foi o seu fim de semana? — indagou ela.

— Ah, o de sempre. Fiquei até mais tarde na sexta-feira para terminar aquele relatório para o Frank; provavelmente o mesmo que ele vai entregar ao comitê na reunião externa.

A reunião na qual eu deveria estar apresentando, pensou.

No caminho para o refeitório, Dave sempre fazia questão de parar em todas as mesas. Em seus breves três meses, já tinha conhecido e se apresentado para quase todos os funcionários. Ele tinha suas listas. Havia os perdedores, é claro. *Acho que conheci outro deles no estacionamento*, pensou, rindo. Mas Dave também anotava quem eram os vencedores e os aspirantes a sê-lo, claro — havia vários deles nesta empresa em franco crescimento.

Ao entrar na copa da empresa, reparou que Dorothy estava junto à cafeteira. *Legal*, pensou, com um sorriso.

— Então a funcionária do mês bebe café como os mortais? — disse Dave, aproximando-se dela pelas costas.

— Ah, oi, pois é. Eu sei, a vaga no estacionamento — disse Dorothy, virando-se. — É embaraçoso, na verdade. Gosto de pensar que sou só...

— Meu nome é Dave, prazer em finalmente conhecê-la.

— Igualmente — disse ela, sorrindo.

— Posso convidá-la para um café? — gracejou ele.

— Claro, sempre.

QUESTÕES PARA DISCUSSÃO

➲ Que mentira Dave contou a Todd? E para Debbie?

➲ Quais possíveis traços ou características psicopáticas você reparou nas interações de Dave até aqui?

➲ Em que fase ou fases da manipulação Dave está com Todd, Debbie e Dorothy?

4

MANIPULAÇÃO PSICOPÁTICA: COMO É QUE ELE FEZ ISSO?

O GRUPO QUE HAVIA SE FORMADO NO JARDIM PERDEU O AR AO MESMO tempo quando viu a polícia conduzindo seu vizinho Ted algemado para a viatura. Sua esposa, carregando a filhinha deles no colo, chorava e remexia na bolsa em busca da chave do carro. Ela olhou de relance para os vizinhos, que desviaram o olhar por respeito e vergonha. Ted gritou para ela:

— Não se preocupe, meu bem, é só um mal-entendido. Ligue para o advogado. O número está na minha mesa. Ele vai cuidar disso.

Atrás do policial que conduzia Ted havia outros, carregando arquivos, um computador e alguns sacos de lixo cheios de coisas da casa.

— Dá pra acreditar nisso? — sussurrou Martha para sua vizinha Sarah.

— Não consigo acreditar — respondeu Ed, movendo-se mais para a frente do grupo que aumentava para tentar ver melhor.

Ted era o presidente da associação do quarteirão, que ajudava a proteger os moradores de assaltos e as crianças de predadores. Ele frequentava a igreja quando estava na cidade — seu emprego exigia que fizesse muitas viagens. Sua esposa preparava bolos para arrecadar dinheiro para o fundo de construção e era uma pessoa simplesmente adorável. Ninguém podia compreender o motivo de tudo aquilo.

— Aí vem o Ralph. Vejamos o que ele descobriu.

Ralph jogava *softball* com alguns policiais e falou com um de seus amigos, que estava na viatura que bloqueava a rua para impedir que Ted tentasse fugir.

— Roubou um monte de dinheiro da empresa — disse Ralph. — Desvio de fundos, dos grandes. Acham que ele vinha fazendo isso há uns dois anos, e só veio à tona recentemente. Pelo visto, ele conseguiu esconder tudo deles.

— Meu Deus! — disseram alguns no grupo.

Aquele era um bairro tranquilo, cheio de profissionais liberais, muitos com filhos pequenos. Não fazia sentido que algo assim acontecesse.

— Deve ser algum engano — sugeriu Sarah. — Talvez...

— Acho que não — interrompeu Ralph. — Aparentemente, o nome real dele nem é Ted. — Ele olhou ao redor e abaixou a voz. — E a Sheila não é a sua única esposa.

— Meu Deus! — murmurou o grupo, coletivamente.

PSICOPATAS, PSICOPATAS EM TODO LUGAR?

Andrew Cunanan, funcionário de um restaurante em San Diego, havia se mudado para Miami e estava tentando se infiltrar na cena social quando supostamente conheceu o famoso estilista Gianni Versace em uma festa. Embora relatos sugiram que o sr. Versace possa tê-lo esnobado, isso é improvável, dada a natureza social e graciosa do estilista. Por motivos que não foram totalmente explicados, Cunanan, que já havia supostamente assassinado brutalmente dois namorados em Minnesota, um agente imobiliário em Chicago e um zelador em Nova Jersey, conseguiu se evadir das autoridades mudando-se para Miami, a despeito de um mandado de prisão, da cobertura na imprensa e de uma busca policial. Em Miami, ele abordou Versace, que voltava para casa depois de uma caminhada matinal, e atirou fatalmente nele à queima-roupa. A polícia encontrou Cunanan se escondendo em uma casa-barco a menos de cinco quilômetros da cena do crime. Depois de cinco horas e diversos disparos de gás lacrimogêneo, a equipe da SWAT invadiu o local e encontrou o corpo do sr. Cunanan, que aparentemente cometera suicídio. Não há nenhuma explicação para a tragédia provocada por esse assassino impulsivo; há apenas perguntas. Como Cunanan conseguiu adentrar o círculo social de Versace? Cunanan era um psicopata ou "apenas" um indivíduo emocionalmente perturbado cujos crimes, apesar de repreensíveis, podem ser explicados?

Descobrir a verdade a respeito da vida dupla de alguém é uma grande notícia, já que a criminalística, aliada a um maior conhecimento sobre a manipulação psicopática, aumentou a capacidade legal para desmascarar fraudes. Uma edição do programa de Oprah Winfrey (transmitida em 3 de março de 2005) discutiu um livro chamado *Blood Brother: 33 reasons my brother Scott Peterson is guilty* [Irmão de sangue: 33 razões pelas quais meu irmão Scott Peterson é culpado], de Anne Bird. O dr. Keith Ablow, um psiquiatra forense, destacou que Scott Peterson, o homem declarado culpado do brutal assassinato de sua esposa e do filho nascituro, tinha o perfil de um sociopata (ver o Capítulo 2 para uma discussão sobre a diferença entre um sociopata e um psicopata). Peterson foi capaz de representar de forma convincente o papel de um marido preocupado, chegando até a participar das buscas por sua esposa grávida, enquanto planejava o futuro com sua namorada (inocente e desavisada). Em vídeos caseiros, ele parecia um marido normal e divertido que em breve seria pai. Qualquer um pode avaliar o *verdadeiro* Scott Peterson assistindo às suas entrevistas na TV ou ouvindo as conversas telefônicas gravadas pela namorada assim que ela descobriu que ele era casado e que a sua esposa havia misteriosamente desaparecido. Nesses documentos audiovisuais, ele não demonstra nenhuma preocupação, empatia, remorso ou ao menos tristeza com o sumiço da esposa. Apesar (ou talvez por causa) da enorme investigação policial, ele tentou sair do país, exibindo uma nova cor de cabelo e carregado de dinheiro. Claramente, as evidências reunidas pelas autoridades foram, no final das contas, suficientes para tirar qualquer dúvida da cabeça de quem importava, já que um júri popular o considerou culpado pelo assassinato brutal e, em 2005, o condenou à morte.

Seria possível detectar o potencial para violência extrema antes que seja tarde demais? Até onde sabemos, nem Andrew Cunanan nem Scott Peterson exibiram qualquer tendência assassina prévia. Será que existiam outros sinais? Talvez, com mais informações sobre a personalidade e as interações de ambos com outras pessoas ao longo dos anos, seus crimes se tornassem menos inexplicáveis. Mesmo assim, "autópsias" psicológicas são mais úteis para gerar hipóteses sobre padrões comportamentais do que para fornecer explanações causais de um evento. Além disso, ainda que familiares, amigos próximos e colegas *tivessem* notado algo de errado nesses indivíduos, não necessariamente teriam se dado conta da potencial relevância da informação, e podiam não saber o que fazer com ela. O que podemos afirmar, contudo, é que, mesmo que não seja possível prever eventos específicos, o comportamento de indivíduos psicopáticos não ocorre do nada e raramente é algo muito discrepante de seu caráter normal. O problema é que, sem interações prolongadas e cuidadosas com esses indivíduos, é difícil termos certeza de qual seria esse caráter, particularmente quando disfarçado por uma aparência charmosa e socialmente atraente.

A mera concepção de uma lista mental dos traços que definem a psicopatia não garante sucesso em se reconhecer um psicopata. De fato, pesquisadores bem treinados nessa área de estudo não estão imunes às mentiras e manipulações de indivíduos sabidamente psicopáticos. Isso ocorre porque os psicopatas são muito hábeis para esconder o seu eu verdadeiro daqueles a quem desejam enganar e manipular.

Embora invistam muita energia mental para identificar e controlar suas vítimas, os psicopatas não despendem o mesmo esforço para manter a máscara para aqueles que têm pouca utilidade para eles. Suas chances de reconhecer a manipulação psicopática aumentam se você não parecer valioso nem representar uma ameaça. Essa é uma boa posição para se assistir aos indivíduos com traços psicopáticos manipulando os outros. Com o conhecimento sobre como eles operam, é possível vislumbrar algo por trás da máscara.

Quem começa a aprender sobre psicopatia às vezes passa a detectar traços psicopáticos em conhecidos atuais e do passado. Chefes, ex-cônjuges, políticos, funcionários públicos, professores, familiares e amigos com frequência tornam-se suspeitos se acaso exibirem alguns dos comportamentos da lista de traços psicopáticos de Hare. Novos estudantes da área começam a reconhecer traços psicopáticos em si próprios, assim como estudantes de medicina às vezes acham que apresentam os sintomas das doenças que estão estudando. Dito isto, ter consciência da própria tendência de atribuir psicopatia àqueles que exibem algumas de suas características, incluindo a si próprio, é importante para aperfeiçoar a habilidade de se detectar um de verdade.

QUE COMECEM OS JOGOS: FORJANDO O ELO PSICOPÁTICO

Quando um psicopata decide que alguém é útil, o seu próximo passo é compreender o funcionamento interno da personalidade da vítima. Conforme essa avaliação progride, o psicopata começa a reunir esforços para construir um relacionamento pessoal e íntimo no qual as manipulações posteriores se basearão. O verdadeiro poder do psicopata jaz em sua habilidade de "impressionar" a personalidade da vítima.

Representantes comerciais, equipes de recursos humanos e outros profissionais que passam muito tempo interagindo com pessoas aprendem a julgar traços e características de personalidade. Psicólogos e psiquiatras treinados em avaliar personalidades podem, usualmente, enxergar um pouco mais das dinâmicas de personalidade subjacentes. O mesmo pode ser dito sobre jogadores de pôquer que notam "cacoetes" que outros jogadores deixem escapar. Mas, para dar-lhes crédito, os psicopatas têm a merecida reputação de serem bons julgadores da personalidade alheia — talvez por se dedicarem a isso — e uma habilidade extraordinária de projetar a persona mais eficaz, dependendo da situação, para conseguir o que querem. Como fazem isso? Para psicopatas, um rosto, palavras e linguagem corporal funcionam como uma autobiografia, impressa em letras garrafais. Ver S 11.2: *Política e Pôquer: licença para mentir.*

PERSONALIDADE: AS TRÊS FACES DO EU

Para entender como psicopatas conseguem manipular as pessoas tão facilmente, vale a pena explorar alguns conceitos básicos da personalidade. Existem muitos livros e teorias sobre a personalidade, seu desenvolvimento e os modos como ela varia de uma pessoa para a outra e se revela por intermédio do comportamento individual. Contudo, independentemente da teoria da personalidade escolhida, existem três maneiras comuns de vivenciá-la. Todas são relevantes para se compreender a manipulação psicopática, porque, além de serem estudantes astutos da natureza humana, os psicopatas estão dispostos a usar o que descobrem para seus próprios fins egoístas. Eles podem não dispor de estudo formal sobre teoria da personalidade, mas utilizam uma noção intuitiva: fazem uso de seus conhecimentos sobre a personalidade para controlar a visão que as pessoas têm a respeito deles e, no final, controlá-las. O psicopata astuto adota três vias de ataque.

O EU PARTICULAR

Em primeiro lugar, há uma personalidade interna, ou *particular* — o "eu" que vivenciamos dentro de nós mesmos. Nossa personalidade particular é complexa e composta de pensamentos, atitudes, percepções, julgamentos, impulsos, necessidades, preferências, valores e emoções individuais. Nosso eu particular também inclui fantasias, esperanças e ambições, ou seja, traços e características positivos que acreditamos representar de verdade quem somos. Queremos que os outros apreciem esses traços e podemos ficar muito aborrecidos se alguém insinua que não são verdadeiros.

Nosso eu particular também é formado por características pessoais das quais *não gostamos* e que, normalmente, não queremos que os outros vejam. Ainda que possamos tentar melhorar algumas dessas características, outras simplesmente preferiríamos ignorar por completo. Esses traços desagradáveis ou mais sombrios incluem danos que causamos às pessoas, fantasias e pensamentos ilícitos ou violentos, inseguranças, ganância e ilusões em geral a respeito de nosso lugar no mundo. Ter raiva e perder o controle, ser excessivamente rude e desagradável com os outros, agir de modo grosseiro com quem conhecemos e ficar deprimido ou desanimado são exemplos de possíveis comportamentos que refletem o lado mais sombrio (mas normal) da personalidade. Em um dia normal, gastamos uma boa quantidade de energia mental e emocional ampliando e construindo o lado positivo ou iluminado de nosso eu particular e minimizando ou controlando o lado sombrio. De fato, para preservar nosso equilíbrio emocional interno e evitar o descontrole da ansiedade, *precisamos* acreditar que nossas autoavaliações positivas são precisas e investiremos energia em combater os momentos de dúvida conforme forem surgindo.

Desde que nossa autoimagem seja, em sua maior parte, positiva e aceitemos nosso lado menos positivo como um elemento normal da experiência humana, concluiremos que somos pessoas bacanas. Sentir-se bem consigo mesmo é percebido como autoconfiança e força interior.

O EU PÚBLICO

Em segundo lugar, há a personalidade projetada, ou *pública,* às vezes chamada de persona — o "eu" que queremos que os outros vejam, o "eu" que apresentamos, em público, para os outros. Seu eu público representa como você deseja que as pessoas ao seu redor enxerguem "você". Sua persona é um subconjunto do seu eu particular — uma versão cuidadosamente editada, claro, da personalidade particular que é revelada aos outros para influenciar como eles o veem (e o julgam). Qualquer pessoa que já tenha tentado causar uma boa impressão em alguém — talvez em um encontro ou em uma entrevista de emprego — sabe como pode ser difícil maximizar os pontos positivos e minimizar os pontos negativos da personalidade. A despeito de todo o esforço que fazemos para controlar o que revelamos, às vezes mostramos sem querer traços da personalidade particular. De modo geral, no entanto, nossa persona reflete a personalidade que queremos que os outros vejam.

REPUTAÇÃO

Isso nos leva à terceira faceta da personalidade: como *os outros nos* veem e *nos* descrevem. Trata-se da *reputação* que as pessoas atribuem a nós com base nas suas interações conosco. Infelizmente, a despeito de nosso grande esforço para projetarmos uma persona positiva, as pessoas formam suas próprias opiniões, acertadas ou errôneas, com base em nossos atos, aparência, roupas que vestimos e em sua concordância com nossos valores e crenças. Tudo isso é percebido a partir dos vieses, estereótipos, gostos e repulsas *dos outros*.

Infelizmente, os filtros que as pessoas usam para nos avaliar podem distorcer a imagem de quem somos de verdade. O problema é que todos nós formamos uma primeira impressão das pessoas muito rapidamente, talvez durante os primeiros segundos depois que as conhecemos. Uma vez formada, nós solidificamos essa primeira impressão, descartando novas informações que contrariem a imagem inicial e dando preferência a absorver apenas as informações que a sustentem. As pessoas de quem gostamos logo de cara se tornam ainda mais agradáveis, e nada muda para aquelas de quem não gostamos. Por exemplo: é possível sentirmos uma afinidade por quem segue a mesma religião ou apoia o mesmo partido político e a generalizarmos para outros aspectos da personalidade. Ter afinidade com alguém nos deixa mais receptivos às coisas de que gostamos nessa pessoa e mais tolerantes às coisas de que talvez não gostemos. A consistência entre atos e falas de uma pessoa também tem um papel importante no estabelecimento da reputação. Ela nos leva a perceber uma pessoa como honesta — mesmo que não concordemos totalmente com seu ponto de vista —, enquanto as inconsistências em que reparamos podem nos fazer duvidar dessa pessoa. Todas essas percepções que passam por filtros podem causar problemas, é claro, *se julgarmos erroneamente a persona de alguém no momento em formávamos a primeira impressão.*

Em um mundo ideal, as três facetas da personalidade se alinhariam. Estaríamos em paz com nosso eu particular e nos sentiríamos confortáveis revelando-o por intermédio de nossa persona e seguros por saber que aqueles com quem interagimos nos conhecem por quem somos de verdade. No entanto, o mundo não é perfeito e as pessoas também não. O máximo que podemos esperar na maioria das situações sociais é que nossa persona reflita o que desejamos compartilhar com os outros e que os observadores estejam abertos o bastante para formarem opiniões precisas a nosso respeito e a respeito de nossa reputação.

TRUQUES MENTAIS

Quando interage com alguém, o psicopata cuidadosamente avalia sua persona, que representa um quadro dos traços e características que uma pessoa valoriza sobre si mesma. No entanto, para um observador astuto, a persona também pode revelar inseguranças ou pontos fracos escondidos no eu particular. O psicopata, então, gentilmente testa os pontos fortes e carências internos que fazem parte do eu particular e, finalmente, induz (com falas e atos) a relação psicopática, ou elo psicopático, por meio de quatro mensagens cruciais.

MENSAGEM NÚMERO UM

A primeira mensagem é: o psicopata gosta e valoriza pontos fortes e talentos apresentados pela persona. Em outras palavras, o psicopata reforça positivamente a autoimagem apresentada, dizendo, de fato, *eu gosto de quem você é.* Reforçar a persona de alguém é uma técnica de influência simples, porém poderosa, especialmente se a mensagem é transmitida de maneira convincente e charmosa. Infelizmente, muitas pessoas com quem lidamos na vida pessoal e profissional são tão egocêntricas e narcisistas que raramente enxergam nossa persona devido à preocupação que têm com a de si mesmas. Assim, encontrar alguém que realmente preste atenção em nós, que *realmente* nos aprecia e nos "vê", é revigorante. Isso legitima quem somos e faz com que nos sintamos importantes. O psicopata rapidamente satisfaz essa necessidade, e começamos a baixar a guarda.

MENSAGEM NÚMERO DOIS

Investimos uma quantidade considerável de energia mental na apresentação de nossa persona cada vez que interagimos com alguém. Contudo, por trás de nossa apresentação externa, e às vezes até misturados com ela, estão aspectos do eu particular, tanto positivos como negativos, que preferimos *manter* particulares. Raramente queremos compartilhar partes de nosso eu particular com colegas de trabalho e simples conhecidos. São as partes que dividimos com amigos mais próximos e parceiros em relacionamentos sérios. Todavia, assim que nos conhece, um psicopata pode com frequência depreender algumas das questões ou preocupações existentes em nosso eu particular. Ele usa essa informação para produzir uma persona falsa — uma máscara — que espelha ou complementa essas características. Para fazer isso, começa sutilmente, usando de boa lábia, a compartilhar fragmentos de informações pessoais, aparentando estar baixando a *sua própria* guarda conosco. Essas conversas encontram ressonância porque alguém está dividindo informações pessoais que refletem valores, crenças e problemas *semelhantes aos nossos*. O psicopata parece confiar em você (e você é digno de confiança, não é?). A segunda e poderosa mensagem do psicopata é: *Eu sou que nem você.*

MENSAGEM NÚMERO TRÊS

O psicopata se aproveita do fato de que, no mundo real, conhecer alguém que compartilha de nossos valores, crenças pessoais e experiências de vida não é muito comum, então é maravilhoso quando isso acontece. É muito mais fácil se abrir com alguém com essas características, e rapidamente compartilhamos cada vez mais pensamentos e sentimentos íntimos. Para nosso deleite, queremos acreditar que essa pessoa nos compreende *muito mais profundamente* do que qualquer outra que conhecemos. Ter partes de nosso eu particular compreendidas e aceitas por alguém nos faz relaxar, baixar a guarda e começar a acreditar que *esta* pessoa é diferente — que ela verdadeiramente gosta de nós pelo que *realmente* somos, por trás de nossa própria máscara ou persona. Felizes e aliviados, de maneira consciente ou inconsciente, concluímos que o psicopata não representa uma ameaça psicológica. De fato, a terceira mensagem do psicopata é: *seus segredos estão a salvo comigo*. A segurança, ou proteção, é uma de nossas necessidades psicofísicas mais básicas; o psicopata voluntariamente a satisfaz.

MENSAGEM NÚMERO QUATRO

Quando o psicopata nos convence de que compreende e aceita nossas fraquezas e defeitos, começamos a acreditar no futuro potencial da relação; acreditamos que essa pessoa será uma amiga de verdade. Amigos de verdade, é claro, compartilham informações — amiúde, íntimas — sobre si mesmos. Relacionamentos se desenvolvem e se solidificam conforme os parceiros passam a falar cada vez mais sobre sua vida privada, inclusive desejos, esperanças e sonhos mais íntimos. Uma parte dessas informações é pessoal, outras são mundanas, mas todas são relevantes para produzir uma imagem que satisfaça nossas necessidades e expectativas psicológicas mais profundas. O psicopata está sempre preparado e disposto a atendê-las. Como ele — nosso novo amigo de verdade — é um excelente comunicador, decifra com facilidade quais tópicos são importantes para nós e emite opiniões solidárias, às vezes complementadas com entusiasmo ou um caráter "emotivo" para reforçá-las. O psicopata se vale de habilidades sociais e desenvoltura verbal fabricadas para construir, em nossa mente, a *reputação* sólida de alguém cujas qualidades gostaríamos de ter e cujas fraquezas podemos compreender. O profundo elo psicológico resultante explora ao máximo nossa personalidade íntima, mantendo a promessa de uma profunda e possível intimidade e oferecendo uma relação especial, única, igualitária — eterna. Isso não é uma tarefa fácil, mas o psicopata faz um esforço notável para comunicar que é *exatamente* a pessoa que queríamos encontrar. A quarta mensagem do psicopata é: *Eu sou o amigo, parceiro, amante perfeito para você.*

Quando isso ocorre, o elo psicopático foi estabelecido e o destino está selado. As interações subsequentes apenas reforçam o alicerce formado durante essa parte inicial do processo de manipulação.

O que torna esse relacionamento entre vítima e psicopata diferente de uma conexão real formada entre duas pessoas que descobrem ter muito em comum? Para começo de conversa, a persona do psicopata — a "personalidade" com a qual se conecta — *não existe de verdade.* É uma fachada feita de mentiras, cuidadosamente concebida para nos enganar. É uma entre as muitas máscaras forjadas sob medida pelo psicopata para se encaixar em nossas necessidades e expectativas particulares. Ela não reflete a personalidade verdadeira — psicopática — por trás. É uma mentira conveniente e poderosa.

Além disso, esses relacionamentos não são baseados em escolhas conscientes. O psicopata escolhe seu alvo e então parte para a abordagem. Amigos podem perceber o que está acontecendo de fato, mas tendemos a desconsiderar suas observações, muitas vezes despendendo uma energia considerável para convencê-los de que essa pessoa é diferente e especial.

E como o elo psicopático é falso, não terá a mesma duração dos elos formados em relacionamentos genuínos. Embora estes possam se transformar ao longo do tempo — o amor pode virar ódio, casamentos terminam em divórcio —, sempre se baseiam em informações e impressões formadas inicialmente. Além disso, com frequência há um compromisso (mútuo) de se reparar qualquer desentendimento, frequentemente com terapia de casal. O psicopata, porém, despenderá apenas o mínimo de energia necessário para manter o relacionamento, a menos que possamos lhe oferecer algo *muito* especial, o que normalmente não acontece. Assim, quando o relacionamento acaba, nós nos perguntamos o que foi que aconteceu.

Por último, e mais importante, esse relacionamento é unilateral, pois o psicopata tem uma motivação escusa — alguns diriam "malévola". Essa manipulação vai muito além de tentar se aproveitar de alguém durante uma simples transação comercial. Ela tem uma natureza predatória e quase sempre causa graves danos financeiros, físicos ou emocionais à vítima. Relacionamentos saudáveis se estabelecem a partir do respeito e da confiança mútuos e da troca de ideias e sentimentos honestos. A crença equivocada de que o elo psicopático possui alguma dessas características é a razão pela qual ele é tão eficaz.

O elo pode ser estabelecido muito rapidamente, até mesmo no decorrer de um voo de duração relativamente longa. Existem duas recompensas: o psicopata ganha o jogo mais imediato ao conquistar a confiança da pessoa e a vítima, agora sob seu poder, em breve concederá qualquer coisa que o psicopata solicitar ou exigir.

Já trabalhamos com muitos indivíduos que estiveram em relacionamentos de longo prazo com psicopatas. Muitos se referiam a seus parceiros psicopáticos como suas "almas gêmeas" e disseram acreditar que tinham muitas coisas em comum com o psicopata. Quanto mais interagiam, mais se sentiam atraídos ou hipnotizados por sua fachada. É ainda mais perturbador ouvir algumas vítimas — especialmente aquelas cujos parceiros já se livraram delas durante a fase do Abandono — dizendo que *sentem falta* do relacionamento e que queriam que o psicopata *voltasse* a fazer parte de suas vidas. Para muitos, é difícil demais acreditar que o relacionamento nunca existiu de verdade, que estavam enredados em um elo psicopático unilateral, disfuncional e destrutivo.

QUESTÕES PARA DISCUSSÃO

➲ Pense sobre seu eu público, seu eu particular e sua reputação: o que você compartilharia com um amigo próximo ou um cônjuge?

➲ O que você não compartilharia?

➲ Você já compartilhou algo pessoal e se arrependeu depois?

O CASO DE DAVE

ATO 2, Cena 2

COLHENDO A MAÇÃ

Havia anoitecido há muito tempo e a equipe de limpeza tinha ido embora. Dorothy gostava de seu trabalho e fazer hora extra não a incomodava. Estava debruçada sobre o laptop, estudando o relatório mais recente sobre os grupos focais do novo projeto. Gostou do que encontrou e sorriu sozinha. Garrideb sempre apoiara os "projetos experimentais" desenvolvidos por seus funcionários mais destacados, e a recente promoção de Dorothy lhe dava a autoridade para seguir em frente. Absorta em pensamentos, ela não reparou no relógio.

— Fazendo serão de novo — uma voz veio da porta.

— Ah! — Ela deu um pulo, virando-se. — Dave, você me assustou!

— Desculpe, só estava passando e vi a luz acesa — respondeu ele, aproximando-se. — Deve ser algo bom, a julgar pela sua concentração.

— Ah, é só uma coisinha em que estou mexendo — disse Dorothy, nervosamente ajeitando alguns papéis em sua mesa.

— Coisas pessoais? Durante o horário de trabalho? — gracejou Dave.

— Até parece. Está mais para coisas do trabalho durante o horário pessoal — respondeu ela, também brincando, com um sorriso.

— E eu achando que era o único sobrecarregado por aqui — disse ele, debruçando-se sobre a mesa para espiar a tela do computador.

— Desculpe, você não pode ver — disse ela, abaixando a tela para impedi-lo de olhar.

— Desculpe. — Dave fingiu fazer um beicinho enquanto recuava. — Achei que confiasse em mim! A gente já se conhece há um mês, e eu te pago um café todo dia de manhã.

— O café é de graça, Dave. Você vai ter que se esforçar um pouco mais — rebateu ela.

Dorothy e Dave tinham se aproximado muito desde a primeira vez que ele a abordara no refeitório. Os cafés matinais haviam se tornado almoços ocasionais, e eles saíram para tomar um drinque uma vez depois de um evento da empresa. Compartilharam histórias sobre a empresa e riram de alguns funcionários mais pitorescos, mas nada fora do comum ou inapropriado. A atenção de Dorothy estava sempre voltada para seu trabalho e sua carreira, e o conselho do pai sobre não misturar negócios com prazer estava gravado em sua mente. Não que ela não achasse Dave atraente — todas as mulheres achavam —, mas realmente não sabia muito sobre sua vida pessoal, e sentia que não deveria cruzar essa linha.

— Você acha mesmo que vão apoiá-la nisso? — indagou Dave, sondando.

— Bom, Jerry disse que consideraria qualquer proposta que eu apresentasse, desde que tivesse os dados.

— É, mas não é o Jerry que toma as decisões por aqui — argumentou Dave.

— Bem, e quem seria? Você? — ela riu.

— Quem você precisa convencer de verdade é o Frank. Ele é a verdadeira trava por aqui, sabe? Ele só gosta das próprias ideias, e não importa o que o marketing diga, se o desenvolvimento não aprova, já era. O Jerry simplesmente não exerce a mesma influência de Frank sobre os chefões. E o Frank vai desaprovar essa ideia na primeira oportunidade.

— Pois eu acho que ele vai gostar da minha ideia — respondeu ela, um pouco na defensiva. — E o Jerry fará uma boa apresentação.

— Eu revisaria tudo mais algumas vezes antes de passar qualquer coisa para o Jerry — sugeriu Dave, com um tom paternalista.

— Imagino que o Frank não tenha gostado de nenhuma ideia sua até agora — rebateu ela, incisiva. — Você já está aqui faz um tempinho, pelos padrões da Garrideb. Como tem se saído?

— Nossa, você fica mal-humorada às vezes, né? — disse Dave, desanuviando a tensão crescente na sala.

— Desculpe, é que estou trabalhando nisso há mais de um mês e não quero pensar que a politicagem pode ser um entrave.

— Esta é uma empresa grande agora, Dorothy. Sempre haverá politicagem. E — ele continuou antes que ela pudesse responder — me parece que você não se sente muito confortável com isso.

— Nem todo mundo tem as costas quentes como você, Dave. Vou conseguir essa aprovação sozinha.

— Só estou dizendo que, às vezes, é melhor trabalhar com outras pessoas. Uma mão lava a outra, sabe como é.

— Ah, por favor — respondeu ela, arrastando a última sílaba e revirando os olhos. — Já sei, vai me fazer uma proposta irrecusável, né? — disse, voltando-se para a tela do computador.

— Bom, talvez...

QUESTÕES PARA DISCUSSÃO

⮑ Que aspectos da personalidade (pública, particular, reputação) de Dorothy você pôde distinguir?

⮑ Que técnicas de manipulação Dave está usando com Dorothy?

⮑ Que "mensagens" ele está transmitindo para ela?

5

ENTRA O PSICOPATA, À ESQUERDA DO PALCO

Lawrence levou os pratinhos de doações para o porão da igreja. Despejou o dinheiro na mesa da cozinha e os integrantes do comitê começaram a separar as notas e moedas em pilhas para contabilizar e guardar no cofre. Os membros do comitê de arrecadação, normalmente muito falantes, sempre faziam silêncio enquanto contavam. Quando terminavam, mudavam de lugar: ocupavam duas posições anteriores em sentido anti-horário em torno da mesa da cozinha da igreja e então recontavam as pilhas de notas e moedas para garantir a precisão. Então, recolhiam os totais, escritos em pequenos pedaços de papel, e os entregavam para o novo tesoureiro da igreja, que registrava as entradas no livro-caixa.

Enquanto o grupo embrulhava as moedas em papel, o tesoureiro somava os números.

— Essa semana foi boa. Temos o bastante para cobrir a hipoteca e as contas básicas, e ainda sobra um pouco para o fundo de restauração.

— Amém! — suspiraram os outros.

Tinha sido um mês difícil para a paróquia. Muitos estavam chocados com o que havia acontecido, mas todos tinham chegado à dolorosa constatação de que tinham sido enganados por um dos seus.

Os detetives haviam explicado para a congregação, durante uma reunião da paróquia, que ela tinha sido vítima do que os especialistas chamam de "fraude por afinidade" — um golpe no qual uma pessoa aparenta compartilhar de crenças e valores para convencer um grupo a investir em esquemas financeiros. Essa pessoa fora Sam. Ele se juntara à igreja nove meses antes e se tornara um participante ativo. Era inteligente, querido e, acima de tudo, confiável. Tão confiável que diversos membros tinham investido dinheiro em alguns dos negócios que ele estava tocando. Essas "oportunidades" pareciam seguras e lucrativas. Os dividendos iniciais foram consideráveis — e continuaram assim por um tempo, a julgar pelas roupas refinadas que Sam usava, o carro de luxo que dirigia e a casa enorme que possuía do outro lado da cidade.

A abordagem de Sam era sempre a mesma, segundo os detetives. Ele se estabelecia em uma cidade, começava a frequentar alguma igreja ou templo com uma congregação numerosa e vários programas para a comunidade financiados por doações, e em seguida se tornava um voluntário cada vez mais ativo. Recém-chegados sempre chamam a atenção e estimulam a curiosidade alheia, e a aparente energia infinita, a sinceridade inabalável e a atitude positiva de Sam levavam muitos paroquianos a se aproximarem. As conversas naturalmente se voltavam para o que ele fazia profissionalmente, e Sam contava sua história. Resumidamente, explicava que já tinha sido um consultor financeiro renomado, mas que se dera conta da superficialidade da carreira que tinha escolhido depois que sua jovem esposa e sua filha recém-nascida morreram em um acidente automobilístico horrível. A depressão e o abuso de álcool e remédios que se seguiram finalmente o levaram a compreender que o Criador tinha outros planos para a sua vida. Sam largou o emprego e sua cobertura elegante para concretizar seu propósito recém-descoberto. Como tinha investimentos que estavam indo bem, não precisava trabalhar e podia dedicar sua vida a ajudar os outros, retribuindo à comunidade em nome (e espírito) de sua família perdida.

Cedo ou tarde, algumas pessoas da congregação buscavam conselhos financeiros junto a Sam. Alguns investiam nos programas que ele administrava e, depois que os dividendos começavam a chegar, muitos outros faziam o mesmo. Sua óbvia habilidade para gerenciar dinheiro fez dele, nesse caso, um candidato natural para o cargo de tesoureiro da igreja. Não demorou muito e a congregação votou investir dinheiro do fundo de construção e do programa de reforço para estudantes nos programas de Sam. Estavam cansados dos investimentos que não rendiam nada e dos empréstimos com juros altos devorando o dinheiro que conseguiam arrecadar semanalmente dos paroquianos. A generosidade e a disposição de Sam para ajudar os outros eram opostas a tudo o que havia de ruim sobre bancos. Financeiramente, as coisas não podiam estar melhores.

Então, um dia, Sam desapareceu. Deixou de ir aos cultos e ninguém teve notícias dele por uma semana. Quando a empresa gestora da hipoteca ligou para avisar que o último cheque tinha sido devolvido, as pessoas ficaram preocupadas. Descobrir que a conta bancária e o cofre tinham sido esvaziados levou-as a chamar a polícia. Ninguém poderia suspeitar de que essa já era a quarta igreja em que ele aplicava o golpe em três anos.

Sam, que agora morava em outro estado, clicou na última manchete sobre "Sammy, o Sórdido" que explorava fiéis inocentes. Ele acompanhava o progresso da polícia — ou a falta dele — nas investigações à sua procura lendo as notícias pela Internet.

— Queremos agradecer a nossos generosos vizinhos, especialmente àqueles com outras crenças religiosas, por seu apoio espiritual e contribuições financeiras nesse momento difícil para nós. O nosso programa de educação infantil e de distribuição de alimentos para idosos continuaram com a ajuda deles, e nosso fundo de restauração patrimonial está crescendo — relatou John, o novo tesoureiro.

Sam sorriu enquanto colocava a gravata, apanhava o terno e saía para o culto da sexta-feira.

GRUPOS DE AFINIDADE

Grupos de afinidade — grupos religiosos, políticos ou sociais nos quais todos os membros compartilham valores ou crenças — são particularmente atraentes para psicopatas por causa da confiança coletiva que os integrantes depositam uns nos outros e também porque podem usar o sistema de crenças comuns do grupo como um disfarce simples: basta abraçá-lo. A maioria das pessoas se junta a grupos de afinidade para conhecer pessoas que compartilhem de seus valores, crenças e interesses. Já os psicopatas o fazem para se aproveitarem dos outros, escondendo-se sob um esperado conjunto bem definido de comportamentos pessoais que imitam com facilidade e que lhes garante uma grande oferta de alvos. Grupos religiosos, em particular, têm o benefício adicional de frequentemente perdoarem transgressões passadas, o que o psicopata vê como um tipo de apólice de seguro caso seja descoberto. Ver S 5.1: *"No domingo, ele se ajoelhava para rezar…"*.

Fraudes desse tipo são perturbadoras por conta da facilidade com que um predador social pode enganar e manipular. Também são um testemunho de que quem vê cara não vê coração. No entanto, nem todos os membros de um dado grupo de afinidade são tão crédulos. De fato, a observação informal de vários desses grupos sugere que a regra do terço pode ser aplicada. Por exemplo: quando um golpista faz sua jogada em um grupo religioso desavisado, talvez um terço dos membros o considere genuíno ou carismático, um terço fique desconfiado ("Ele me dá calafrios") e o outro terço não emita seu julgamento imediatamente. O interessante é que, quando os esquemas, engodos e danos são revelados, muitas das opiniões iniciais *não se alteram.* Aqueles que ficaram inicialmente impressionados ainda acreditam que estão certos e deve haver algum equívoco ou mal-entendido, aqueles que desconfiaram desde o princípio agora se sentem vingados ("Eu sabia que ele era encrenca") e o último terço continua em cima do muro ("O que aconteceu?").

A maioria das organizações que não foram criadas para fomentar um sistema de crenças compartilhadas oferece um desafio maior para psicopatas devido à grande diversidade entre seus membros e à complexidade dos relacionamentos. Quando ele tenta manipular várias pessoas simultaneamente nessas organizações, existe o risco de que alguém desconfie da verdade, faça perguntas e coloque em risco os planos do psicopata. Como é trabalhoso manter múltiplas fachadas em um grupo, cada uma desenhada sob medida para uma vítima, muitos psicopatas concentram suas manipulações em uma pessoa de cada vez ou em grupos de afinidade (nos quais existem mais semelhanças do que diferenças). Alguns psicopatas, contudo, *gostam* do desafio de manter diversas fraudes paralelamente e são hábeis em garantir que suas vítimas jamais compartilhem informações com outros alvos ou, ainda melhor, que nunca nem sequer se encontrem.

CONTEXTOS FORENSES

Gestores e funcionários de hospitais psiquiátricos e manicômios judiciários têm extrema consciência de como psicopatas operam em grupos. Nesses contextos específicos, os psicopatas levam pouco tempo para decifrar as duas dinâmicas principais na estrutura de poder — presos contra guardas e pacientes contra médicos e enfermeiros. Munidos desse conhecimento, eles se utilizam de maneira eficaz dos papéis esperados dos diferentes atores. Por exemplo: alguns são capazes de convencer carcereiros a transferi-los para um manicômio judiciário, onde acreditam — em geral, erroneamente — que vão desfrutar mais liberdades. Os mais criativos conseguem manipular resultados de testes psicológicos — alguns psicopatas entendem tanto de testes quanto psicólogos e psiquiatras — para convencer a equipe de que são "loucos" e não deveriam estar em uma prisão. Uma vez no manicômio, conseguem manipular e controlar parte da equipe e dos pacientes. Em muitos casos, o psicopata é tão problemático que os funcionários fazem de tudo para transferi-lo de volta para a penitenciária, geralmente uma tarefa difícil.[73]

CONTEXTOS EMPRESARIAIS

Organizações empresariais estão em outro patamar de dificuldade para psicopatas. Diferenciam-se de grupos de afinidade, manicômios judiciários e prisões em propósito, complexidade e estrutura. Embora possam apresentar severas restrições a psicopatas que desejam abusar de colegas de trabalho, de gestores ou da própria empresa, também oferecem oportunidades tremendas.

Para começo de conversa, essas organizações têm uma razão de existir fundamentalmente diferente dos outros grupos. Elas combinam o trabalho de muitas pessoas em um produto ou serviço vendido para obtenção de ganhos financeiros. Uma padaria, por exemplo, emprega padeiros para produzir tortas, bolos e pães; um gerente, que encomenda suprimentos, contrata os funcionários e cuida da contabilidade; e vendedores, que descreverão os diversos pães e doces para a clientela, distribuirão amostras grátis, empacotarão os produtos escolhidos e farão a transação comercial. Porém, embora não se descarte que alguns psicopatas trabalhem em padarias de bairro, a maioria tende a buscar empregos em empresas onde possam tirar vantagem dos outros, ganhar muito dinheiro *e ao mesmo tempo* se esconder. Uma padaria pequena, geralmente administrada por membros de uma mesma família, normalmente não oferece as oportunidades que querem, pelo menos não enquanto continuar pequena e controlada de perto.

Entretanto, e se a padaria crescer e virar uma das maiores empresas panificadoras do país? Inicialmente, os proprietários podem resolver abrir mais uma loja do outro lado da cidade. Para isso, precisarão contratar funcionários e treiná-los nos processos da empresa. Podem contratar alguém para realizar a manutenção e assegurar que o número maior de fornos e outros aparelhos de cozinha continuem funcionando; uma telefonista para cuidar dos pedidos feitos por telefone; alguém de TI para cuidar dos sistemas computadorizados de pedidos e estoque; e padeiros especializados que possam criar guloseimas novas e diferentes para ajudar a destacar a padaria de suas concorrentes. Também é possível que os proprietários resolvam comprar ou alugar caminhões para entregar encomendas grandes, contratar alguém para cuidar da contabilidade em tempo integral e uma equipe completa de limpeza, criar um departamento de marketing, e assim por diante. Administrar todo esse crescimento não é fácil. Desde que todas as pessoas, todas as funções e todos os equipamentos trabalhem juntos e contribuam para o mesmo objetivo, o negócio vai prosseguir sem sobressaltos e continuar evoluindo para atender demandas de negócios cada vez mais complexas. Em um mundo perfeito, tudo *funcionaria* sem sobressaltos, mas raramente é assim. Sem uma liderança forte e desenvolvimento organizacional, nossa empresa familiar hipotética cresceria de forma descontrolada, saindo dos trilhos bem depressa.

E como uma empresa administra o crescimento? Expansões e incremento na complexidade do negócio trazem consigo, por necessidade, burocracia, uma gestão que tipicamente envolve um monte de regras e regulamentos na forma de sistemas, processos, procedimentos e controles. A receita de pão de fermentação natural, que antes só existia na cabeça do padeiro, agora está registrada em uma "planilha de fornadas". A insistência do proprietário original em "usar apenas ingredientes de qualidade" se torna "seguir boas práticas de manufatura". Embora essa padronização seja necessária para o sucesso, ela causa muito estresse, tanto para a gerência quanto para os trabalhadores que executam as tarefas.

A MAIORIA DOS PSICOPATAS NÃO SE ENCAIXARIA

Duvidamos que indivíduos psicopáticos sobrevivam por muito tempo ou sejam muito bem-sucedidos em uma burocracia tradicional altamente estruturada, por vários motivos importantes. Primeiro, porque psicopatas não seguem regras nem regulamentos, que não significam nada para eles. Só o número de políticas que norteiam como as empresas devem agir, assim como o fato de que gerentes e supervisores são responsáveis por colocá-las em prática, torna essas organizações inóspitas para pessoas propensas ao comportamento psicopático. É improvável até que cogitem trabalhar em uma delas, a menos que conheçam o chefe ou o dono e por isso possam passar despercebidos sem produzir nenhum trabalho.

Em segundo lugar, sabemos que psicopatas não são bons no trabalho em equipe. Eles são egoístas demais para cooperar com os outros para um objetivo comum. A manipulação eficaz depende de três condições importantes: (1) o psicopata precisa de acesso individual à vítima; (2) o relacionamento cultivado é particular; e (3) não pode haver maneiras de seu comportamento anormal chegar à gerência. Em organizações burocráticas, onde boa parte do trabalho é realizado por equipes, seria difícil obter acesso tão restrito a indivíduos úteis e que manipulações ocultas e comportamentos gravemente contraproducentes passassem despercebidos. Espera-se que *todos* os funcionários sejam produtivos e trabalhem para atingir metas sem ser abusivos com seus colegas. Considerando-se que comportamentos e atitudes socialmente positivos são difíceis de serem mantidos de forma consistente para aqueles que têm uma personalidade psicótica, como poderiam sobreviver em tal ambiente?

Em terceiro lugar, psicopatas não estão genuinamente interessados nos objetivos e metas empresariais de curto ou longo prazo. Sugerir que seus esforços deveriam levar em consideração o bem da empresa não lhes parece natural. É mais provável que sejam motivados e guiados por necessidades e gratificações relativamente imediatas — lucro rápido — do que pela possibilidade de conquistar objetivos e recompensas futuros e incertos, em especial se demandarem muito trabalho.

Em quarto lugar, organizações burocráticas não oferecem maneiras fáceis de se esconder. Comportamentos profissionais contraproducentes que chamam a atenção de terceiros e são reportados aos gestores são, com frequência, resolvidos mediante políticas instituídas pelos recursos humanos. Auditores internos caracteristicamente investigam suspeitas de fraude ou roubo. Se comprovados, os crimes podem até levar a processos judiciais da empresa contra o funcionário. Quase sempre, termina em demissão e uma péssima reputação para o funcionário.

Em quinto, psicopatas não compartilham da mesma índole profissional que a maioria dos outros funcionários, não acreditam no valor do trabalho honesto nem valorizam vínculos empregatícios de longa data. É difícil imaginar que um psicopata trabalharia diligentemente das nove às cinco na esperança de se tornar gerente dali a cinco ou seis anos. Isso não significa que jamais ocupem cargos corriqueiros, trabalhem no comércio ou exerçam profissões que pareçam exigir treinamento e experiência. Muitos o fazem, mas é muito provável que suas qualificações sejam questionáveis, seu desempenho seja motivado por interesses pessoais e seus atos sejam até ilegais. Como exemplos, podemos pensar em representantes comerciais que suportam ambientes muito competitivos, prestadores de serviço que tentam sempre passar a perna nos outros, vendedores de ações que manipulam o mercado, golpistas virtuais, conselheiros fraudulentos e profissionais escusos de toda sorte.

Mas e os chamados psicopatas *bem-sucedidos*? Como sobrevivem e prosperam em grandes empresas, especialmente naquelas altamente burocráticas? O fato é que muitas organizações modernas são o território de caça ideal para psicopatas com uma veia empreendedora e o carisma e as habilidades sociais para enganar muita gente. Como todos os predadores, os psicopatas são atraídos para onde está a ação. No caso deles, isso se traduz em cargos, funções, profissões e empresas que lhes deem a oportunidade de obter poder, controle, status e posses e de se envolverem em relacionamentos interpessoais exploradores.

Existe a oportunidade de ganharem muito dinheiro, status e poder. A habilidade dos psicopatas de tirar vantagem de uma empresa para a qual trabalham requer mais sofisticação do que a simples manipulação social que apresentam. Não obstante, enfrentam alguns desafios.

Para obterem sucesso em uma empresa, os psicopatas teriam que operar discretamente, reconhecendo todas as políticas, regras, regulamentos e códigos oficiais de conduta, mas sendo capazes de contorná-los por um período bastante considerável. Também teriam que convencer muitos colegas e gerentes a acreditarem em suas mentiras, enquanto *neutralizam* o impacto negativo por parte daqueles que descubram (e ameacem revelar) suas mentiras e fraudes. Manipular colegas de trabalho, sistemas de conformidade e observações da gerência de maneira consistente é, de fato, muito difícil, talvez só possível para os mais talentosos e persistentes. Poucos psicopatas têm os recursos necessários para tentar, e muitos fracassariam rapidamente se o fizessem. Pelo menos era o que pensávamos.

O PSICOPATA CORPORATIVO

Para entender o sucesso do psicopata corporativo, devemos compreender que sistemas de controle teoricamente perfeitos raramente existem no mundo real e que, nos tempos modernos, dificilmente sobrevivem. O que ocorre é que as estruturas, os processos e a cultura organizacionais estão sempre evoluindo e se desenvolvendo na direção de um futuro, na melhor das hipóteses, vago e mutável. Esse cenário de mudança e incerteza constantes causa estresse na maioria dos funcionários e gestores, mas abre caminho para o psicopata.

Babiak demonstrou que psicopatas podem ter pouca dificuldade de influenciar os outros mesmo no trabalho, onde seus esquemas poderiam atrair mais atenção. É possível entender isso melhor no contexto de um caso. Durante um serviço de consultoria de longa duração, muitos anos atrás, Babiak teve a oportunidade de trabalhar, sem saber na época, com um psicopata.

Uma equipe de projeto que estava apresentando um declínio em sua produtividade geral e um aumento considerável de conflitos me convidou para trabalhar com eles. Alguns membros tinham até pedido transferência para outros projetos, apesar do prestígio associado a trabalhar com essa equipe de alto desempenho. Quando questionados pela administração, o gerente da equipe e alguns dos integrantes disseram não saber o que estava causando as dificuldades. Lançamos um programa de fortalecimento de equipe para os integrantes, em uma tentativa de isolar os problemas e ajudar a equipe a retomar os níveis de desempenho anteriores.

Entrevistas com membros da equipe, observações de colegas de outros departamentos e de outros gestores e avaliações de documentos importantes do setor de recursos humanos forneceram uma imagem preliminar do que ocorria. Muitos membros da equipe sentiam que um dos integrantes era a fonte dos problemas, mas tinham medo de se pronunciar. Eles relataram para mim, em privado, que esse indivíduo contornava os processos e procedimentos do time, causava conflitos, agia de modo rude nas reuniões e fazia mais para impedir o progresso do que para promovê-lo. Com frequência chegava atrasado às reuniões e, quando finalmente aparecia, não tinha completado as tarefas que lhe tinham sido designadas, rotineiramente colocando a culpa em outras pessoas. Alguns insinuaram que ele intimidava, chegando até a ameaçar, membros da equipe que não concordavam com ele. O tempo todo, tentava solapar o papel do líder da equipe, que também era, por acaso, seu chefe.

Outros integrantes da equipe, porém, pensavam diferente. Disseram-me que ele tinha um desempenho sólido e que suas ideias eram tão criativas quanto inovadoras. Esse grupo de apoiadores afirmava que ele era um líder de verdade que contribuía para os objetivos da equipe. Alguns membros do comitê de gestão até comentaram que pensavam que essa pessoa tinha potencial para ser promovida a um cargo de gestão no futuro. Dependendo de com quem eu falasse, teria uma imagem diferente desse indivíduo. Era como se esses grupos de colegas de trabalho estivessem descrevendo pessoas diferentes, não a mesma. Os comportamentos desse indivíduo e as diferentes reações de vários membros da equipe — o racha entre apoiadores e detratores — sugeriam que algo além da mera politicagem empresarial e de conflitos interpessoais estava acontecendo nos bastidores. Mas o que seria?

Uma análise subsequente do histórico desse funcionário, feita pelo departamento pessoal, revelou que ele não tinha nem a experiência nem a formação que declarara em seu currículo. A equipe de segurança também descobriu que ele rotineiramente levava para casa materiais da empresa de valor monetário considerável para seu uso particular. O departamento de auditoria também descobriu diversas inconsistências suspeitas em seu relatório de despesas. A diferença entre a perspectiva de seus apoiadores e de seus detratores ficou ainda maior, conforme mais e mais informações vinham à tona.

A gerência local revisou a maioria dos dados sobre ele, mas, infelizmente, antes que pudesse tomar alguma medida, os gestores seniores reorganizaram os departamentos envolvidos e desmontaram a equipe.

O líder se mudou para outro local e o indivíduo no centro da controvérsia recebeu uma promoção — o cargo de seu antigo chefe — e um papel de liderança no departamento. Seus comportamentos questionáveis foram varridos para debaixo do tapete.

Refleti sobre esse caso durante muito tempo depois que encerrei minha relação profissional, mas era incapaz de explicar satisfatoriamente todas as discrepâncias (apenas alguns exemplos foram narrados aqui). Certo dia, enquanto relia o livro de Cleckley, percebi que o membro controverso da equipe podia ter uma personalidade psicopática. Minhas anotações de campo e os documentos continham muitos exemplos de comportamentos semelhantes aos mencionados por Cleckley e estudados por Hare. Talvez a psicopatia explicasse a maioria das observações conflitantes feitas por tantas pessoas tão próximas do indivíduo. Usando as informações disponíveis, completei o Checklist de Avaliação da Psicopatia: Versão para Triagem (PCL: SV) com as características dessa pessoa, com a orientação de Bob Hare, apenas como um experimento. Os resultados foram chocantes.

O indivíduo chegou muito próximo da nota de corte do PCL: SV para psicopatia — uma pontuação muito mais alta do que a esperada, mesmo para grandes infratores. O PCL: SV também detectou quatro subtotais que refletiam características psicopáticas em quatro áreas: Interpessoal, Afetiva, Antissocial e de Estilo de Vida. Psicopatas criminosos tendem a pontuar alto em todas as quatro, enquanto pessoas como o leitor têm uma pontuação baixa em cada uma delas. O indivíduo que causou tanta controvérsia na equipe pontuou alto nos dois primeiros fatores e moderadamente nos outros dois, o que indicava que era megalomaníaco, manipulador, enganador e não apresentava empatia nem consideração pelos outros, mas também que era menos impulsivo ou abertamente antissocial do que a maioria dos psicopatas. Ele não tinha violado nenhuma lei nem causado danos sérios aos outros, pelo menos até onde sabíamos na época.

Nos anos seguintes, funcionários de outras empresas que sentiam ter sido vítimas de colegas de trabalho trouxeram diversos indivíduos à minha atenção. Logo após palestras e sessões educativas sobre a psicopatia, executivos e profissionais de recursos humanos também compartilharam comigo histórias de batalhas com indivíduos cujos comportamentos causaram algumas dificuldades em suas empresas. Em alguns casos, havia informação suficiente para completar os respectivos PCL: SV. Alguns exibiam o mesmo perfil do indivíduo descrito acima; outros, não — eram apenas funcionários problemáticos que apresentavam comportamento profissional inapropriado ou contraproducente por motivos não relacionados com a presença da personalidade psicopática. Perguntei-me qual seria a melhor maneira de diferenciá-los.

Com o passar dos anos, conseguimos coletar mais informações sobre como alguns desses indivíduos, agora chamados na literatura de psicopatas industriais, corporativos, bem-sucedidos ou sociais, interagiam com seus colegas de trabalho e gestores por períodos prolongados. Gradualmente, um padrão consistente foi emergindo, um padrão assustadoramente familiar ao estilo de vida parasitário descrito anteriormente. Com base em nossas observações, agora está claro que um número pequeno de indivíduos com características da personalidade psicopática atuam em organizações com e sem fins lucrativos, religiosas, médicas, jurídicas e governamentais. Alguns indivíduos altamente motivados e com personalidade psicopática (conforme avaliado pelo PCL-R, de Hare, ou pelo PCL: SV) foram capazes de ingressar em uma organização, avaliar pontos fracos e fortes em sua cultura (processos, redes de comunicação, política corporativa), usar e abusar de colegas de trabalho, "lidar" com opositores e evoluir na carreira. Para entender e responder como fizeram isso e, mais importante, por que foram tão bem-sucedidos, foram necessários vários estudos e certo tempo. Os sujeitos desses estudos trabalhavam nas empresas consultadas pelos autores. Quando comparamos os casos lado a lado, muitas semelhanças surgiram, com quase todos os psicopatas seguindo as mesmas progressões de carreira. Esses indivíduos conseguiram entrar em uma corporação, adaptar-se à sua cultura e manipular colegas e gestores, conforme descrito em detalhes a seguir e no próximo capítulo.

TAREFA NÚMERO 1: ENTRAR NA EMPRESA

O primeiro desafio de qualquer psicopata para entrar em uma empresa é, obviamente, ser contratado. Assim como os psicopatas que passam facilmente a fazer parte da vida íntima das pessoas, psicopatas corporativos conseguem entrar nas empresas mais corriqueiramente do que se imagina. Isso porque muita gente tem noção das técnicas normalmente utilizadas para filtrar indivíduos pouco qualificados, e elas não são páreo para as habilidades de mentir e manipular dos psicopatas.

O sucesso ou fracasso das empresas depende muito de seus recursos humanos, de quais conhecimentos, habilidades e atitudes os funcionários trazem para o trabalho; de até que ponto entendem a dinâmica da empresa e a empresa os entende; de quanto se relacionam bem uns com os outros. O processo seletivo é muito importante para que uma empresa seja bem-sucedida, mas nem sempre é fácil encontrar indivíduos que se encaixem com a empresa e seus objetivos. Da mesma forma, não é fácil identificar indivíduos que vão crescer e prosperar com a empresa ao longo do tempo.

Um processo seletivo típico envolve a análise dos currículos dos candidatos à vaga para que se confirme que possuem os conhecimentos, habilidades e atitudes necessários para a execução de um bom trabalho. Superficialmente, o processo parece bastante simples, mas não é infalível. Para cargos de nível intermediário e inicial, os requisitos com frequência são elencados por funcionários atuais de desempenho extraordinário. Entretanto, quando a vaga é nova, sem nenhum incumbente, supervisores e profissionais de recursos humanos concebem os requisitos com base em pesquisas de cargos de outras empresas similares. Uma vez que os entrevistadores saibam claramente o que esperam dos candidatos à vaga, poderão avaliá-los mediante entrevistas e perguntas específicas.

Esse processo é especialmente eficaz para encontrar candidatos para vagas técnicas, como as das áreas de pesquisa, desenvolvimento e de finanças, ou vagas de serviços gerais. Todavia, conforme subimos para o topo da hierarquia corporativa e passamos para vagas de maior escopo e de responsabilidades menos definidas, a tarefa se torna mais difícil. "Planejamento estratégico", "pensamento crítico", "iniciativa", "liderança" e outras variáveis devem ser incluídas na lista — e são muito mais difíceis de mensurar. Isso dificulta a escolha do candidato mais qualificado para a vaga, e fatores como "intuição" ou "química" começam a ser mais relevantes na tomada de decisão. Quanto menos específica — ou de mais alto o nível — for a vaga, mais as empresas se baseiam em medidas subjetivas, em vez de nas objetivas, correndo o risco de julgar erroneamente a qualificação de um candidato.

É sabido entre os recrutadores de executivos que pelo menos 15 por cento dos currículos que recebem contêm distorções ou mentiras mesmo. Psicopatas são muito hábeis na criação de documentos escritos — currículos, cartas de recomendação, elogios e prêmios — a partir do nada. Podem inventar experiências prévias sob medida para os requisitos da vaga e sustentá-las com referências fajutas, exemplos de trabalho e uso do jargão apropriado. Isso é especialmente fácil na era da Internet, já que praticamente toda a informação de que o psicopata precisa para produzir uma candidatura bem-sucedida está disponível on-line.

Além de por escrito, psicopatas têm vantagem também pessoalmente. Isso fica mais evidente durante a entrevista presencial, *exatamente* a situação em que o psicopata mais brilha (ver S 5.2: *A Tríade Sombria e as negociações presenciais*). Eles se comunicam muito bem durante a entrevista, passando a impressão de serem tranquilos, inteligentes, sensíveis, autoconfiantes e assertivos. Sua capacidade de contar histórias reforça os "dados" de seu currículo, e o pacote total que apresentam pode ser muito convincente. Infelizmente, se o entrevistador baseia suas decisões de contratação em currículos, que são facilmente fraudáveis, e na habilidade do candidato de convencê-lo de que sabe do que está falando, a empresa corre o risco de contratar alguém que é uma fraude.

Um fator que complica as coisas ainda mais é que o processo de contratação tem muitos objetivos além de simplesmente aumentar o quadro de funcionários ou substituir os que saíram. É muito comum, em especial em empresas em franco crescimento, contratar pessoas com base primariamente na *percepção* de seu *potencial para gestão* ou de suas potenciais futuras contribuições à empresa. Ou seja, a empresa contrata algumas pessoas porque podem se encaixar nos requisitos para outras vagas em potencial, não necessariamente para aquelas a que se candidataram originalmente. Infelizmente, um entrevistador desavisado pode facilmente acreditar que um candidato psicopata, por causa de seu estilo persuasivo de comunicação, tem potencial para a liderança, além dos conhecimentos, habilidades e aptidões técnicas listados em seu currículo. Um psicopata esperto pode apresentar uma imagem tão bem-acabada do candidato perfeito para uma vaga que até entrevistadores experientes talvez se deixem levar pela empolgação de convencer o indivíduo a fazer parte da empresa (conforme ilustrado em O Caso de Dave).

Nunca é demais realçar o papel do charme no processo de convencimento do entrevistador de que alguém possui as características mais procuradas em novos funcionários. Quando perguntamos a gerentes sobre as características que desejam em funcionários de alto escalão, com frequência ouvimos que buscam indivíduos inteligentes, íntegros, honestos e sociáveis. Infelizmente, essas *mesmas características* foram atribuídas aos psicopatas corporativos que estudamos por aqueles que gostavam deles e os apoiavam. A título de curiosidade, essas também são as características que as vítimas relatam ter percebido em vigaristas de ambos os sexos, antes de se darem conta de que estavam sendo enganadas e caindo em um golpe.

QUESTÕES PARA DISCUSSÃO

➲ Você já trabalhou com alguém que falava muito, mas não entregava nada?

➲ Como essa pessoa saía impune?

➲ Você já conheceu alguém que inicialmente parecia honesto e sincero, mas depois percebeu que era bem o contrário?

➲ O que o fez se enganar a princípio?

➲ O que o fez desconfiar de que essa pessoa estava mentindo?

S 5.1
"No domingo, ele se ajoelhava para rezar.
Na segunda, atormentava seus semelhantes."

Bryan Richards abriu seu caminho em uma comunidade religiosa mediante adulação, convencendo seus integrantes de que era como "um deles". Ele é integrante de uma linhagem de predadores repugnantes que se aproximam de grupos religiosos, étnicos, culturais ou com propósitos específicos cujos membros possuem interesses em comum e costumam confiar muito em quem alegue compartilhar das mesmas crenças. Muitos grupos cristãos, por exemplo, abrem prontamente o coração para qualquer recém-chegado, especialmente aqueles que afirmem ter "encontrado Jesus". Infelizmente, esses grupos também costumam abrir a carteira, participando sem saber de uma fraude de afinidade.

Conforme descrevem Douglas Todd e Rick Ouston no jornal *Vancouver Sun,* Bryan Richards, cujo nome verdadeiro era Richard Bryan Minard, era um evangelista enrolador, mulherengo e cheio de esquemas virtuais que passou por uma cidadezinha canadense alegando de forma convincente que era cristão, assim como os membros do incauto grupo visado por ele.

— Não se desesperem. Deus está sempre lá.

Ele administrava uma estação de rádio de baixa potência e se descrevia como "o DJ do rock que toca pra Jesus". Também administrava várias fraudes, incluindo a venda de propriedades de temporada em *resorts* que não lhe pertenciam e pacotes de viagem que nunca contratava, além da reprodução pirata de músicas em seu programa de meia hora, *Christian Power Hour*. Era responsável por um serviço de namoro cristão, tinha várias namoradas e "perseguia as mulheres solteiras". Tentava, e com frequência conseguia, conquistar uma "intimidade imediata" contando uma série desconcertante de lorotas que muitos achavam excitantes e fascinantes. Seus cheques eram devolvidos.

Como disse uma de suas vítimas: "Minha sensação neste momento é de que, se [ele] não estivesse neste mundo, este seria um lugar melhor". Ele morreu em 2012 (de causas desconhecidas). Uma mulher deixou flores.

"Con man for Christ" [Embusteiro em nome de Jesus]:
https://vancouversun.com/news/staff-blogs/con-man-for-christ

S 5.2
A Tríade Sombria e as negociações presenciais

O Suplemento S 2.3 descreveu a Tríade Sombria (psicopatia, maquiavelismo e narcisismo) e explicou que seus membros compartilham de vários traços, inclusive a habilidade cruel e insensível para mentir, manipular e controlar os outros.

Diversos estudos indicam que os comportamentos manipuladores dos membros da Tríade Sombria lhes dá uma vantagem em situações cara a cara no ambiente profissional. Por exemplo: em um estudo feito on-line, pesquisadores[74] pediram aos participantes, muitos deles estudantes, que respondessem a uma série de perguntas sobre a adoção de táticas de manipulação cara a cara no trabalho. Os participantes com pontuação alta em "psicopatia" exibiram uma tendência a usar *táticas agressivas* (ou seja, ameaças e manipulação ostensiva). Aqueles com pontuação alta em maquiavelismo usavam táticas agressivas e *táticas suaves* (ou seja, charme, agrados, elogios e promessas de recompensas), enquanto os com pontuação alta em narcisismo tendiam a utilizar apenas táticas suaves.

Os psicólogos Crossley, Woodworth, Black e Hare[75] conduziram um estudo em que duplas de participantes negociavam um par de ingressos para um show (um deles como vendedor e o outro como comprador), com quatro questões em mente: preço dos ingressos, produtos da banda, localização do assento e acesso aos bastidores. As negociações aconteciam presencialmente ou pelo computador (mediante mensagens de texto do Skype, sem nenhum contato visual entre os participantes). Indivíduos com pontuações altas na Tríade Sombria se saíram melhor quando as negociações foram presenciais, em comparação com as virtuais. Por outro lado, aqueles com pontuações baixas na Tríade Sombria apresentaram um desempenho melhor on-line do que em negociações presenciais. É importante reconhecer que os membros da Tríade Sombria compartilham de um grupo de traços interpessoais e afetivos, o Fator 1 do PCL-R.[76] Esses traços, presumivelmente, são mais eficazes em uma plateia ao vivo. Os autores desse artigo também notaram que os psicopatas (neste caso, classificados com a Escala de Autorrelato de Psicopatia — III)[77] eram hábeis em imitar as expressões faciais de seus pares, parecendo, assim, críveis e genuínos durante as negociações em pessoa.

Conforme destacado no Capítulo 9, medidas de autorrelato fornecem informações gerais, mas úteis, sobre o papel das personalidades sombrias no ambiente profissional. Entretanto, aqueles que interpretam essas medidas devem estar cientes dos problemas relacionados a seu uso.

O CASO DE DAVE

ATO 3, Cena 1

Hora do Pânico

Frank saiu da reunião exausto, mas feliz, porque eram apenas sete da noite de uma sexta-feira. Na maioria das vezes, ele saía do escritório bem mais tarde.

— Outra reunião importante, sr. Frank? — perguntou Marissa, a supervisora da equipe de limpeza noturna.

— Sim, sempre em reunião. Mas essa foi útil. Realmente conseguimos resolver algumas coisas.

Marissa sorriu e Frank seguiu pelo corredor em direção a seu escritório. Acendeu a luz e viu a pasta que Dave havia deixado em cima de sua mesa. Ao abri-la, viu o relatório escrito por Dave, os papéis com os slides preparados por Dave impressos e o pen-drive com os arquivos. *Excelente*, pensou, guardando a pasta em sua maleta com alguns outros arquivos em sua mesa e fechando tudo. Quando chegou à porta, Frank suspirou e, agradecido, foi para casa. Desfrutaria um ótimo jantar com a família, um sábado no zoológico com as crianças e um voo no domingo com destino à reunião durante a qual faria sua apresentação.

O aroma de panquecas, bacon e ovos preenchia a cozinha enquanto Frank preparava o café para a família. Frank gostava desse ritual das manhãs de domingo com os filhos e adorava passar o dia com eles, mas naquele dia pegaria um voo à tarde e precisava terminar sua apresentação. Já tinha feito a maior parte e só faltava adicionar os dados de Dave antes de preparar a mala. Sally levou as crianças para o carro e foram para a igreja. Eles almoçariam com a vovó e voltariam para casa a tempo de se despedirem de Frank.

Silêncio, pensou Frank, sorrindo, enquanto levava seu café para o escritório. Segundo o cronograma, ele falaria na reunião de planejamento estratégico do comitê executivo na segunda-feira de manhã. Havia combinado os últimos detalhes com os outros palestrantes na reunião de sexta-feira. Tinha certeza de que o comitê apoiaria suas propostas de novos produtos — como sempre ocorrera até então. Dessa vez, tinha a pesquisa de Dave, que melhoraria sua apresentação.

Frank abriu a pasta de Dave, baixou os arquivos do pen-drive e começou a analisar o relatório e a verificar os dados. Frank leu e leu mais um pouco. Averiguou os gráficos. Deu um gole no café. Abriu a pasta para ver se havia deixado alguma parte do relatório para trás. Começando a se preocupar, vasculhou o pen-drive atrás de mais arquivos. Não havia mais nada. Todo o material estava sobre a sua mesa. Frank ficou nervoso e, em seguida, zangado.

— Está uma porcaria! — disse em voz alta, enquanto pegava o telefone e ligava para a casa de Dave. O telefone tocou até a chamada cair. Ninguém atendeu. Revirando sua maleta, pegou a agenda telefônica e ligou para o celular de Dave. A chamada caiu direto na caixa postal. Controlando-se, Frank deixou uma mensagem firme e clara, dizendo que não tinha o relatório completo e pedindo a Dave que entrasse em contato assim que possível com os números dos quais precisava.

Frank releu o material e lhe ocorreu que aquilo parecia familiar. Sua raiva lentamente se transformou em pânico quando se deu conta de onde tinha visto aquelas informações. O texto era de um artigo publicado em uma revista da área algumas semanas antes — uma matéria sobre o principal concorrente da empresa. Ele virou sua maleta de ponta-cabeça, derrubando tudo no chão. A revista estava lá, entre as suas coisas. Folheou as páginas até encontrar o artigo.

— Ai, meu Deus! — exclamou, ao constatar que Dave havia reproduzido parágrafos inteiros do artigo em seu relatório. Os gráficos eram os mesmos, ele só havia mudado o nome dos produtos, colocado o nome Garrideb Tecnologias nas legendas e aumentado todos os números em 12 por cento. Não havia nenhum dado novo, nenhuma projeção real, nenhum produto novo a ser apresentado!

Frank sabia o que precisava fazer. Conectou-se ao computador da empresa e começou a procurar nas bases de dados. Sabia que ainda tinha em algum lugar o *flipchart* da reunião externa de planejamento que havia presidido antes de passar o projeto para Dave, semanas antes. Enviou solicitações urgentes para sua equipe por e-mail, esperando que seus membros, por serem tão compulsivos quanto ele sabia serem, também estivessem trabalhando de casa. Finalmente, ligou para a agente de viagens e conseguiu que ela mudasse o voo para o último da noite. Ele perderia o coquetel de boas-vindas e o jantar, mas não havia outro jeito. Tinha que terminar sua apresentação — sua reputação e sua carreira dependiam disso.

Frank tentou dormir no avião, mas pensamentos frenéticos rodavam em sua mente. Quando o táxi estacionou na porta do hotel, saiu correndo e rapidamente foi à recepção. Perto dos elevadores, Frank viu John, seu chefe, caminhando pelo bar do saguão. Antes que pudesse se esconder em um elevador, John o chamou com um aceno.

— Frank, Frank, que bom que você chegou. Estávamos preocupados. Como estão as coisas em casa?

— Ah, John, está tudo bem. Eu só tive que mudar o voo por causa de um probleminha familiar. A mãe da Sally ligou...

— Sem problema, Frank, eu entendo. Olha, realmente adorei a sua apresentação. Acho que ficou excelente. Você mandou muito bem mesmo desta vez — disse John, empolgado, dando tapinhas nas costas de Frank e puxando-o para o bar.

— Você acha? — perguntou Frank, sem saber de qual apresentação John estava falando.

— Acho. As ideias são inovadoras, exatamente o que precisamos para nos tirar dessa pasmaceira e reconquistar a confiança da diretoria. — John pediu dois martínis. — Sabe, você é bem espertinho,

Frank. Não comentou nada disso comigo na sexta-feira... Queria me surpreender no coquetel, antes da reunião?

— Bem... — murmurou Frank, perguntando-se o que estava acontecendo na verdade. — John, que versão da apresentação eu te mandei?

— Ah, eu presumi que fosse a versão final — disse John, enquanto o *bartender* servia os drinques e John pedia a ele que abrisse uma conta. — Foi o Dave que mandou, essa noite mesmo.

Frank apanhou o copo e tomou metade da bebida antes de perguntar:

— O Dave?

— É, ele me ligou e disse que você estava com algum problema em casa e não tinha certeza se conseguiria comparecer à reunião. Então, ele aproveitou para me mandar a versão mais recente, sabendo que você estava preocupado. — John fez uma pausa. — Sabe, ele realmente entrega o que a gente precisa, né?

— Eu... eu... — gaguejou Frank.

— E o slide que você inseriu só para agradecer ao Dave e à equipe pela contribuição. Um tanto excessivo, Frank... digo, a foto... mas, mesmo assim, é um belo toque.

Frank terminou seu drinque e abriu um sorriso fraco.

— Parece que você teve um dia puxado, Frank. Aceita mais um?

QUESTÕES PARA DISCUSSÃO

➲ O que acabou de acontecer?

➲ Frank está com o relatório errado?

➲ Dave passou a perna em Frank (e em John)?

6

PEÕES, PATRONOS E BODES EXPIATÓRIOS: PAPÉIS NO DRAMA DO PSICOPATA

— MESA PARA DOIS — DISSE RON À *HOSTESS* QUE O SAUDOU NA PORTA.

— Certo, pode me acompanhar — disse ela, apanhando dois cardápios e pedindo a Ron que a seguisse. — Aqui está bom? — perguntou.

— Está ótimo — disse Ron, sorrindo, enquanto se sentava de frente para a porta e colocava um saco de papel debaixo da mesa, perto dos pés. A *hostess* pôs os cardápios na mesa e retirou os talheres extras, deixando dois lugares.

— Glória já virá atendê-lo — anunciou ela, sorrindo. — Posso buscar uma bebida para o senhor enquanto espera?

— Dois martínis, um *dirty* e um *extra dry* — falou Ron, sem tirar os olhos do cardápio.

Ron era o melhor vendedor que a empresa já tinha visto. Era um mestre nas vendas cara a cara e conseguira trazer clientes de longa data da concorrência para sua empresa. Levava uma vida despreocupada, desfrutando os benefícios do emprego, como o carro de luxo alugado pela companhia (consideravelmente acima do padrão permitido para um vendedor de campo de seu nível) e o cartão corporativo para entreter clientes. Todo mundo parecia fingir não ver nada durante a tramitação de seus relatórios de despesas. Às vezes, os gastos com bebidas, visitas a clubes de cavalheiros e outras coisas obviamente fora do comum eram questionados, mas, com a assinatura do chefe de Ron nos relatórios, não havia muito que o departamento de contabilidade pudesse fazer além de revirar os olhos e gracejar sobre como a Costa Oeste dos Estados Unidos lidava com reuniões de negócios. Nas poucas vezes que Joe, o chefe de Ron e gerente regional de vendas, resistiu, Ron simplesmente continuou até convencê-lo, prometendo uma venda grande no futuro. Ron era bastante persuasivo e sabia muito bem como manipular Joe.

Joe chegou logo depois, um pouco sem fôlego, e encontrou Ron analisando o cardápio.

— Oi, Ron, você tá ótimo... desculpe o atraso. O trânsito, como sempre — disse Joe, estendendo a mão.

— Joe, bom te ver — respondeu Ron, levantando-se brevemente para apertar firmemente a mão de Joe. — O especial de hoje é bife à Nova York. Espero que esteja com fome.

— Mais com sede do que com fome — disse, bem quando a garçonete chegou com as bebidas.

Ron indicou qual delas era a de Joe e dispensou a garçonete com um gesto.

— A outro ótimo mês — brindou Ron, erguendo o copo. Ambos bebericaram os drinques e foram direto ao assunto. Ron pegou o último relatório de chamadas e o entregou a Joe. Apesar da ausência de vendas naquele mês, Ron tinha feito um grande esforço "amaciando a carne", reunindo-se quase diariamente com clientes de grande potencial. — E aqui está o meu relatório de despesas. — Entregou-o para Joe com uma caneta. Joe fingiu ler, dando apenas uma olhadinha de relance enquanto assinava o relatório. — Obrigado, Joe — falou Ron, alcançando o pacote debaixo da mesa e escorregando-o para Joe pelo chão mesmo.

Ron acenou para a garçonete e pediu mais dois drinques, enquanto continuavam conversando sobre a rodada do beisebol, o clima e os netos de Joe. Bebendo seu segundo martíni, Joe disse:

— Ron, tenho uma notícia para você.

— Ah, é? — indagou Ron, gesticulando para a garçonete.

— Ron, eu resolvi me aposentar. Vou sair da empresa no final deste mês.

— Joe, isso é ótimo. Parabéns! Como você chegou a essa decisão?

— Bom, eles me ofereceram um pacote de incentivos, e com o nosso filho mais novo saindo da faculdade, minha esposa e eu decidimos vender a casa e nos mudar para uma propriedade próxima ao lago. O estresse estava demais para mim, como você sabe, e acho que eles também se deram conta.

— Então, quando é que vão anunciar quem vai ficar no seu lugar? — insinuou Ron, com um sorriso.

Ron sabia que Joe o recomendara repetidas vezes para uma promoção e aguardava ansiosamente que Joe lhe parabenizasse por sua promoção.

— Aí é que está, Ron — disse Joe, devagar. — Não me disseram nada. Ouvi rumores de que querem usar a gerência regional como uma vaga para desenvolver outra pessoa. Eles podem trazer alguém de outra região.

— Como é que é! — exclamou Ron, o rosto começando a ficar vermelho. — O que você quer dizer com alguém de outra região? Eu sou o melhor que eles têm, conheço o terreno, eu mereço a promoção. Você me indicou como seu substituto, certo? Isso não conta nada?

— É, eu sei. Claro que eu o indiquei. Todo ano, quando eles perguntam, eu digo que você já está pronto para o próximo passo, mas eles...

— Isso é inaceitável! — atacou Ron. — Quem está tomando essa decisão?

— O departamento pessoal, é claro.

— Sabe, eles não fazem ideia do que esse trabalho exige. *Quem são eles* para fazer isso? O que o Sam diz? — Ron perguntava sobre o chefe de Joe, o vice-presidente de vendas.

— Eu discuti isso com o Sam, Ron, defendendo que dessem a vaga para você. Honestamente, fiz isso mesmo. Mas o Sam não foi capaz de convencer o comitê de seleção. Eles estão obcecados com outras coisas além dos números de vendas.

— Escuta, Joe, deixe-me ligar para a sua esposa. Eu explico para ela que o seu estresse é…

— Ron — interrompeu Joe —, não foi minha esposa que decidiu pela minha aposentadoria, fui eu. — Joe abaixou a cabeça e olhou Ron nos olhos, dizendo: — Bem, eles tomaram a decisão por mim. É o melhor para todos nós.

— Não posso acreditar que te forçaram a sair depois de todos esses anos.

— As coisas mudam, e acho que eu também mudei. Eles estão se oferecendo para bancar um programa, como parte do acordo, para me ajudar com o meu problema.

— Você não tem nenhum problema, Joe — disse Ron.

— Obrigado, Ron, mas você e eu sabemos que tenho, sim — falou Joe, abaixando a voz. — Acho que, lá no fundo, eles querem o melhor para mim. Pouca gente recebe esse tipo de apoio quando vai embora. Eles realmente querem que eu me endireite.

A garçonete chegou para anotar o pedido e Ron escolheu um vinho especial para celebrar a aposentadoria de Joe.

O resto da tarde foi alto e barulhento, como todas as reuniões mensais que os dois faziam no horário de almoço. À primeira vista, Ron parecia feliz por Joe e disse que faria visitas a ele e à esposa na casa do lago, para pescar e fazer um churrasco. Mentalmente, porém, planejava o próximo passo.

Depois do almoço, eles se deram as mãos e trocaram um abraço apertado.

— Eu vou tocar isso adiante — disse Joe, pegando a papelada.

— Não se esqueça do pacote — Ron relembrou, indicando o *whisky* debaixo da mesa.

— Não vou mais precisar disso. Agora, vou seguir um novo caminho. Mas, obrigado, você sempre entendeu. Vou sentir falta de trabalhar com você.

Ron entrou em seu apartamento alugado pela empresa.

— Droga — xingou, jogando-se na poltrona da sala de estar. Ele apanhou seu celular e começou a ligar. Seria uma longa noite ao telefone. Era hora de cobrar alguns favores e descobrir possíveis segredos de seus concorrentes para a promoção.

Jack conseguiu a promoção para a vaga de gerente regional e agora era o chefe de Ron. Uma pessoa metódica, focada e preocupada com cada detalhe, passou um tempo considerável avaliando o histórico de desempenho dos vendedores e então planejou se reunir pessoalmente com cada membro da equipe de vendas para estabelecer objetivos, horários de reuniões e novas medidas de desempenho.

Ron também fez sua lição de casa: seus amigos no departamento pessoal providenciaram um resumo do histórico de desempenho de Jack (excelente), seus amigos na contabilidade forneceram um vislumbre dos hábitos de gastos de Jack (que não eram nada quando comparados aos dele) e até seus colegas na região em que Jack costumava trabalhar compartilharam impressões sobre seu estilo pessoal e informações familiares. Conforme Jack se deslocava pela região para reunir-se individualmente com o pessoal de vendas, Ron o seguia de longe, ligando para seus colegas para descobrir o que costumava dizer. Quando Jack chegou para reunir-se com ele, Ron estava preparado.

Embora os outros tenham obedecido de bom grado aos novos procedimentos, aqueles que o conheciam esperavam para ver como Ron reagiria. Sua reputação de "contador de histórias" sempre fora motivo de preocupação no comitê de gestão de vendas. Havia aprendido com Joe, seu antigo chefe, um vendedor à moda antiga, como ganhar clientes e fechar negócios usando influência e carisma pessoal, mas seu estilo se tornara menos eficaz com o advento da Internet, de clientes potenciais cada vez mais bem informados e de uma nova safra de concorrentes sofisticados e de pulso forte. Sam, o VP, tinha herdado a equipe de Ron e Joe poucos anos antes.

Sabendo que Joe estava próximo de se aposentar, tolerou seu estilo de gestão mais relaxado, mas nunca gostou do fato de Joe encobrir Ron, protegendo-o quando não batia metas e aprovando despesas que excediam as permitidas pela empresa. Com Joe fora do jogo, o desempenho de Ron era um alvo fácil, e Jack ia cuidar desse problema.

Os dois se encontraram para uma reunião no horário de almoço na região onde Ron trabalhava. Ron começou com uma abordagem doce, tentando amolecer Jack com uma garrafa de vinho para celebrar, conversa fiada sobre os jogos de futebol dos filhos de Jack e pilhas de avaliação de desempenho positivas assinadas por Joe, gráficos variados e cartas de agradecimento de grandes clientes (e amigos de longa data). Jack não se convenceu tão facilmente. Quando começou a explicar como queria gerenciar a região e apresentou seus novos requerimentos a Ron, este começou a resistir e acabou levantando a voz, a ponto de chamar a atenção dos outros clientes do restaurante chique. Ron argumentou que não precisava de mais controles do que aqueles impostos previamente por Joe e prometeu cumprir seja lá o que Jack precisasse para que se saísse bem aos olhos dos executivos. Jack tinha ouvido falar que Ron às vezes erguia a voz para conseguir o que queria, por isso, decidiu ouvi-lo, mas depois responder com firmeza. Os argumentos de Ron acabaram se transformando em ameaças veladas de virar outros vendedores contra Jack, processá-lo e causar danos à sua carreira.

Esse cara é maluco, pensou Jack, enquanto Ron seguia com suas alegações, quase vociferando. Sentindo que Ron estava prestes a terminar a reunião, Jack disse:

— Olha, Ron, eu agradeço tudo o que você tem feito, mas as coisas mudaram. Nossos produtos perderam a liderança, e esta região, a sua região, é o elo mais fraco.

— Então você… eles… deveriam ter demitido Joe anos atrás! — disse Ron, finalmente. — Eu o acobertei desde que cheguei aqui. Você sabe como é trabalhar para… — Ron fez uma pausa, e depois seguiu com a voz falhando de leve: — … alguém que nunca está por perto quando você precisa para fechar um contrato, que não dá nenhum conselho relevante, e vendo-se forçado a sempre protegê-lo? Eu estava sozinho por aqui, Jack, lutando pela empresa, e é assim que eles me recompensam? Com mais procedimentos, mais demandas, mais dissabores?

Embora o problema de Joe com a bebida fosse um segredo conhecido na região, os que eram de fora não tinham conhecimento do fato, então Jack ficou chocado com essa revelação. Sua sensação inicial era de que se tratava de um assunto inadequado para discutirem, mas a persistência de Ron e sua frustração óbvia começaram a afetá-lo. Ele ouviu com mais cuidado as dificuldades de Ron em lidar com Joe, tentando aplicar algumas das técnicas de gestão que havia aprendido. Afagou o ego de Ron e mostrou sua compreensão pelo dilema do vendedor. Ao final da conversa — uma vez que Ron se acalmara —, Jack prometeu ajudá-lo a reorientar sua abordagem de vendas para as novas necessidades da empresa e levar em consideração tudo pelo que ele passara.

A conversa terminou bem e Jack sentiu que havia cumprido sua tarefa. Seu objetivo com a reunião era convencer Ron a mudar ou, se não desse certo, tomar os passos necessários para se livrar dele. Jack agora sentia que podia construir um relacionamento com Ron e que as coisas iam melhorar. Ambos concordaram em se reunir de novo dali a um mês e se separaram com um aperto de mãos.

Ron entrou em seu apartamento e tirou o terno e a gravata. Aninhando-se no sofá, pegou seu celular e começou a discar. *Isso vai ser fácil*, pensou, sorrindo sozinho.

QUESTÕES PARA DISCUSSÃO

➲ Como Ron manipulou seu antigo chefe, Joe?

➲ Como Ron manipulou seu novo chefe, Jack?

➲ Ele foi, ou será, bem-sucedido?

➲ Que traços psicopáticos você observou em Ron?

UMA CRIANÇA NA DOCERIA

Assim que o processo de contratação termina, os recém-contratados passam pela etapa de orientação e socialização, que costuma incluir treinamento para práticas e procedimentos relacionados ao trabalho, exposição a mensagens corporativas cruciais e doutrinação nos valores da cultura da empresa. Trata-se de um período de empolgação e felicidade para a maioria dos novos funcionários, já que a chance de aprender e crescer em um novo emprego é muito motivadora. Também é um momento empolgante para o indivíduo com personalidade psicopática, mas por razões totalmente diferentes.

A perspectiva manipulativa, elementar e simplista da visão de vida do psicopata, que orienta muitos de seus relacionamentos, é particularmente eficiente no contexto organizacional (conforme visto no caso de Ron). Diversas características da vida corporativa facilitam a aplicação dessas técnicas. Existe a presunção de que novos funcionários que passaram pelo processo de contratação são pessoas honestas e íntegras. Honestidade e integridade são qualidades tidas como "pressupostas" e raramente testadas além dos níveis superficiais, perspectiva que perpassa os outros funcionários, que jamais suspeitariam que um de seus colegas tivesse motivos escusos. O nível de confiança nesse ambiente pode não chegar ao vivenciado em grupos religiosos ou outros grupos de afinidade, mas certamente basta para que a manipulação psicopática seja bem-sucedida nas empresas. Como resultado, o psicopata se entrosa — um "bom camarada" como seus pares.

Além disso, as empresas também buscam ativamente indivíduos que se deem bem com os outros e que, por sua vez, possuam os traços que os tornem pessoas fáceis de se conviver. Os leitores reconhecerão facilmente, com base em sua própria experiência profissional, que isso faz sentido do ponto de vista da empresa, já que, no geral, é mais fácil trabalhar com pessoas afáveis. "Dar-se bem com todos" torna a vida profissional muito mais agradável, e a cooperação aumenta a produtividade sem que haja muitos conflitos. Os rótulos psicológicos às vezes usados para esses traços de personalidade incluem "necessidade de afiliação", "afabilidade" e "socialização", entre outros. Muitas organizações procuram por esses traços em seu processo seletivo: ainda que não por meio de avaliações formais, usualmente há uma tentativa de se obter informação sobre essas e outras características correlatas durante as entrevistas. Superficialmente, porém, pessoas com personalidades psicopáticas podem e facilmente conseguem fingir ser amistosas e afáveis — elas se dão bem com os outros "camaradas" no trabalho e fora dele. É só abaixo da superfície, escondidas da visão alheia, que se situam as tendências mais sombrias.

Em sua maioria, as pessoas ingressam em organizações porque *querem* trabalhar e ganhar a vida, munidas de uma ética de trabalho que lhes foi incutida desde cedo na vida. Embora o "trabalho" possa assumir muitos formatos diferentes, o conceito básico envolve trocar esforços voltados a um objetivo por dinheiro e compensações. Essencialmente, ocorre uma troca entre funcionário e empregador que satisfaz as necessidades de ambos. Pode haver mal-entendidos ou discordâncias sobre a *quantidade* de esforço gasto em um dia, sobre *como* e *se* os objetivos foram alcançados e o *nível* apropriado de compensação, mas o modelo básico é, em essência, parte integrante de qualquer relacionamento empregatício. Por conta de seu desproporcional senso de merecimento e seu parasitismo, contudo, os psicopatas não aderem a esse modelo de trabalho baseado em uma troca justa, querendo, em vez disso, grandes compensações por esforço medíocre ou desempenho ruim. Sua "ética profissional" é mais voltada para a construção de uma boa imagem do que para a execução de um bom trabalho. É claro, porém, que escondem essa atitude (e o baixo desempenho correspondente) de seus empregadores.

A FICÇÃO PSICOPÁTICA

Embora mascarar intenções verdadeiras possa ser fácil nos relacionamentos sociais individuais, é uma tarefa muito mais difícil estabelecer e manter a fachada em um trabalho de tempo integral, em que se interage diariamente e de perto com um número grande de colegas: há muitos olhares críticos no entorno. Assim, uma vez contratados, como os psicopatas mascaram seus traços aproveitadores, manipuladores e irresponsáveis? A resposta se encontra em sua habilidade para criar o que chamamos de *ficção psicopática*, uma história pessoal que satisfaça as exigências e expectativas da empresa e de seus membros. Não é muito difícil descobrir as expectativas de uma empresa. Muitas divulgam descrições do comportamento ideal e incentivam a sua adoção por meio de objetivos de desempenho, definição de sua missão, padrões de desempenho, códigos de conduta, afirmação de seus valores e outras comunicações desse tipo. As empresas também recompensam publicamente os bons cidadãos corporativos com bônus, promoções, títulos de "funcionário do mês" e outras formas semelhantes de reconhecimento.

Na verdade, a tarefa é bem simples, já que psicopatas astutos são capazes de *imitar* os traços e as características de pessoas com bom desempenho e alto potencial sem, de fato, ser alguém assim. Nesse sentido, a persona que adotam é mais um reflexo das demandas da situação (por exemplo, a cultura corporativa) do que uma indicação de quem são de verdade. O camaleão pode se passar por uma folha, mas não se transforma em uma. A semelhança é estritamente superficial e projetada (por instinto no lagarto e cognitivamente nos psicopatas) para oferecer proteção enquanto "caçam" e buscam oportunidades de tirar proveito da situação.

No capítulo anterior, explicamos a facilidade com que pessoas que exibem características psicopáticas podem entrar nas organizações. Uma vez contratados, os psicopatas retornam a seu padrão de comportamento natural, composto de três fases — avaliação, manipulação e abandono —, para construir farsas, ou ficções, psicopáticas, às vezes bastante elaboradas, com o objetivo de criar a percepção que a organização tem deles. Isso não apenas assegura que possam manipular plenamente a organização, como também satisfaz a necessidade do psicopata de jogar, obter uma descarga de adrenalina e controlar. Portanto, esse comportamento é duplamente recompensador para alguém tão motivado.

Nas seções seguintes, esboçamos como eles criam e mantêm sua história fictícia de "funcionário ideal" e futuro líder.

TAREFA NÚMERO 1: AVALIAR A ORGANIZAÇÃO E SEUS MEMBROS

Não é de surpreender que a manipulação predatória usada pelos psicopatas em público também se aplique ao contexto profissional. O que pode causar surpresa é a facilidade com que conseguem fazê-lo. Psicopatas corporativos usam os primeiros meses em um emprego para estudar, compreender e, no final, penetrar as barreiras organizacionais, identificando as peças centrais, analisando a personalidade de colegas de trabalho potencialmente úteis e estudando os padrões de interação e comunicação existentes. Eles conhecem o máximo de pessoas possível, espalhando primeiras impressões positivas e coletando o maior número de informações que conseguirem sobre os colegas de trabalho. Rapidamente começam a entender a cultura da organização e, em seguida, passam a integrá-la em seu estilo e abordagem exteriores, iniciando assim a construção de uma persona, uma ficção que será a base para futuras manipulações.

AVALIAR A BASE DO PODER

Ao considerar como as pessoas influenciam umas às outras para que as tarefas sejam cumpridas, é sempre importante termos em mente o papel do poder. Quando pensamos no valor das pessoas com base em sua posição na hierarquia organizacional, referimo-nos ao *poder do cargo*. Já suas habilidades técnicas definem seu *poder de especialista*; seu acesso à informação, seu *poder de conhecimento*. Se controlam pessoal, dinheiro e outros fatores, possuem *poder dos recursos*. Outro tipo importante de poder é o *informal*, a habilidade de influenciar a situação sem ter o título oficial para isso. Gerentes experientes sabem quem são os líderes informais em sua organização, e com frequência os envolvem em seus próprios esforços para administrar o grupo todo. Quase por instinto, os psicopatas corporativos encontram esses indivíduos e com eles constroem relações sólidas, na intenção de usá-los em benefício próprio.

Existem aqueles cujo poder e influência são mais formais. Indivíduos com o poder do cargo são de grande interesse para o psicopata, mas aproximar-se dessas pessoas não é uma tarefa fácil, já que tendem a ser muito ocupadas, viajar com frequência e ter seu tempo e atenção disputados por muitos outros ao seu redor. Um psicopata diligente gerencia esses obstáculos com facilidade, capitalizando cada oportunidade, por mais forçada que seja, para fazer contato e ganhar exposição.

A natureza da vida corporativa na verdade *facilita* o processo de entrar em contato com líderes formais e informais na forma de uma típica "fase de lua de mel". Esse período, que pode durar até alguns meses, é um momento em que novos funcionários devem aprender sobre seu trabalho e sobre a empresa, e para isso ganham uma liberdade considerável. Estar no início da curva de aprendizado protege os novos funcionários de críticas enquanto experimentam livremente, aprendendo as minúcias da cultura organizacional. Confiando na ingenuidade organizacional durante esse período, um psicopata esperto e motivado pode abordar indivíduos com poder que outros, mais experientes, não abordam por timidez ou que já aprenderam a evitar, com frequência por motivos políticos ou pessoais.

Começando em elevadores e corredores, e em algum momento terminando em suas salas, os psicopatas começam a se apresentar para gestores e executivos em papéis cruciais, desconsiderando impudentemente a hierarquia que os outros respeitam. Lembra-se da aparição de Dave, sem o conhecimento de Frank, no escritório do CEO — logo no primeiro dia? Quando a fase de lua de mel termina, eles já estabeleceram sua presença e uma identidade forte e positiva na mente de pessoas importantes, o que será muito útil posteriormente.

Um psicopata corporativo talentoso é facilmente visto por executivos como alguém ambicioso e entusiasmado. Para seus colegas e parceiros, parece alguém de quem é fácil gostar; talvez um pouco narcisista e manipulador, mas, mesmo assim, amistoso, acessível e honesto. Não importa se o indivíduo é um líder informal, o detentor de algum poder ou um funcionário comum: sempre é bastante revigorante conhecer um novo funcionário carismático que expressa o desejo de ser aceito pelo time ou que exibe respeito e admiração.

Psicopatas não são os únicos que tentam entender e utilizar a estrutura sociopolítica da empresa quando começam a trabalhar, é claro; quase todos os novos funcionários fazem isso. Entretanto, psicopatas têm pouquíssima intenção de realmente entregarem à empresa resultados proporcionais ao salário que recebem. Além disso, sua pobreza emocional não sustenta alianças ou lealdade à empresa ou aos colegas de trabalho, apesar de saberem usar as palavras necessárias para indicar uma lealdade incondicional à companhia. Seu entusiasmo fajuto pode fazer com que pareçam uma criança em uma doceria.

IDENTIFICAR PEÕES E PATRONOS

Se os psicopatas são os roteiristas, diretores e estrelas da ficção psicopática, então é importante que as pessoas que os cercam ocupem papéis de coadjuvantes. A primeira meta para criar a ficção psicopática é identificar "peões" em potencial, ou seja, aqueles indivíduos que têm algo que o psicopata quer. É possível que haja muitos peões em uma organização, todos identificados de acordo com os recursos específicos que podem fornecer, como informação, dinheiro, conhecimento, equipes, influência, contatos etc.

Posteriormente, quando precisarem de um recurso, os psicopatas vão manipular os peões para obtê-lo ou simplesmente o pedirão diretamente. Pedir favores a "amigos" e nunca retribuir é uma técnica surpreendentemente comum utilizada por eles. Muitos peões estão tão enamorados pela persona do psicopata que lhe dão qualquer coisa de que necessite, por mais inapropriado ou escandaloso que seja, como a aprovação de Joe dos relatórios de despesas de Ron.

Os psicopatas também cultivam o respaldo de um pequeno grupo de indivíduos de alto nível que têm contato limitado com o subordinado psicopático, mas que aceitam a persona apresentada por ele e a reputação da qual ouviram falar nos corredores da empresa. A despeito da exposição limitada, o psicopata orquestra tão bem cada interação e fomenta impressões tão positivas que esses importantes aliados começam a advogar pelo subordinado. Acreditando que o psicopata seja leal, competente e extremamente bem-sucedido, eles passam a acentuar o lado positivo e se esquecem dos pontos negativos.

A princípio, esse fenômeno nos pareceu intrigante. Por que executivos aparentemente astutos assumem uma postura tão forte a favor de um funcionário de nível inferior, mesmo tendo apenas interações ocasionais com essa pessoa? Acreditamos que a persona fictícia do "funcionário ideal e futuro líder" foi tão convincente que muitos membros da equipe de gestão ficaram encantados de imediato. Algo fora do comum estava acontecendo ali. Por motivos que só seriam descobertos posteriormente, alguns indivíduos de alto nível começaram a agir como "patronos" dos psicopatas. Patronos são executivos influentes que mantêm funcionários talentosos "sob suas asas" e os ajudam a progredir na organização. Uma vez que a patronagem é estabelecida, é difícil quebrar o vínculo. Com um patrono a seu lado, os psicopatas basicamente não têm como errar. Patronos organizacionais poderosos protegem e defendem psicopatas (sem querer) das críticas de terceiros. Esses indivíduos acabam tendo voz ativa no avanço da carreira do psicopata por meio de promoções e inclusão nos planos de sucessão corporativos.

Psicopatas acabam estabelecendo grandes redes de relacionamentos pessoais e, quando possível, íntimos, todos voltados a reafirmar a persona fictícia do colega de trabalho ideal e futuro líder. Durante essa fase, o psicopata identifica as peças no tabuleiro de xadrez como peões (aqueles a quem manipulará) e patronos (aqueles que irão, involuntariamente, protegê-lo).

Destacamos que funcionários talentosos e motivados sempre buscam causar uma boa impressão nas pessoas ao seu redor, mas apenas uma pequena proporção manipula e mente a ponto de comprometerem a integridade da organização. Nessa etapa do processo, contudo, é extremamente difícil, se não impossível, reconhecer a diferença entre a gestão normal de impressões e a mentira predatória.

Embora a tenhamos rotulado como uma fase, a Avaliação é, na verdade, um processo constante, que ocorre sempre que os psicopatas conhecem alguém. Muitas organizações modernas vivenciam uma rotatividade perpétua de membros da equipe, e, assim, cria-se o potencial para novos relacionamentos. Isso oferece aos psicopatas a oportunidade permanente de avaliar integrantes como potenciais peões/patronos assim que eles se juntam à empresa ou assumem os novos cargos. Essa mudança constante (normalmente frustrante para a maioria de nós) provoca interesse, desafios e novas oportunidades para os psicopatas perpetrarem sua ficção — um fator motivador não muito diferente do experimentado por golpistas ao lidar com as pessoas em geral. Falaremos mais sobre isso no próximo capítulo.

TAREFA NÚMERO 2: MANIPULAR GESTORES E COLEGAS DE TRABALHO

A fase da Manipulação forma grande parte da existência diária organizacional dos psicopatas: eles manipulam os outros para seus próprios objetivos. A meta final é montar um esquema dentro da estrutura da empresa que possa satisfazer sua necessidade por excitação, progresso e poder — tudo sem a menor preocupação com resultados prejudiciais aos outros. A manipulação dinâmica de colegas (Dorothy, por exemplo), executivos (Frank e John), fornecedores e clientes satisfaz as necessidades do psicopata por adrenalina e joguinhos. Vencer quase sempre envolve recompensas financeiras e obtenção de poder, como um salário estável por um trabalho raramente executado e promoções a cargos com níveis crescentes de autoridade. Também pode incluir arruinar a carreira de colegas, com alguns chegando, inclusive, a ser demitidos injustamente.

MANIPULAR CORAÇÕES E MENTES

Muitos psicopatas aparentam ser mestres em compreender a psicologia humana e em descobrir e explorar pontos fracos e vulnerabilidades nos outros. Não está claro se isso é um talento inerente ou se eles simplesmente se empenham mais do que o restante de nós na busca pelos "botões" certos a apertar. Chuck, por exemplo, era uma pessoa muito afável, com uma reputação impecável de cidadão modelo na empresa; muitos o descreviam como acima de qualquer suspeita e como um colaborador de alto potencial. Sua integridade era incontestável e seu desempenho profissional superava as expectativas. Poucos desafiavam suas decisões a respeito de seu próprio trabalho (e, às vezes, do trabalho dos outros). Reconhecendo o potencial de Chuck, Dan, um psicopata, esforçou-se muito para estabelecer um elo com ele. Logo, esse elo cresceu tanto que Chuck passou a sentir uma afinidade especial com Dan; o que lhe faltava em extroversão e potencial de liderança ele via em Dan. Dan era a pessoa que ele desejava ser. De fato, diversos colegas de trabalho se referiam a Chuck como a "sombra" de Dan, porque os dois pareciam estar sempre juntos. Outros se referiam a ele como a "alma gêmea" de Dan, uma descrição que ouvimos com frequência em casos assim. A conexão de Chuck com Dan e as descrições que fazia dele a seus colegas de trabalho reforçaram muito a credibilidade da persona de Dan como um funcionário competente, leal e talentoso, muito semelhante a Chuck.

Às vezes, Chuck explicava o mau gênio de Dan como uma expressão de suas inclinações artísticas e criativas. O que outros viam como grosseria e hostilidade, Chuck via como a capacidade de Dan de lutar por aquilo em que acreditava. Além de defendê-lo para os outros, Chuck era particularmente útil para Dan pelo fato de ser reconhecido como um especialista em seu próprio trabalho (além de no trabalho de muitos outros). No final, Chuck era a explicação para o sucesso de Dan, alguém que fazia hora extra para ajudar seu "amigo" a realizar seu serviço. Ninguém percebeu que ele estava na verdade fazendo o trabalho de Dan, que por sua vez estava ocupado fazendo politicagens e manipulando outras pessoas.

Quando tentamos compreender e explicar suas manipulações bem-sucedidas em empresas, pensamos primeiro que os psicopatas estavam simplesmente bajulando as pessoas no topo da hierarquia enquanto abusavam de seus pares e subordinados nos níveis inferiores. Esta é, com frequência, uma tática de gestores ruins. No entanto, quanto mais estudávamos esses indivíduos, menos nossas observações podiam ser explicadas por técnicas simples de bajulação — a maioria dos executivos e colegas de trabalho eram espertos demais para cair nessa abordagem por muito tempo. Os relacionamentos entre nossos sujeitos de estudo e seus apoiadores acabaram mostrando-se mais complexos.

Descobrimos que, usando uma variedade de táticas de influência, os psicopatas manipulavam sua rede de elos pessoais individuais para reunir informações que pudessem usar para fazer suas próprias carreiras avançarem, prejudicar a carreira dos rivais ou mobilizar apoio técnico quando a empresa lhes exigisse algo (que executassem seu trabalho de verdade). Especificamente, seus planos envolviam *manipular redes de contato* até *promover a própria reputação*, passando por *depreciar os outros* e *criar conflitos e rivalidades* entre membros da organização, impedindo assim que pudessem descobrir as mentiras. Eles também *espalhavam desinformação* com o interesse de proteger seus esquemas e impulsionar a própria carreira. Por serem incrivelmente inteligentes, eram capazes de encobrir sua associação com a desinformação, levando os outros a acreditar que não tinham culpa de nenhuma manipulação.

Além disso, usavam uma atmosfera de sigilo para reforçar os elos que haviam estabelecido com os outros. Contar um segredo a alguém, mesmo que você saiba que ele será compartilhado com outras pessoas, indica um nível e confiança que inevitavelmente elevará as expectativas de amizade e respeito. Chuck admirava Dan e desejava emular sua natureza expansiva e assertiva, mas não queria de modo algum que os outros soubessem disso. Ser amigo de Dan permitia que ele tivesse acesso íntimo aos comportamentos e pensamentos (aparentemente privados) dele, e o contato contínuo poderia, pensava Chuck, ajudá-lo a "pegar" alguns daqueles traços. Ajudar Dan, em segredo, a completar suas tarefas era um preço pequeno a pagar, e não muito diferente de permitir que seus amigos da faculdade e do ensino médio copiassem o seu dever de casa, como fizera anos antes. Chuck também sabia que Dan nunca revelaria os seus desejos íntimos e cuidaria dele mais adiante, especialmente quando fosse selecionado para ir a seminários de gestão organizados pela empresa — um luxo que Chuck não poderia vivenciar. Eles combinavam naturalmente, já que Chuck nunca se dera conta de que estava, na verdade, conspirando com Dan.

Psicopatas identificam e se utilizam de líderes *informais* em sua jornada por status e poder. Considere Mary, uma secretária em uma grande empresa. Era uma pessoa adorável, que possuía muitas informações sobre a organização e, como descobrimos junto a outras pessoas, um dos principais canais da "rádio peão" do escritório. Seu cubículo era uma parada regular para Doug em suas rondas diárias pela empresa. Um simples "Oi, Mary! Como foi seu fim de semana?" vindo de Doug, seguido de uma conversa sem pressa dos eventos da vida, com frequência acabava com Doug compartilhando informações "secretas" sobre a empresa, seus gestores e possíveis mudanças. Extasiada com esse nível de confiança e atenção vindo de alguém de nível hierárquico superior ao dela, Mary, por sua vez, mantinha Doug atualizado quanto às informações de bastidores que obtinha de outros.

Sabendo que em cada boato organizacional há sempre um fundo de verdade, Doug era hábil em separar informações potencialmente úteis e armazená-las na memória para uso futuro. Dada a oportunidade, Doug "trocava" esses nacos de informação abordando indivíduos-chave e insinuando que estava ciente de assuntos e decisões cruciais para a organização. Acreditando que Doug estava "por dentro", eles se sentiam confortáveis para revelar mais informações, que Doug catalogava mentalmente para uso futuro.

Enquanto isso, Mary espalhava histórias positivas e brilhantes sobre Doug por toda a empresa, prestando testemunho quanto à sua integridade, sinceridade e generosidade.

— Ouvi falar que ele vai longe, e sei que vai — ela dizia voluntariamente a qualquer um que lhe desse ouvidos.

Ela então contava histórias sobre como Doug estava recebendo projetos importantes para tocar, como ele ajudava os outros com seus trabalhos sem reivindicar nenhum crédito para si, como alguns executivos mais seniores lhe contavam confidências por confiarem nele e como ele estava por dentro do que ia acontecer no futuro. Ela já espalhava essas e outras mensagens por toda a organização muito antes que o nome de Doug fosse considerado no planejamento de sucessão corporativo. Quem era a fonte original dessas histórias? Doug, é claro.

Embora os psicopatas manipulem os seus colegas para que sejam protegidos por eles, alguns aceitam fazer o trabalho deles em troca de uma profunda satisfação psicológica que não é prontamente evidente aos observadores. Por exemplo: Chuck só precisava de um pouco de atenção e elogios por seu trabalho, uma carência que Dan conseguia suprir com bastante eficiência. Mary precisava de uma boa fonte de informações confiáveis, e Doug sabia entregar exatamente isso.

Todavia, os desafios mais intensos e talvez mais interessantes para o psicopata são, sem dúvida, impostos por indivíduos com traços fortes de personalidade, como narcisismo, assertividade e dominância. Esses indivíduos são particularmente importantes para psicopatas porque também tendem a estar nos níveis hierárquicos mais altos nas empresas.

Curiosamente, as pessoas que acreditam ser mais espertas e mais talentosas do que as outras são as que mais se surpreendem ao descobrir que foram manipuladas psicologicamente. Os narcisistas tendem a ascender em número desproporcionalmente alto a cargos de gestão nas empresas. Por serem particularmente egocêntricos, eles usam (e, às vezes, abusam) de seus subordinados e exageram para seus chefes para assegurar o sucesso de sua própria carreira. (Ver Capítulo 3 para uma explicação detalhada das semelhanças e diferenças entre narcisistas e psicopatas.) Conversamos com vários gestores narcisistas que haviam sido ludibriados por psicopatas corporativos: não foi fácil, para eles (executivos, advogados, médicos, políticos e outros), admitir que alguém os havia sobrepujado e derrotado. Além disso, e esse detalhe *realmente* faz o jogo dos psicopatas, indivíduos com personalidade forte, como os narcisistas, são muito menos propensos a buscar assistência, orientação ou mesmo feedback pessoal antes que seja tarde demais, o que os torna alvos de longo prazo atraentes.

OBSERVADORES DE POUCA UTILIDADE: OS FIGURANTES

Nem todas as pessoas com as quais os psicopatas se deparam provocam interesse. Muitos colegas de trabalho e gerentes têm pouco a oferecer em termos de influência, recursos ou apoio potencial. Por serem ignorados, esses indivíduos estão em uma boa posição para enxergar o que está realmente acontecendo. Um grupo, os Figurantes, trabalhou com ou perto dos psicopatas e notou inconsistências, mentiras e distorções da verdade. Eles foram capazes, em algum nível, de enxergar por trás da máscara; a ficção psicopática fracassou em envolvê-los. Infelizmente, poucos dividiram sua preocupação com as "vítimas" ou gestores; eles não a denunciaram. As razões mais comuns para esse silêncio incluíam: "estou cuidando da minha vida", "ninguém me levaria a sério" e "isso não é da minha conta". Em raros casos, alguns expressaram o pensamento de que "se a administração é burra o bastante para cair nessa, todos nela merecem o que acontecer". Outros declararam que o indivíduo era influente demais para ser desafiado por eles; esses observadores preferiam ficar longe do fogo cruzado.

Durante entrevistas confidenciais feitas para nossa pesquisa, ouvimos histórias que nos ajudaram a entender as manobras psicopáticas que ocorreram, à medida que membros do grupo de observadores ofereciam voluntariamente inúmeras referências a comportamentos mentirosos. "Ele é mentiroso e manipulador. É incrível que seja tão bem-sucedido, mas, também, talvez não seja incrível, considerando-se como são tocados os negócios hoje em dia" foi a conclusão de alguns deles. Com frequência, identificavam os funcionários psicopáticos como fonte de problemas em departamentos, em vários casos fazendo as pessoas entrarem em conflito umas com as outras de propósito. "Ela conta uma história para algumas pessoas e outra, totalmente diferente, para outras. Às vezes, diz para alguém que 'Fulano disse isso de você' e aí faz o mesmo com a outra pessoa", afirmou um colega, exasperado. "É muito coisa de ensino médio."

Como suspeitávamos, muitos desse grupo inicialmente gostavam de seus colegas manipuladores, mas aprenderam a desconfiar deles com o tempo. "Ele é rude, egoísta, irresponsável e nada confiável", disse um colega, "mas houve uma época, logo quando ele entrou na empresa, em que gostava muito dele." "Eu sabia que as histórias dela eram exageradas", comentou outra pessoa. "De fato, muitas vezes eram completamente falsas, mas nunca quis — acho que *nenhum de nós* quis — confrontá-la por conta de suas mentiras. Por um tempo, ela foi divertida. Não consigo rir das peripécias dela agora; no melhor dos casos, acho que ela é um exemplo lamentável." Depois de uma pausa, esse colega prosseguiu: "Mas isso significa dar a ela muito mais crédito do que merece — ela é uma cobra".

POLÍCIA ORGANIZACIONAL: OS ANTAGONISTAS

Alguns indivíduos fazem o papel da polícia nas empresas; são cargos projetados para manter a ordem e o controle. Eles podem ser os responsáveis por segurança, auditoria e controle de qualidade, entre outras funções. São necessários para o bom funcionamento de qualquer organização, mas são uma ameaça para os psicopatas corporativos, que tentam evitá-los o máximo que puderem. Se alguém nesse papel suspeita de que algo está errado, seu trabalho é confrontar a pessoa e/ou expor o comportamento para alguém na chefia. Muitos desses indivíduos têm excelentes habilidades investigativas e pensamento crítico, com um senso de responsabilidade especial, tipicamente fomentado por valores morais e pela ética pessoal e profissional.

Embora fossem poucos e raramente interagissem todos os dias com o psicopata, descobrimos que esses membros da equipe eram particularmente astutos no que dizia respeito a suas suspeitas. "Esse cara não é flor que se cheire", disse o auditor que revisava os relatórios de despesas. "Não confio nela. É boa demais para ser verdade", disse a supervisora de controle de qualidade. "Uma sensação ruim", disse o gerente de segurança. "Vou vigiá-lo por algum tempo."

No contexto corporativo, pessoas nessas funções às vezes são chamadas de "Polícia Organizacional". Apesar de muitas fazerem cara feia quando apresentadas por esse apelido, seu papel, assim como seus congêneres públicos, é o de proteger a organização e seus integrantes. Acreditamos que, por estarem alertas para comportamentos desonestos e possivelmente ilegais, como mentir, trapacear, intimidar e roubar, esses indivíduos têm a habilidade de descobrir a manipulação psicopática logo cedo. Infelizmente, ao menos em alguns dos casos que analisamos, a polícia organizacional não foi capaz de efetuar muitas melhorias. Alguns não conseguiram ir além de levar a público suas observações, coletar informações sobre violações da política da empresa e levantar questões sobre comportamento interpessoal "questionável", falhando em influenciar decisões gerenciais acerca do golpista bem estabelecido. Sem o apoio da diretoria, a polícia organizacional com frequência é incapaz de descobrir e lidar com o comportamento criminoso do psicopata corporativo.

SINAL DE ALERTA: VISÕES DISCREPANTES

O mais impressionante nesses e em outros casos foram as reações mistas dos colegas de trabalho do psicopata corporativo. Em todos os casos, encontramos uma forte discrepância de percepções entre aqueles que viam seus atos sob uma perspectiva positiva e favorável e aqueles que os viam sob uma ótica negativa. Perguntamo-nos como uma persona fictícia podia continuar funcionando em um ambiente com percepções negativas e dúvidas. Por fim, ficou óbvio que os psicopatas estavam equilibrando de maneira eficaz as perspectivas discrepantes de seus colegas e confiando em seu charme consistente, em intimidação ocasional, na natureza confiante básica das pessoas e em mudanças organizacionais frequentes para manter sua ficção psicopática intacta aos olhos daqueles que mais importavam. De um lado, os apoiadores (chamados de peões e patronos) sentiam que eles eram colaboradores valiosos para o sucesso da organização, ou seja, gente que trabalhava bem em equipe e funcionários confiáveis. Por outro lado, os detratores (rotulados como figurantes e polícia organizacional) relatavam todo tipo de comportamento dissimulado, enganoso e manipulador cometido por esses mesmos indivíduos.

É normal que as pessoas sejam apreciadas por alguns e rejeitadas por outros. Isso é verdadeiro no trabalho, assim como em casa ou na escola. Entretanto, em uma empresa, geralmente há uma perspectiva majoritária baseada em um assunto organizacional específico e identificável, como uma disputa entre departamentos, e uma visão minoritária, baseada em alguma questão pessoal, como inveja. Batalhas políticas normais raramente emergem de maneira tão clara e intensa como nos casos que envolvem um psicopata. Claramente, os detratores desprezam esses indivíduos e os apoiadores quase o veneram. Era como se os funcionários estivessem descrevendo-nos duas pessoas totalmente diferentes. Em um grande número dessas situações, parecia que o psicopata podia passar de afetuoso e amigável para frio, distante e quase hostil, dependendo de com quem estivesse interagindo.

TAREFA NÚMERO 3: ABANDONAR AQUELES QUE PERDERAM SUA UTILIDADE, OS BODES EXPIATÓRIOS

Como os psicopatas não precisam manter sua fachada para os indivíduos que não consideram mais úteis, eles geralmente os abandonam. Cônjuges e filhos deixados sem nenhum sustento e idosos que entregaram o dinheiro poupado ao longo de toda a vida são exemplos comuns na sociedade. O abandono nem sempre leva à compreensão de que a pessoa foi usada ou enganada. Por exemplo: a cegueira a tal realidade pode ser vista nas percepções de um investidor que ainda acredita nas boas intenções de um golpista desmascarado, a despeito de ter perdido sua poupança.

Nas empresas, o psicopata acaba abandonando o peão, tanto no sentido social — o psicopata não se associa mais a ele — como no sentido psicológico — a amizade estabelecida como parte do elo psicopático esfria. Ainda assim, como o psicopata está trabalhando em uma empresa e não pode fugir da cena do crime, o abandono se torna nítido e óbvio para os afetados, assim como para aqueles ao seu redor. Essa mudança dramática, de colega de trabalho amistoso para estranho frio e impassível, afeta as vítimas de forma previsível: elas costumam primeiro questionar seu próprio comportamento, culpando a si mesmas pela mudança que sentem no psicopata. "O que foi que eu fiz?" é uma pergunta comum. Embora as vítimas possam ainda não entender o que aconteceu, começam a ter vislumbres da personalidade psicopática verdadeira — uma compreensão que entendemos ser "de causar arrepios".

No final, os peões percebem que sempre foram bodes expiatórios. Sentem-se traídos, maculados e, com frequência, incapazes de acreditar que sua confiança foi traída pela pessoa de quem gostavam e em quem confiavam. Além disso, descobrimos que nem sempre se davam conta da verdade apenas diante de grandes acontecimentos. Às vezes, um incidente pequeno já mudava suficientemente sua percepção para que a verdadeira natureza da "cobra" entre eles ficasse evidente. No entanto, o embaraço e a vergonha geralmente impediam que falassem algo.

Membros da empresa dispostos a discutir conosco suas interações com seus colegas abusivos e manipuladores relataram que se sentiram abandonados quando esses colegas transferiram sua atenção para outros. Também narraram vivenciar a reação mais comum entre as vítimas: o *silêncio* devido à vergonha de terem sido enganados. Como tantas outras vítimas, eles não queriam revelar sua vergonha. Essa reação, é claro, favorece o jogo do psicopata, que acaba protegido pela tendência ao sigilo e ao segredo. Curiosamente, alguns também sentiram decepção quando o psicopata em sua empresa voltou sua atenção para outras pessoas na organização. Eles perderam algo que valorizavam — um amigo próximo — quando o psicopata deixou de usá-los. Contaremos mais sobre o impacto da manipulação psicopática no Capítulo 12.

TAREFA NÚMERO 4: CONFRONTO

Ao longo do tempo, as habilidades de manipulação dos psicopatas são desafiadas pela necessidade constante que eles têm de administrar a discrepância crescente nas percepções sobre eles por parte de um grande número de colegas de trabalho. Acreditamos que passa a ocorrer uma ruptura quando a rede de mentiras e manipulação do psicopata se torna difícil de controlar, e pessoas demais têm vislumbres de seu lado sombrio. Cedo ou tarde, *alguém* tenta fazer algo a respeito. Ex-peões podem desafiar ou confrontar o psicopata e talvez até levar a situação para a mesa da chefia. Infelizmente, a essa altura o psicopata já se posicionou tão bem nas redes de influência já estabelecidas com a hierarquia de poder que consegue virar a acusação *para os funcionários que estão reclamando*: a credibilidade deles é "gerenciada" e sua tentativa de revelar o psicopata, esvaziada.

Isso intimida os espectadores de duas formas. Quem trabalha com o funcionário derrotado vê os efeitos desmoralizantes de perto e conclui que não vale a pena lutar contra o psicopata. Outros podem presumir que a empresa selecionou o psicopata para futuros papéis de liderança e o julga perfeito, sendo, portanto, imune a ataques. Passam a crer que essa pessoa não pode ser desafiada e é protegida pela alta gerência. Alguns podem concluir que a equipe de gestão não é tão astuta quanto pensavam e, em vez de sinalizar para a alta gerência que há uma pessoa mentirosa a bordo, preferem esperar para ver. O aumento na inação cautelosa entre os colegas de trabalho é outro efeito sutil, mas poderoso, que o comportamento psicopático exerce sobre a cultura da organização. Conforme o psicopata neutraliza rivais e detratores, permanece livre para continuar operando sem desafios.

Ao criar um ambiente seguro dos ataques de rivais, o psicopata pode manter suas operações por um longo período.

Dado esse cenário, poderíamos prever que, no final, os psicopatas fracassariam, seriam descobertos, ofenderiam a pessoa errada, e então a organização os removeria antes que causassem mais estragos financeiros ou psicológicos. Mas não é o que acontece. A maioria daqueles que estudamos ao longo dos anos ainda desfrutam carreiras bem-sucedidas em suas empresas originais. As poucas exceções trocaram essas companhias por empregos melhores em outras organizações — às vezes, na concorrência. Infelizmente, as empresas destituíram muitas vítimas de seus cargos, prejudicando suas carreiras ou as fazendo ir embora, desgostosas.

A manifestação natural da manipulação psicopática — avaliação, manipulação e abandono — é comum entre os psicopatas na sociedade. Para o psicopata corporativo, acrescentamos um passo inicial para capturar o processo de que se utilizam para poder ingressar na organização e, agora, acrescentaremos uma fase subsequente, que chamaremos de *Ascensão*.

TAREFA 5: ASCENDER

Psicopatas corporativos conseguem construir carreiras que chegam a cargos cada vez mais altos na organização. Não precisam ascender ao cargo de CEO, é claro, mas uma posição que muitas vezes lhes parece imediatamente atraente é a ocupada por seu patrono.

A Ascensão pode ocorrer quando a rede de manipulação do psicopata se expandiu a ponto de incluir toda a estrutura de poder da organização e todos que ocupam papéis cruciais estão do seu lado. Quase simultaneamente, e parecendo vir da noite para o dia para a vítima, *toda a estrutura* de poder transfere seu apoio do patrono para o psicopata, que é elevado à posição de seu patrono, agora deposto. O patrono — anteriormente detentor de poder e status elevados —, que protegia o psicopata de questionamentos e acusações, que facilitava promoções rápidas, tarefas de alto nível e rotatividade de funções, agora se vê traído. Tristemente, o patrono se torna um bode expiatório, perdendo status na organização e, com frequência, seu emprego para o psicopata.

QUESTÕES PARA DISCUSSÃO

⭢ Considere os papéis principais no drama psicopático (Peões, Patronos, Bodes Expiatórios e a Polícia): você já observou alguém com traços psicopáticos manipular colegas de trabalho nesses papéis?

⭢ Você se manifestou dizendo alguma coisa?

O CASO DE DAVE

ATO 3, Cena 2

UM ERRO INOCENTE?

Frank saiu do elevador no seu andar e pegou o cartão para abrir o quarto. Ele teve que passar o cartão na fechadura duas vezes antes que a porta se abrisse. Entrou na suíte, largou a maleta perto da porta e jogou a pasta com o computador na cama. Rapidamente tirou o laptop de lá e apertou o botão para ligar. O sistema levaria alguns minutos para carregar, então ele apanhou algumas notas de dinheiro no bolso do casaco, pegou o balde de gelo e saiu do quarto em direção às máquinas de venda automática. O zumbido da máquina de gelo o guiou pelo corredor e, depois de uma curva, ele a encontrou. Sabia que ficaria acordado até tarde. Precisava de cafeína para combater os dois martínis que tomara com John no bar mais cedo. Em um instante ele tinha dois refrigerantes e um balde de gelo nas mãos e já se encontrava a caminho do quarto. *É bom que haja um e-mail do Dave*, pensou consigo mesmo, ficando mais bravo e andando mais depressa.

E-mails e mais e-mails rolaram pela tela. A maioria era spam. Finalmente ele a viu, uma mensagem de Dave.

— Certo, vamos ver o que é isso — resmungou consigo mesmo, abrindo o e-mail.

Havia um anexo, um bom sinal — o primeiro em muitas horas. Frank leu a mensagem:

Frank, escutei seu recado, mas não entendi
do que você estava falando. Eu deixei o pen-drive
na sua mesa na sexta-feira à tarde.
De qualquer forma, fui até o escritório e o
encontrei no chão da sua sala. Imagino que você
tenha levado a pasta, mas o pen-drive deve ter
caído. Aqui está. Também enviei uma cópia para
o John, caso você não chegasse a tempo.
Você parecia aborrecido.

— Deixou o pen-drive no escritório? — Frank perguntou-se em voz alta. Como alguém tentando freneticamente encontrar um molho de chaves perdido, Frank repassou mentalmente seus passos na sexta-feira à noite repetidas vezes. — Caiu no chão?

Frank estava confuso, mas precisava manter a concentração. Estava ficando tarde, e ele ainda tinha que se preparar para a reunião do dia seguinte. Clicou no anexo do e-mail e o primeiro slide da apresentação apareceu. Ele analisou o documento lentamente, parando aqui e ali para ler o texto. Demorou-se um bom tempo no primeiro gráfico, verificando os números. Buscou o gráfico no arquivo original que havia encontrado em sua sala. Eram os mesmos gráficos? Não, eram diferentes, bem diferentes. De fato, tirando algumas informações introdutórias e alguns gráficos, a apresentação inteira era diferente daquela que havia apanhado em sua mesa na última sexta-feira. A mente de Frank dividia-se entre tentativas de responder à pergunta *O que diabos aconteceu?* e de se concentrar no que diria na reunião.

Tomando outro gole de refrigerante, Frank continuou a estudar a nova apresentação. Gostou do que viu. Por fim, um profundo sentimento de tranquilidade o dominou. *Isso está bom, isso está realmente muito bom*, pensou ele, sorrindo.

Ao terminar de revisar a apresentação e de fazer anotações para a sua palestra, Frank guardou o computador e se preparou para ir dormir. *O comitê vai gostar muito*, pensou, aconchegando-se sob as cobertas e apagando a luz. *Dave conseguiu.*

Mas sua tranquilidade não durou muito. *Mas como é que eu posso ter deixado isso no escritório? Eu guardei tudo o que encontrei na minha maleta.* Frank começou a fazer os exercícios de respiração que aprendera no curso de administração do estresse. *Não me espanta que John esteja contente. É um plano bastante criativo e bem pensado.* Frank suspirou, sorrindo outra vez, enquanto tentava se concentrar no que havia de positivo. *Ainda bem que eu trombei com o John no saguão e ele falou tão bem do plano. Eu podia ter descoberto isso só amanhã de manhã — que pesadelo — se Dave não tivesse encontrado o pen-drive na minha sala.* Mas será que tinha sido isso mesmo?

Os olhos de Frank se abriram. A paranoia começava a dominá-lo.

QUESTÕES PARA DISCUSSÃO

➲ O que acabou de acontecer? Pense em três explicações possíveis para esses eventos.

➲ O que John pensa de Dave?

➲ O que Frank pensa de Dave?

➲ O que ocorreu foi um erro inocente?

7

CAOS E ESCURIDÃO:
OS AMIGOS DO PSICOPATA

GINNY ESTAVA EM SEU ESCRITÓRIO REVISANDO A AGENDA DE ENtrevistas do dia. Pegou o material de Al na pilha e folheou o conteúdo da pasta. Suspirou enquanto lia o arquivo. *Outro daqueles*, pensou, já prevendo o tédio que sentiria durante a conversa. *Mas talvez ele me surpreenda.*

A recepcionista ligou para Ginny e informou-lhe que Al estava na sala de espera. Ginny foi buscá-lo, carregando os arquivos, e guiou-o ao seu escritório em meio ao labirinto de cubículos, copiadoras e salas de conferência.

— Foi fácil encontrar o prédio? — perguntou ela, sorrindo.

— Difícil de errar, na verdade — disse Al, em um tom levemente sarcástico, enquanto analisava o leiaute do departamento.

Chegaram ao escritório de Ginny e ela indicou uma cadeira para Al. Ele olhou ao redor, obviamente desapontado com o tamanho do espaço, as pilhas de papéis e pastas e a mobília metálica barata. Al não via nada do tipo há anos. Como vice-presidente de finanças da Acme Tech, havia se acostumado a carvalho, mogno e teca.

— Belo escritório — disse ele, com um sorriso falso.

Ginny revisou as informações que Al havia fornecido nos formulários. Enquanto averiguava o seu histórico profissional, fazia perguntas incisivas sobre as responsabilidades que tivera em empregos anteriores, quais eram as suas habilidades e como eram as suas interações com os outros. Ela também perguntou sobre sua família e criação.

— Nós éramos bem pobres — disse Al, orgulhosamente —, e eu trabalhava enquanto estudava, sustentando minha mãe e minhas irmãs mais novas também. Tive que me tornar o homem da casa bem cedo, porque meu pai era um bêbado que nos deixou sem nada.

Ginny fazia anotações conforme Al falava, às vezes usando sua lista preparada de questões como referência.

— Que tipo de trabalho você está fazendo agora? — inquiriu ela.

— Estou fazendo um pouco de consultoria, mas não muito, na verdade. Estou procurando a vaga certa.

— Que tipo de vaga seria essa, então? — perguntou ela, marcando algumas opções em sua tabela e escrevendo alguns comentários.

— Vice-Presidente de Finanças — Al disse, fazendo uma pausa ao ver que Ginny tinha parado de escrever no meio de uma palavra. — Esse era o meu cargo na Acme Tech… Por que deveria me contentar com menos? Tenho bastante experiência em finanças e um longo histórico de realizações, como pode ver no meu currículo. Seria uma boa decisão para qualquer empresa contratar alguém com a minha experiência. Eu só dei um pouco de azar. A culpa não foi minha, como você sabe, se leu minha carta de apresentação. Havia alguns executivos desonestos na equipe da Acme. Eles colocaram a culpa em mim porque sempre fui duro com eles. Eu era, claramente, o melhor líder que a empresa tivera em muito tempo, então armaram para cima de mim.

Ginny continuou tomando notas e fez mais perguntas.

— Então você pode ser um chefe durão?

Al estava pronto para essa pergunta. Era o momento de fazer o seu discurso:

— Sim, pode apostar que posso, sim. Do tipo que convence a equipe a fazer horas extras e oferecer aquele empenho extra pelo bem da empresa! — disse, com um sorriso brilhante. — Mas não sou durão com todo mundo. Algumas pessoas não reagem bem a essa abordagem, sabe como é. Precisam ser mimadas. Eu faço isso também — continuou, assentindo com a cabeça. — Um líder precisa ser flexível. Eu era tranquilo com os chefões e, quando necessário, duro com os subordinados. Subordinados gostam de chefes fortes. Faz com que se sintam à vontade.

Por cima da cabeça de Al, Ginny espiou de soslaio o relógio na parede. Notando isso, ele continuou, falando mais depressa:

— Eu tenho o estilo, a inteligência e a aparência certas para qualquer vaga de VP. Trabalhei duro durante toda a minha carreira e nunca tive medo de confronto. Se alguém quiser ser bem-sucedido, tem que ser ambicioso — disse, inclinando-se para a frente e gesticulando — e meter a faca nas costas da concorrência, certo? Eu mostrei a eles que estava pronto para me misturar com os lobos e não fraquejar se houvesse alguém no meu caminho. Tomei decisões duras, das quais outras pessoas não gostaram, e não tive medo de usar seu desagrado para expor sua deslealdade para com a empresa. — Al recostou-se na cadeira, fez uma pausa e disse: — Eu sempre defendi a empresa. Elogiava as metas, os objetivos, sua missão, visão e o que quer que achassem importante. Também sempre fui bom no trabalho em equipe. Mantinha as pessoas importantes por perto e provei, repetidamente, a minha lealdade. Isso compensou, porque recebi promoções, tinha um salário alto, salas bacanas, carros e essa coisa toda. É difícil, para mim, admitir isso — Al fez uma pausa dramática —, mas eles estavam me tapeando o tempo todo e eu nem sabia. Nunca me dei conta de que eles eram na verdade um bando de escroques que estavam me usando. Fui o bode expiatório.

Ginny o interrompeu e indicou o encerramento da reunião.

— Aqui estão as suas cópias do termo de consentimento e da sentença. Espera-se que você pague a restituição em parcelas fixas. Vamos combinar o cronograma específico em nossa próxima reunião. Você tem que procurar um emprego e me trazer uma lista das empresas em que se candidatou, com números de telefones para os quais eu possa ligar para verificar. Vamos nos reunir semanalmente, aqui no meu escritório, até você conseguir se ajeitar e, depois disso, quinzenalmente. Eu o inscrevi em um processo de aconselhamento, e a pessoa virá se reunir com você assim que tivermos terminado por aqui. Você vai participar da terapia de grupo uma vez por semana e também de alguns cursos sobre como administrar suas finanças e a raiva. Ele vai me relatar como você está se saindo. Tem alguma dúvida?

— Não — disse Al, dando um falso sorriso humilde. — Eu sei o que preciso fazer e, pode confiar, vou devolver tudo. Meu objetivo é recuperar minha integridade. Obrigado por me ajudar e por ver o meu lado das coisas.

Ginny se levantou quando o conselheiro chegou no horário marcado.

— Olá — disse ele para Al —, venha comigo. Vou apresentá-lo a alguns dos outros.

Enquanto Al saía com o conselheiro, Ginny terminou suas anotações. Acrescentou algumas observações, completou a avaliação e fechou a pasta, colocando-a no topo de uma das várias pilhas sobre sua mesa. *Nenhuma surpresa sobre a personalidade dele*, pensou.

Estava se dirigindo à copa para pegar outra xícara de café quando encontrou uma colega, também oficial de liberdade condicional.

— Como foi a sua manhã? — a colega perguntou.

— Sabe, esses criminosos do colarinho branco são os piores — disse ela. — Levam um tapinha na mão de castigo, nunca vão presos, gabam-se do feito, botam a culpa em todo mundo menos em si mesmos e daí, quando conseguem outro emprego, fazem tudo de novo. Quanta atitude! Prefiro sempre um ladrão de carros a um desses caras. Pelo menos ladrões de carro são honestos.

QUESTÕES PARA DISCUSSÃO

➲ Quais traços psicopáticos Al exibiu em sua conversa com Ginny?

➲ Como ele tentou manipulá-la?

A PSICOPATIA CORPORATIVA ESTÁ CRESCENDO?

Nem todos os psicopatas abraçam uma vida de crimes, e apenas de 15 a 20 por cento dos criminosos encarcerados têm personalidade psicopática. Entretanto, no início do século XXI, parecia que o número de crimes financeiros havia disparado, conforme as manchetes revelavam grandes fraudes corporativas por todo o mundo. Além disso, potencialmente existem muito mais casos, como o de Al, que não chegam a render grandes manchetes. Quais são as razões para isso acontecer? Será que o número de psicopatas corporativos aumentou ao longo dos anos?

Uma explicação possível é que nos tornamos muito melhores em identificar traços psicopáticos nos indivíduos. Desde sua criação, investigadores e médicos já usaram o PCL-R e seus derivados em mais de mil estudos. Todavia, no momento em que escrevemos este livro, apenas um deles abordava o psicopata corporativo (ver o Capítulo 9 para uma análise detalhada dessa pesquisa). Outra possibilidade, mais sistêmica, é que o ambiente empresarial em geral tenha mudado com o tempo, de modo que os traços e comportamentos psicopáticos tenham se tornado mais aceitáveis.

CONTRATO EMPREGATÍCIO PSICOLÓGICO

As pessoas adentram grandes organizações por causa dos vários benefícios oferecidos: a chance de construir uma carreira, acesso a recursos financeiros e técnicos que indivíduos raramente conseguem sozinhos e a oportunidade de crescer. O "contrato psicológico" que definiu as relações empregatícias entre as décadas de 1940 e 1970 incluía estabilidade no emprego, benefícios relacionados à saúde e à aposentadoria e um trabalho para a vida toda. O "relógio de ouro" ao se aposentar era um dos símbolos dados àqueles que trabalharam duro, entregaram um serviço de qualidade e seguiram as regras. Lealdade e competência eram os alicerces desse contrato, e ele garantia aos funcionários uma sensação de segurança, confiança e respeito, enquanto fornecia aos empregadores a força de trabalho bem treinada e experiente de que precisavam para competir com a concorrência.

As teorias administrativas populares nessa época se concentravam na manutenção desse contrato psicológico, o que deveria ser feito por meio da construção e do aprimoramento da autoestima dos funcionários, ouvindo-se e respondendo-se às suas ideias e se tirando proveito de necessidades humanas básicas, como segurança, interação social, progresso na carreira e *autoatualização*, um termo que representava a necessidade psicológica de cada um alcançar seu potencial na vida. No final da década de 1970, modelos de administração baseados em equipes substituíram as tradicionais hierarquias de comando e controle. Os funcionários tomavam suas próprias decisões a respeito de seu trabalho, e as organizações começaram a integrar sistemas e processos em sua cultura, como círculos de controle de qualidade e gestão participativa, que conectavam a satisfação dos funcionários à lucratividade da empresa, os elementos mais importantes.

Uma taxa de rotatividade entre 3 e 5 por cento parecia normal, e era gerenciada por meio de programas de recrutamento, colocação e planos de carreira. As transformações tecnológicas eram relativamente lentas nesse período, então era possível administrá-las de forma eficiente. Grandes mudanças nos negócios às vezes exigiam substituir funcionários por outros mais instruídos e familiarizados com as tecnologias mais recentes, mas, com tempo e recursos suficientes, era possível treinar muitos funcionários para enfrentar os desafios. Muitas empresas e a maioria das pessoas eram capazes de se adaptar muito bem, e, embora no limite, ainda era possível manter o contrato psicológico. E aí, a própria natureza da mudança mudou.

A MUDANÇA FAZ PARTE DA VIDA

O ritmo de mudanças nos negócios — e em muitos outros aspectos da vida — acelerou-se dramaticamente durante as décadas de 1980 e 1990. Novas tecnologias começaram a avançar mais rápido do que a habilidade de muitas empresas de acompanhar esse progresso. As mudanças vieram depressa demais e eram muitas de uma vez só. Parecia não haver bonança entre as tempestades e pouquíssimo tempo para lidar com a frustração do dia antes que outra tempestade chegasse. A demanda por produtos de melhor qualidade e mais baratos superou a capacidade de muitas empresas de cortar custos e ainda satisfazer as exigências de qualidade e entrega. Controles governamentais tornaram-se mais rígidos em muitas áreas. Os avanços na informatização, em particular, levaram a mudanças sociais dramáticas também na força de trabalho.

Algumas dessas mudanças tiveram um efeito positivo. A Internet abriu um mundo completamente novo de exploração e conhecimento. As pessoas já não precisavam mais se lembrar de detalhes específicos, podendo pesquisar na rede enquanto jantavam em um restaurante para resolver uma discussão sobre algum fato. O comércio avançou a ponto de as pessoas poderem fazer compras ou usar serviços bancários de casa, a qualquer hora do dia ou da noite, e o número de pequenas empresas cresceu enquanto os mercados se abriam, algo que se julgava impossível. A educação — a respeito de basicamente tudo — está agora disponível a um número maior de indivíduos no mundo todo.

Também tem havido efeitos negativos desse ritmo acelerado de mudanças. Organizações grandes tiveram que se reinventar rapidamente para continuarem competitivas. Em uma manobra defensiva, algumas empresas se fundiram, adquiriram outras ou transferiram suas operações para o exterior apenas para manter sua condição financeira. Um grande número de pessoas perdeu o emprego, o que alterou de forma drástica a economia, assim como a sociedade em geral.

O impacto operacional desse período de instabilidade foi tal que parecia haver pouco tempo para o projeto e a construção de políticas, procedimentos e sistemas novos e mais eficientes antes da chegada de novas mudanças. Em contraste com as organizações burocráticas à moda antiga, construídas sobre uma base de estabilidade, consistência e previsibilidade, as novas organizações *transitórias* tiveram que abrir mão desses "luxos" e se tornaram mais fluidas, em face de um futuro instável, inconsistente e imprevisível. Assim, apenas pela sobrevivência, muitos processos burocráticos foram descartados por não serem mais eficazes (ou eficientes), e o tempo e a energia para sustentá-los já não se justificavam. As organizações se "achataram" conforme cargos intermediários de gestão foram sendo eliminados, em um esforço de racionalização das tomadas de decisão. As empresas terceirizaram ou transferiram completamente os serviços de apoio para outras regiões para poupar tempo e dinheiro. Esse grau de mudança não permitia que líderes mantivessem os mesmos compromissos com o vínculo empregatício de longo prazo de seus predecessores. Uma força de trabalho em declínio tinha que fazer mais com menos ou juntar-se aos colegas que haviam perdido seus empregos. Em algum ponto do caminho, o contrato psicológico cedeu espaço para um mundo em que a relação funcionário-empregador se tornou algo *transitório* em vez de uma parceria de longo prazo. As pessoas e suas habilidades eram agora mercadorias cujo valor podia variar de acordo com as demandas predominantes da tecnologia. Isso afetou dramaticamente executivos, gerentes e funcionários de maneira emocional, psicológica e social — fazendo com que até os mais confiantes sentissem que perderam o controle de suas vidas.

JÁ CHEGAMOS?

O caos acontece quando a turbulência nos negócios ou na indústria supera a capacidade de reação efetiva de uma empresa. Poucas estão prontas para lidar efetivamente com mudanças caóticas, e a evolução não tem ajudado, andando a seu próprio ritmo lento. Quando jogados em situações de mudanças caóticas, nós, funcionários e gerentes, vivenciamos sentimentos intensos de frustração, estresse, sensação de perda de controle e ansiedade.

Agora, imagine que o cenário de mudanças rápidas se torne a *regra*, em vez de a exceção. A mudança de ontem está mudando hoje e mudará de novo amanhã. Parece não haver luz no fim do túnel. As empresas que se preocupavam em determinar a "visão" ideal da organização do futuro agora se veem em um estado transitório constante. Além disso, nem tudo muda no mesmo ritmo, e elementos inter-relacionados se separam, tornando mais confuso um momento já instável. Como resultado, as empresas em constante transição são caracterizadas por regras e políticas de trabalho ultrapassadas, impraticáveis ou inexistentes; pela tomada de riscos inconsistentes; por tolerância maior a comportamentos controversos, talvez até abusivos; e por sistemas de mensuração e redes de comunicação antiquados. No melhor dos casos, o futuro ideal dessas organizações é incerto; no pior, é puro caos.

Quem obtém sucesso nesse ambiente e nessa nova cultura de mudanças? A maioria dos especialistas em gerenciamento concorda que, para sobreviverem ao caos, funcionários, gestores e executivos devem adotar a mudança constante como um estilo de vida e de trabalho — o termo administrativo para isso é *abraçar as mudanças*. Eles devem se tornar pensadores ágeis, mais assertivos e persuasivos. Devem ser mais criativos, capazes de projetar, desenvolver, construir e vender novos produtos e serviços para satisfazer demandas em constante evolução, em um mundo no qual a concorrência é feroz e os consumidores são muito seletivos. Devem aprender a se sentir confortáveis tomando decisões de maneira mais rápida e com menos informação e, também, a se recuperar de erros mais depressa. Devem estar dispostos a viver com as consequências, mesmo que seja o fracasso. Devem assumir o controle de suas próprias carreiras, reavaliando seus talentos e habilidades e, então, reempacotando-os para o novo mercado. Enquanto nossos pais e avós trabalharam em uma ou duas empresas a vida toda, nós temos que estar preparados para passar por seis ou sete.

Organizações que sobrevivem a tempos caóticos são aquelas cujos funcionários não apenas ficam confortáveis com a incerteza, mas que também conseguem construir sistemas, processos e estruturas capazes de prevê-la e flexíveis o bastante para reagir a ela (ou seja, mudar novamente, conforme o necessário). Para fazerem isso, empresas em transição bem-sucedidas precisam de menos *regras supérfluas* (que atrasam o progresso) e *regras críticas à missão* (aquelas que mantêm o negócio nos trilhos) mais claras. Elas precisam de um conjunto de princípios norteadores muito mais significativos, que os gerentes possam usar para tomar decisões conscientes quando surgem novos problemas e situações únicas. Ter valores claros e compartilhados e ater-se a eles inabalavelmente é o segredo. Então, quem obtém o sucesso nesse ambiente empresarial tumultuado? Ver S 7.1: *A Oportunidade Bate.*

ENTRA O EMPREENDEDOR, À DIREITA DO PALCO

No topo da nossa "lista de sucesso" estariam os indivíduos com *espírito empreendedor*, aqueles que gostam de mudança, dos desafios que ela traz e das oportunidades que oferece. Empreendedores, seja nos negócios, seja na ciência, parecem ter uma alta tolerância para a frustração. Ao contrário da crença popular, porém, nem todos os empreendedores começam suas próprias empresas com dinheiro próprio ou de investidores. De fato, há evidências de que muitos empreendedores podem ser muito eficientes trabalhando em grandes empresas, particularmente aquelas dispostas a fazer concessões às suas necessidades. Empreendedores requerem acesso a recursos, um fluxo contínuo de desafios para fazer coisas novas e excitantes, reconhecimento pessoal do sucesso, feedback sobre os fracassos e, acima de tudo, liberdade para agir. Embora essas concessões sejam difíceis de obter em burocracias antiquadas, a organização em transição — forçada a fazer mudanças em seu modelo de negócios, de um jeito ou de outro — está na posição ideal para adotar essas novas abordagens. Ao substituírem o contrato psicológico do emprego para a vida toda, abandonado há muito tempo, pelo novo *contrato psicológico empreendedor*, organizações em transição podem ganhar a flexibilidade necessária para sobreviver ao caos. Nesse sentido, devem tratar os funcionários como colaboradores individuais, responsáveis pelo desenvolvimento da própria carreira, e recompensá-los com salários vultosos para solucionar problemas de maneira inovadora e rápida — além de lhes dar a chance de trabalhar em projetos novos e empolgantes. A simbiose entre funcionários com talentos empreendedores e a organização em transição pode levar à reinvenção, reconstrução e revitalização constante de que ambos precisam para sobreviver e crescer. Quando bem administrados (mediante novas técnicas de gestão, é claro, não as antigas), os resultados podem ser impressionantes.

Infelizmente, é bem mais fácil teorizar a respeito desse modelo de negócio do que implementá-lo de verdade. Existem vários motivos para isso, todos muito humanos. É muito difícil convencer executivos, gerentes e funcionários ativos de que deveriam abrir mão de sua necessidade de segurança e proteção — que já não fazem parte do contrato — em troca de um modelo no qual suas habilidades e aptidões podem passar a não valer nada no futuro, com a empresa não sentindo nenhuma obrigação de mantê-los. Portanto, para as empresas, é difícil reconquistar a lealdade dos funcionários, especialmente se ela tiver rompido o contrato psicológico do emprego para a vida toda, substituindo-o por um contrato psicológico empreendedor. A gestão da credibilidade, uma das bases da lealdade dos funcionários, também não está mais imune a questionamentos — "Como é que deixaram a empresa chegar nessa situação?" e "Mas eles não previram isso?" são perguntas recorrentes que as pessoas no controle devem enfrentar constantemente de seus trabalhadores se esperam atrair e reter empreendedores talentosos. Finalmente, aqueles com poder e autoridade raramente abrirão mão de sua posição de livre e espontânea vontade, ainda que seja pelo bem maior da organização.

Esses indivíduos podem se sentir ameaçados pela erosão de seus próprios postos e sabotar a transição em virtude de seu senso de merecimento desmedido. (O ex-presidente dos Estados Unidos George Washington foi um dos poucos grandes líderes a rejeitar a "majestade" e se recusou a continuar no cargo quando sentiu que havia completado o serviço. Compare o seu exemplo com a prática de ditadores, aspirantes a ditadores e políticos ambiciosos.)

As organizações, com frequência, procuram o espírito empreendedor em novos funcionários muito mais jovens e menos experientes. É mais fácil e menos dispendioso fazer isso do que converter aqueles que já se encontram a bordo, porque os candidatos de uma geração mais nova estão confortáveis em lidar com mudanças tecnológicas, já que fizeram isso a vida inteira. Compreensivelmente, os empregados antigos podem não querer apoiar os novos funcionários empreendedores, que parecem receber mais atenção do que os anteriores jamais receberam. No mínimo, isso pode criar inveja na equipe atual, especialmente se lhe for solicitado que abra mão de recursos preciosos (como projetos cobiçados, dinheiro e funcionários) que possa ter lutado muito para conseguir. E tudo isso presumindo-se que as empresas possam encontrar indivíduos no mercado de trabalho que tenham *de fato* um espírito empreendedor, uma tarefa muito mais difícil do que o esperado, uma vez que a disputa por eles é feroz e há muitos candidatos jovens que se descrevem como empreendedores, mas a quem faltam a experiência e as credenciais necessárias.

ENTRA O PSICOPATA, À ESQUERDA DO PALCO

É aqui que o psicopata corporativo se encaixa na história. Será que alguém com uma personalidade psicopática e sem ânimo de ganhar a vida honestamente, de modo geral, estaria interessado em trabalhar em uma dessas empresas em transição? Infelizmente, a resposta que encontramos é sim, já que as organizações ficaram mais acolhedoras para psicopatas nos últimos anos. O rápido crescimento dos negócios, cortes cada vez maiores, reorganizações frequentes, fusões, aquisições e empreendimentos conjuntos aumentaram, inadvertidamente, o número de oportunidades de emprego atraentes para indivíduos com personalidade psicopática — sem que eles tenham que corrigir ou mudar suas atitudes e comportamentos psicopáticos.

Mas o que há no psicopata que torna essas novas empresas tão atraentes para eles? Para começo de conversa, sua natureza sempre em busca de aventura (pesquisas demonstraram que isso é determinado geneticamente) os leva a favorecer situações em que haja muitos estímulos: muitas coisas acontecendo, e muito rapidamente. Em seguida, como desobedientes perfeitos, eles podem tirar vantagem da pouca confiança em regras e políticas fixas e na maior necessidade por tomadas de decisão livres, que caracterizam as organizações em um estado caótico. E, sendo pessoas em busca de poder, eles se aproveitam de indivíduos enfraquecidos psicológica e emocionalmente pelo caos de maneiras que nem sempre são óbvias. Em particular, a oportunidade de obter um cargo de liderança ou gerência é extremamente atraente, porque esses cargos oferecem aos psicopatas uma chance de controlar pessoas e recursos, tendem a não exigir envolvimento com detalhes e garantem salários acima da média. Como a habilidade do líder de convencer as pessoas a fazerem as coisas é muitas vezes mais importante do que sua capacidade técnica de desempenhar tarefas, psicopatas que não têm conhecimento verdadeiro do trabalho não ficam em desvantagem. As outras pessoas constantemente aceitam sem questionar seus talentos para a liderança e seu histórico forjado ou exagerado.

E, o mais importante, eles podem se esconder em meio ao caos. Apesar de assumir a liderança talvez pareça um trabalho fácil para um psicopata, que exige pouco mais do que suas aptidões naturais para enganar e manipular, na realidade essa posição requer muito mais talento, habilidade e experiência. Mas o estado de mudança contínua dos negócios, o caos, funciona a favor dos psicopatas, encobrindo a diferença entre liderança "boa" e "ruim" e permitindo que eles se movam pela organização por meio de promoções e transferências com mais rapidez do que seu desempenho em seu posto atual possa ser mensurado, avaliado e manejado. Resultados de curto prazo, ou o que *parecem ser* resultados, podem ser enganosos, especialmente se apresentados do jeito certo. Isso é especialmente verdadeiro quando *os próprios sistemas de mensuração* estão em constante mutação ou talvez nem existam, como ocorre com frequência em organizações em transição. Além disso, os riscos que os psicopatas assumem e suas decisões cruéis e narcisistas contribuem para o nível de ansiedade dos colegas de trabalho, e seus seguidores ficam perdidos sem saber o que fazer a seguir.

Psicopatas podem entrar, prosperar e se esconder no caos das organizações em transição mais facilmente do que se imagina. Será que uma organização carente de uma liderança forte contrataria um psicopata? Não de propósito, claro, mas como sua apresentação durante o processo de entrevistas, a persona, se parece com um candidato perfeito para uma empresa em busca de uma liderança empreendedora, os psicopatas podem passar sem serem detectados. Sua ficção psicopática assume a forma do "salvador" da empresa.

Da mesma forma, o psicopata corporativo na equipe, tendo já criado a persona do funcionário ideal na mente dos executivos e colegas, pode facilmente assumir a forma de um líder empreendedor, visionário e enérgico. Com esse rótulo, enganar ou intimidar os outros pode ser visto como um estilo eficiente de administrar, especialmente quando os colegas de trabalho estão perdidos em meio à mudança caótica do ambiente, paralisados por suas frustrações pessoais e incapazes ou indispostos a aceitar o novo modelo de negócios. Em contraste com os demais integrantes da organização, o psicopata corporativo parece um cavaleiro em um cavalo branco — frio, calmo e confiante. Sua bravata interesseira e a mística que o cerca camuflam o fato de que seus esforços raramente resultam em melhorias nos negócios a longo prazo.

Em conclusão, situações em que há estímulos, muitos dramas e não existam regras, ou nas quais elas sejam frouxas, são ímãs para psicopatas. Acrescente mudanças dramáticas na organização aos níveis normais de insegurança empregatícia, conflitos de personalidade e disputas políticas dentro da empresa e o cenário *caótico* resultante fornecerá tanto o estímulo necessário como o disfarce ideal para seu ingresso e subsequentes joguinhos psicopáticos.

SIGILO: O AMIGO DO PSICOPATA

Existe outro aspecto da vida organizacional que facilita a entrada e o exercício de manipulação e mentiras do psicopata: o sigilo. O sigilo faz parte da vida organizacional. Sua existência é bastante compreensível, e com frequência ele é parte integral dos procedimentos da companhia, como no caso de proteger segredos industriais da concorrência ou manter detalhes financeiros confidenciais durante as negociações que antecedem uma fusão. Algumas vezes tem natureza defensiva, como quando é tomada uma decisão que vai afetar negativamente alguns indivíduos e a ação precisa ocorrer antes que haja um alerta, como é geralmente o caso com demissões. Em outras situações, contudo, é inadvertido, como nos casos em que os eventos acontecem mais depressa do que a capacidade de resposta dos mecanismos de comunicação da empresa. Como resultado, as pessoas ficam no escuro, incapazes de desempenhar seu trabalho de forma adequada. Nesses casos, aqueles que estão informados podem não querer guardar segredo, mas simplesmente não têm a oportunidade ou o tempo de compartilhar os dados com os outros.

Em momentos de mudança caótica, em que *mais* informação é melhor do que menos, o sigilo *aumenta* a vulnerabilidade das empresas à manipulação psicopática. Independentemente de o sigilo ser adequado, costuma resultar em um *aumento da desconfiança* entre empregados, em uma *redução nos níveis de credibilidade ou da percepção de confiabilidade da administração* aos olhos daqueles que ficaram no escuro e em um *aumento nos erros* cometidos por causa da falta de informações precisas no momento certo.

O sigilo é amigo do psicopata. O sucesso da manipulação psicopática, especialmente em grandes grupos, depende da manutenção de um manto de segredo a respeito do que está acontecendo de fato. Em uma empresa, uma *cultura* de sigilo facilita muito para os psicopatas se esconderem e dificulta demais para que a gerência os flagre em suas mentiras, avalie com precisão seu desempenho ou enxergue os abusos que eles cometem contra os colegas de trabalho. Quando as organizações em transição aumentam seu nível de sigilo, correm o risco de fornecer cobertura para psicopatas corporativos que adentraram suas fileiras.

QUESTÕES PARA DISCUSSÃO

➲ Quais são as diferenças cruciais entre um líder verdadeiro e um psicopata corporativo que se passa por um?

➲ Você já trabalhou com algum dos dois tipos?

➲ Você já trabalhou em uma empresa que vivenciava uma mudança caótica?

➲ Como isso o afetou?

S 7.1
A Oportunidade Bate

Muitos eventos devastadores, de furacões a enchentes, incêndios, guerras, atos terroristas, crises econômicas, erupções vulcânicas, epidemias etc. atingem o mundo todos os anos. Tais eventos trazem à tona o melhor e o pior das pessoas. Não faltam bandidos, criminosos, impostores, funcionários corruptos e vários predadores prontos para ganhar dinheiro em cima da tragédia de alguém. Algumas de suas depredações, sem dúvida, vêm da pobreza, da mentalidade de rebanho e de um instinto de sobrevivência compreensível. Todavia, para muitos psicopatas — nas ruas e nas salas de reuniões —, seus atos chocantes originam-se de uma oportunidade boa demais para deixar passar.

Considere esta conversa da série *Game of Thrones*, que foi ao ar no sexto episódio da terceira temporada (2013):

Lord Varys:

— O caos? É um fosso aberto, querendo engolir a todos nós.

Petyr Baelish, o Mindinho:

— O caos não é um fosso. O caos é uma escada.

Muitos espectadores ofereceram sua interpretação dessa conversa na Internet. Em geral, a visão é de que Varys é maquiavélico e alcança seu poder e influência por meio de intrigas, paciência e coleta de informações para uso futuro. Petyr, por outro lado, é mais psicopático e concentrado no presente. Ele vê o caos como um meio direto para ganhar poder, status e influência. Em um mundo caótico, ele é capaz de enxergar e utilizar as oportunidades, revisar suas alianças de acordo com a situação e manipular situações e pessoas para alimentar seu próprio prestígio, poder e interesses próprios.[78] Na verdade, a maioria dos personagens principais de *Game of Thrones* são como Varys e Petyr, em um sentido ou outro, todos dados a intrigas, violência e brutalidade quando isso convém a seus objetivos pessoais. Por exemplo: "Cersei Lannister é uma psicopata que vai para a cama com o próprio irmão. Mas admita para si mesmo. Você a ama. Todos nós amamos… Talvez porque, em algum nível, nós admiremos, em segredo, sua crueldade".[79]

O argumento aqui é: os psicopatas são emocionalmente indiferentes à tragédia humana, física e psicológica que acompanha os desastres caóticos. São, por natureza, predispostos a tirar vantagem de forma insensível, porém pragmática, da conflagração e do terror vivenciados pelos outros.

O CASO DE DAVE

ATO 3, Cena 3

VAMOS MARCAR UM ALMOÇO

Por mais que tentasse, Dorothy não conseguia tapar os ouvidos para a campainha. Seus olhos se abriram, e ela percebeu que estava na cama, em casa, e que seu telefone tocava.

— Alô — atendeu, sonolenta, abrindo os olhos de leve para conferir o rádio-relógio. — Quem fala? Dave? São oito da manhã, Dave. E é domingo — ela se deu conta, colocando a cabeça de novo no travesseiro, segurando o telefone junto ao ouvido. — O que foi? Sim, você me acordou — gemeu. — Eu saí ontem à noite. Só cheguei às duas da manhã. É claro que eu tô sozinha — respondeu, distraída. — Credo, Dave. Cuida da sua vida. Como é? — perguntou, sem entender o que Dave dizia. — Não dá para esperar até amanhã?

Dave começou a contar sua história.

— Mas o que eu tenho a ver com a reunião externa do comitê executivo? — questionou Dorothy, sentando-se. — Por que eu deveria...

Dave a interrompeu. Ele explicou que Frank estava encrencado porque não tinha uma apresentação para a reunião. John, o chefe de Frank, não havia gostado de suas ideias para o próximo ano e queria uma apresentação novinha até a manhã seguinte. Precisando desesperadamente de ajuda, Frank ligara para Dave, que viu aquela situação como a oportunidade perfeita para Dorothy mostrar seu material para as pessoas que importavam.

Conforme as palavras de Dave começaram a fazer sentido, ela se levantou.

— Você quer o quê? — disse, ligando a cafeteira na cozinha. — Deixe-me ver se entendi direito: John está fulo com Frank porque suas ideias de novos produtos são uma droga e você quer que eu te entregue as minhas coisas para você repassá-las ao John? Eu entendi direito, Dave?

Dave prosseguiu.

— Não tô interessada, Dave — interrompeu Dorothy. — Meu chefe ainda nem viu o meu projeto. Por que eu o entregaria para você enviar para o Frank , ou John ou seja lá quem for?

Dave detalhou seu plano.

— Ah, *claro* que você vai pôr o meu nome — disse ela, revirando os olhos. — Eu não nasci ontem, eu sei qual é a sua. — Dorothy observou as gotas de café pingando enquanto Dave insistia, dizendo que essa era sua melhor chance de apresentar suas ideias para o comitê executivo, e com o apoio tanto de Frank quanto de John.

— Eu realmente não gosto da ideia de você apresentar minha ideia para o comitê, não importa quão "oportuno" seja o momento — disse, pegando uma xícara no armário.

Dave explicou melhor.

— Não é você que vai fazer a apresentação? Quem vai fazer, então? *O Frank* vai mostrar as minhas coisas, como sendo dele? Como *nossa*? Então, sua e minha? Ahã. Por que o Frank apresentaria os meus projetos, sem nem ver nada, devo acrescentar, para o chefe dele, só porque você pediu?

Dave respondeu.

— Deve ser legal ter um chefe que confia em você tanto assim, Dave. Eu não tenho interesse, de verdade — disse ela, servindo o café e tomando um gole. — Sou sua amiga, sim, Dave — afirmou, sem acreditar que Dave estivesse usando essa tática. — E você é meu amigo. E você não ligou pelo Frank, nem pelo John, nem pelo bem da empresa, foi só para ajudar a sua amiga Dorothy.

Dave a interrompeu de novo, dizendo que ela podia acabar como uma heroína, e Frank ficaria em dívida com ela. Frank jamais recusaria suas ideias no futuro, e ela poderia até conseguir uma promoção como resultado da exposição de seu trabalho ao comitê executivo.

Dorothy tomou outro gole de café e pensou.

— Como é que eu sei que posso confiar em você, Dave? — indagou, intrigada, mesmo contra sua vontade. — Juntos? Nós vamos montar a apresentação juntos, eu e você? Eu vou colocar meu nome nela. Você vai dizer ao Frank que a ideia é minha.

Dave respondeu a cada uma de suas preocupações, sempre tranquilizando-a. Dave respondia ao que ela dizia, mas falava para o coração de Dorothy.

— Sim, é claro que eu estou com o meu computador aqui. Por que, qual é a sua ideia? Você quer vir para cá? Hoje? Trabalhar na... Vai sonhando, Dave — disse, exasperada.

Dave continuou. Não, ele não ia dar em cima dela. Não, ele não ia contar para todo mundo que esteve no apartamento dela. Sim, ele levaria o almoço.

— Hummm... — suspirou Dorothy. — Vou dizer uma coisa, Dave. Você pode vir e a gente trabalha nisso junto. Porém, se eu mudar de ideia a *qualquer momento* enquanto estivermos trabalhando, o trato está desfeito. Entendeu?

QUESTÕES PARA DISCUSSÃO

➲ O que Dave está realmente tentando fazer aqui?

➲ Qual é a história real por trás do que está pedindo a Dorothy?

➲ Que mentiras ele está contando?

➲ De que aspectos da personalidade de Dorothy Dave está se aproveitando?

8

EU NÃO SOU UM PSICOPATA, SÓ FALO E AJO COMO UM

SMITH PASSOU APRESSADO PELO CORREDOR EM DIREÇÃO AO SEU escritório. Marchando junto à equipe sem nem olhar para o lado, ele chegou à porta e ordenou à secretária que chamasse Jones para a sua sala imediatamente. Com o rosto vermelho, Smith jogou as pastas na mesa e se largou na cadeira enorme, bufando.

Jones chegou minutos depois, meio que sabendo o que esperar, mas sem saber por quê. Ouvira dizer que Smith chamava membros da equipe ao seu escritório para lhes dar uma bronca depois de alguma reunião com a direção, mas como os projetos dela não estavam na pauta, não podia ser esse o motivo da convocação. Até aquele momento, todas as suas interações com Smith tinham sido cordiais. Não havia motivos para desconfiar de uma mudança.

A secretária de Smith cumprimentou Jones e a conduziu até a porta da sala. Smith pediu que ela entrasse e a porta se fechou. A secretária voltou para sua mesa e pôs-se a digitar novamente. Deu uma espiada nos membros da equipe sentados nas mesas à sua esquerda e à sua direita e suspirou. Todos sabiam o que estava prestes a acontecer.

Os "pitos", como os trabalhadores os chamavam, ocorriam cerca de uma vez por semana, geralmente nas sextas-feiras à tarde, depois da reunião matinal com a direção. Smith nunca saía feliz dessas reuniões, mas ninguém tinha certeza do motivo, já que as minutas não eram divulgadas. Obviamente, alguém andava lhe passando uma descompostura nessas ocasiões, e ele sentia a necessidade de descontar nos membros de sua equipe. De que outra forma o pessoal poderia explicar aquilo?

Jones era uma pessoa muito afável. Era a mais nova integrante da equipe e tinha chegado à empresa com indicações e um currículo extraordinários. Era sempre gentil com todo mundo, tinha uma disposição alegre e um temperamento tranquilo. Havia sobrevivido quase três meses sem ser chamada ao escritório de Smith — um recorde, pelas contas de todos.

As secretárias deram um pulo quando o primeiro fichário acertou a cesta de lixo. Jogar projetos no lixo era uma das coisas dramáticas que Smith fazia para acentuar sua decepção, desaprovação e desgosto com o resultado do trabalho. Na hora, o efeito era poderoso, especialmente junto à equipe profissional, que se orgulhava muito de seus fichários e apresentações. Logo, vozes começaram a soar no ar — em alto e bom som: primeiro a de Smith e então a de Jones, depois as de um e de outro novamente, seguidas de um pouco de silêncio e, então, mais barulho. Era difícil distinguir as palavras através das paredes, mas uma ou duas vazavam. Às vezes eram palavrões, mas não desta vez.

Smith havia estudado Jones por tempo suficiente para saber que palavras de baixo calão não funcionariam com ela. Ele era astuto — tinha que desgastá-la com o intelecto. Precisava convencê-la de que seu trabalho não era excelente, ou até mesmo ruim. Ele ameaçaria transferi-la, rebaixá-la ou demiti-la, mas deixaria as portas abertas para que ela se redimisse mais adiante. *Iria* convencê-la, claro, de todas essas coisas, já que ninguém saía do escritório de Smith até ele estar convencido. Jones não podia fingir que estava convencida

— tinha que *ser convencida de fato* —, e seria mesmo, em algum ponto. E mais, ficaria *grata* pela ajuda e orientação de Smith. Jones entraria na linha, assim como seus colegas de trabalho e predecessores. Smith contava com isso.

Ele se orgulhava de sua habilidade de desmontar as pessoas e então remontá-las — mas nunca por completo, só o bastante para mantê-las na coleira. Precisava controlar as pessoas e não suportava quando alguém tinha um pensamento, uma ideia ou uma percepção que ele, "o chefe", deveria ter tido. Também odiava estar errado — e, é claro, na sua cabeça, ele nunca estava errado. Pelo menos esse era o raciocínio que alguns dos integrantes da equipe tinham desenvolvido a seu respeito. Outras teorias eram mais bem--humoradas: havia a hipótese de que ele fora derrubado de cabeça pelo médico durante o parto ou criado por lobos, deixado em um pasto por alienígenas ou mordido por um cachorro raivoso durante a juventude. O humor ajudava a deixar a situação tolerável, mas nem sempre curava as feridas psicológicas. Alguns tinham mais dificuldades do que outros de aceitar o comportamento de Smith.

Ele não restringia seus ataques ao escritório. Os membros de sua equipe — quase metade da empresa — eram alvos legítimos só por caminhar pelos corredores, participar de reuniões ou trabalhar em seus cubículos. Quando Smith chegava a um departamento, uma atmosfera de tensão parecia se espalhar. As pessoas abaixavam a cabeça e agiam como se estivessem mais ocupadas do que estavam na realidade. Era uma aposta certa que ele teria uma crise de fúria, seguida por um retorno igualmente rápido à calma e aos sorrisos. Às vezes, entretanto, caminhava pelo escritório sorrindo, tratando bem as pessoas, perguntando sobre o jogo de futebol de seus filhos e simplesmente sendo agradável. Era muito desconcertante. Os novatos sempre caíam nessa abordagem e com frequência concluíam que Smith era um chefe afetuoso, que se importava com as pessoas e com quem era fácil conversar. Ninguém ousava avisá-los, contudo, do que se escondia atrás da fachada sorridente, pois ninguém tinha certeza de quem poderia ser um dos espiões de Smith.

O que realmente aborrecia todo mundo era o fato de que às vezes Smith tinha razão. Suas ideias às vezes eram, de fato, melhores do que as da equipe, e de vez em quando ele sabia mesmo mais do que todos. Ainda assim, concordavam, havia outras formas de comunicação, menos peçonhentas, que não envolviam demolir os egos da equipe ou o moral daqueles que tentavam fazer um bom trabalho para a empresa.

Jones parecia ter um caráter sólido, nem exagerado como o de alguns nem retraído como o de outros; muito sadio, segundo a maioria dos relatos. E ela estava definitivamente se empenhando ao máximo para fazer um bom trabalho. As secretárias se perguntavam como Jones lidaria com isso.

Mais alguns estrondos, gritos, berros e os sons de batidas na mesa atravessaram a parede. Em seguida, silêncio. As secretárias se esconderam atrás dos seus computadores quando ouviram a porta se abrir. Jones emergiu, mantendo-se tão ereta quanto conseguia, mas claramente perplexa com o que acabara de acontecer. Ela seguiu depressa pelo corredor, segurando os fichários contra o peito.

Como se fosse uma deixa, as secretárias se levantaram de uma vez. Pegando cada uma sua respectiva bolsa, elas seguiram pelo mesmo corredor para o banheiro feminino. A secretária de Smith indicou para a estagiária, que assistia a tudo de olhos arregalados, que cuidasse das ligações e de qualquer visitante.

— Vai dar tudo certo — disse ela, dando-se conta de que a jovem não queria ser deixada sozinha no escritório.

Elas pararam junto à porta do banheiro, mas não entraram. Jones ocupava um cargo muito acima do delas, e o seu relacionamento era estritamente profissional. Depois de uma troca de olhares cheia de significados, as duas secretárias mais novas voltaram para suas mesas. Hoje, a secretária de Smith montaria guarda e não deixaria ninguém desrespeitar a privacidade de Jones.

> ## QUESTÕES PARA DISCUSSÃO
>
> ➲ Você já testemunhou alguma intimidação no ambiente de trabalho?
>
> ➲ Você já foi alvo de intimidação no trabalho?
>
> ➲ Quais traços psicopáticos podem estar presentes neste caso?

QUAL É O TAMANHO DO PROBLEMA?

Após programas de treinamento e palestras, é comum sermos abordados por membros da audiência. Por causa do que acabaram de aprender sobre os traços e as características da psicopatia, concluem que chefes, colegas ou subordinados devem ser psicopatas. Embora para nós não seja apropriado nem possível oferecer uma opinião, compreendemos os comportamentos audaciosos que esses indivíduos atribuem a seus colegas de trabalho — e as similaridades com o comportamento psicopático que eles exibem. Ao longo dos anos, mais indivíduos têm entrado em contato conosco com preocupações semelhantes após terem lido sobre psicopatas em *nossos livros*, outros livros populares sobre psicopatia, jornais e revistas de administração. Alguns dos relatos que ouvimos são, muito provavelmente, descrições de verdadeiros psicopatas, mas, claro, muitos não são. O que fica claro é que um grande número de pessoas acha que trabalha com um chefe ou um colega de trabalho infernal.

Estimamos que cerca de 1 por cento da população tem uma concentração de traços psicopáticos alta o bastante para merecer ser classificada com traços de psicopatia. Talvez outros 10 por cento, mais ou menos, caiam em uma zona intermediária, com traços psicopáticos suficientes para causar preocupação em terceiros.

A maioria das pessoas tem poucas características psicopáticas — ou nenhuma. E quanto ao ambiente corporativo (ver Figura 9.1)? Não existe uma resposta simples para essa pergunta, pois a filosofia e as práticas das empresas variam de íntegras e altruístas a insensíveis e mesquinhas, talvez até "psicopáticas". Presumivelmente, as mais altruístas teriam menos psicopatas do que as insensíveis, apesar de, sem dúvida, existirem exceções. Por exemplo: uma organização religiosa ou de caridade — por sua própria natureza, crédula e pouco maliciosa — pode constituir um nicho confortável para um psicopata carismático de grande lábia, como ilustrado em um caso anterior.

Infelizmente, há uma falta de evidências científicas no que diz respeito ao número de psicopatas em negócios, por diversas razões. Em primeiro lugar, poucas organizações fornecem o tipo de acesso a funcionários e dados que seria necessário para viabilizar uma avaliação adequada com um instrumento padrão, como o PCL: SV. Em segundo lugar, os psicopatas são talentosos em esconder seu eu verdadeiro, de modo que é esperado que muitos passem despercebidos, sem que sejam notados, o que leva a uma subnotificação da psicopatia nas empresas. Talvez apenas os bodes expiatórios (ex-peões) enxerguem o que há por trás da máscara de psicopatas particularmente bem-sucedidos. Por fim, traços e comportamentos que parecem psicopáticos também são exibidos por alguns indivíduos que não são realmente psicopatas, o que levaria a um exagero nas notificações, ou seja, a se considerar alguém um psicopata sem que isso seja verdade. Não obstante, com base em muitos relatos pessoais e em nossas próprias observações, é provável que indivíduos psicopáticos componham muito mais do que 1 por cento dos empresários e executivos.

Muitas pessoas exibem o que parecem ser características psicopáticas; basta que os leitores comparem a si mesmos com as definições e descrições de psicopatas para comprovar como isso é possível. Devemos, entretanto, ter cuidado para não confundir a presença de alguns poucos traços que lembrem os psicopáticos com o distúrbio em si. Quantas vezes você foi abusivo no trabalho, mas agiu de modo bem diferente com sua família ou seu parceiro? Por outro lado, você pode ser encantador e manipulador com seus colegas de trabalho, mas direto com os amigos. Pode não sentir culpa ou remorso por "trapacear" na declaração de imposto de renda, mas sentir-se terrivelmente culpado se magoar seu filho por algum motivo. Pode ter-se visto obrigado a defender uma decisão de negócios difícil, que prejudicou colegas de trabalho, mas se sentiu mal por dentro, mesmo assim. Julgar a si mesmo ou aos outros por causa de um ou dois traços ou características que parecem lembrar os dos psicopatas (mas que normalmente são muito menos severos) é comum, mas não muito sábio. Relativamente poucos indivíduos, os psicopatas de verdade, demonstram *a maioria* dos traços e características *de forma consistente* em *todos* os aspectos de suas vidas pessoais, profissionais e sociais.

"CHEFE INFERNAL"?

Seu chefe é frio, exigente e impiedoso. Antes de concluir que ele é um psicopata, você deve considerar com cuidado a possibilidade de que seu julgamento seja falho e de que o comportamento dele seja mais um reflexo de um *estilo de liderança* pessoal do que da personalidade psicopática. Como o estilo de gestão se baseia em treinamento e experiência, existem tantos estilos quanto gestores. Não é surpreendente, então, que a combinação entre as expectativas do funcionário acerca de como um chefe *deveria* agir e o estilo de supervisão *exibido* de fato pelo chefe com frequência não seja perfeita, causando decepção, conflitos e erros de interpretação.

A maneira como os funcionários veem o estilo de gestão ou de liderança e seu impacto sobre o desempenho e a eficiência tem sido estudada há muito tempo por psicólogos organizacionais. Uma das primeiras pesquisas sobre os estilos dos supervisores ocorreu de 1946 a 1956, mas suas descobertas têm relevância até hoje.[80] Funcionários descreveram os comportamentos de seus chefes, que, por sua vez, descreveram suas próprias atitudes. Uma análise matemática em grande escala das centenas de descrições buscou categorizar as respostas no menor número de itens críticos. Os resultados desses estudos da Universidade Estadual de Ohio mostraram que existem dois grandes grupos de comportamentos, ou "fatores", que compõem nossa avaliação do estilo de nossos chefes. Chamamos esses fatores de "consideração" e "estrutura inicial".

A **consideração** refere-se aos comportamentos e atitudes que têm a ver com as interações interpessoais entre funcionário e chefe. Gestores que dispõem de muita consideração tratam as pessoas com respeito, levam em conta o ego e a autoestima dos outros em suas decisões e constroem relações profissionais baseadas na confiança mútua. A equipe percebe os chefes com baixa consideração como indiferentes e insensíveis aos sentimentos dos funcionários; eles parecem distantes e frios. É fácil perceber que relatos de chefes que criticam funcionários na frente dos outros, que os ignoram quando a boa educação exige o contrário e que falham em construir relações de confiança e de respeito mútuo podem, na verdade, descrever um chefe com baixa consideração, em vez de um psicopata de verdade.

A **estrutura inicial**, o segundo fator supervisor, significa que um líder deveria decidir os objetivos de trabalho e as tarefas a serem executadas, definir os papéis dos membros da equipe e delinear os padrões de desempenho ou as medidas cruciais para o sucesso — em essência, "liderar". Chefes que exibem altos traços desse fator tomam parte ativa na determinação do que precisa ser feito e de como fazê-lo. Papéis tradicionais da posição de chefia, como planejar, organizar, comunicar, determinar expectativas e definir o "panorama", encaixam-se bem nesse fator. Um chefe dominador ou que emite ordens a cada etapa pode simplesmente pertencer ao topo da estrutura inicial e não ser um psicopata real. Por outro lado, se um chefe raramente se envolve ou nem sequer se interessa pelo trabalho feito, pode pontuar mais baixo nesse fator — um "líder *laissez-faire*" — ou nem ser mesmo um líder.

A maioria das pessoas deseja ter um chefe atencioso que confie nelas, alguém com quem se possa construir uma relação. Se também queremos que nossos chefes estejam na faixa mais alta ou na mais baixa da estrutura inicial depende de desejarmos que alguém nos diga qual é o nosso trabalho e como levá-lo a cabo (o que é mais adequado para novos empregos ou funcionários que não receberam treinamento) ou de preferirmos fazer nosso trabalho sem muita interferência (o que trabalhadores experientes preferem). Ambos os estilos são igualmente válidos e podem ser eficazes, desde que haja uma combinação entre as necessidades dos funcionários e a abordagem de gestão do chefe.

Embora esse modelo dual de comportamento de liderança seja bem fundamentado e faça sentido intuitivamente, pesquisas subsequentes demonstraram que apenas essas duas variáveis não são suficientes para prever quem será um líder *eficaz*. O relacionamento entre chefes e funcionários é muito mais complexo e envolve outros elementos, dentre os quais o trabalho em si. Mesmo assim, tendemos a nos referir a esses fatores (às vezes, por outros nomes) quando nos perguntam se nossos líderes são "bons" ou "ruins".

"COLEGAS DE TRABALHO INFERNAIS"?

Não ouvimos falar apenas de chefes "ruins". Também escutamos muito sobre colegas de trabalho e de equipe com atitudes negativas, tendências antissociais, desempenho ruim e propensos à manipulação, à irresponsabilidade e a atrapalhar os que estão tentando trabalhar. É claro que é particularmente difícil trabalhar com esses indivíduos, mas pode haver explicações plausíveis além da psicopatia para seu comportamento. Para compreender isso, precisamos considerar um dos fatores que as pessoas comumente usam quando avaliam colegas de trabalho. Psicólogos ocupacionais que estudam essa área se referem a esse fator como "conscienciosidade".

Indivíduos altamente conscienciosos têm a propensão de concentrarem-se em fazer um bom trabalho. Gostam de ser precisos, pontuais e minuciosos. Eles se orgulham de finalizar as tarefas que iniciam, são muito responsáveis e detalhistas e gostam de ser vistos como competentes. Trabalhadores não tão conscienciosos podem ser relaxados em relação ao cumprimento de prazos, ao alcance de metas ou a terminar o que começam. Podem passar a impressão de serem irresponsáveis, sem foco, desordeiros e de terem um desempenho ruim.

Às vezes, dependem da ajuda dos outros para terminar seu serviço — ou os outros podem sentir a necessidade de "acobertá-los" para não prejudicar o desempenho geral da equipe ou do departamento. Claramente, a maioria de nós prefere trabalhar com indivíduos que sejam conscienciosos em suas funções. Parece-nos mais justo que todos façam sua parte no trabalho, especialmente se estão recebendo um salário semelhante ao nosso.

Muitas pesquisas demonstraram que a conscienciosidade é uma das dimensões primordiais da personalidade, não apenas um estilo ou uma preferência pessoal. Essa característica varia entre as pessoas tanto quanto outros traços de personalidade — todos temos graus variados de conscienciosidade em nossa composição. Contudo, estar em um dos extremos da escala, seja o mais alto, seja o mais baixo, não é necessariamente ruim, apesar de desconcertante para nossos colegas de trabalho. A eficácia no trabalho depende, mais uma vez, da combinação entre o grau de conscienciosidade e o trabalho específico executado. Exemplos de ocupações com níveis moderados de conscienciosidade comumente incluem artistas, pesquisadores de áreas criativas ou líderes visionários, devido à necessidade de se pensar fora da caixa ou de riscos serem assumidos para criar novas obras de arte, buscar novos conhecimentos ou assumir a liderança em tempos incertos. Cargos como engenheiro de projetos e operador de usina nuclear tendem a requerer níveis elevados de conscienciosidade, já que pressupõem a administração de muitos detalhes importantes que são críticos para a obtenção de sucesso.

Embora o "encaixe" entre os níveis de conscienciosidade e as exigências profissionais possa não ser perfeito em situações da vida real, não existe motivo para concluir que colegas de trabalho com conscienciosidade baixa (ou alta) sejam (só por isso) psicopatas.

PSICOPATA OU PESSOA DIFÍCIL: O DESAFIO DA AVALIAÇÃO

Diferenças individuais na consideração, estruturação e conscienciosidade fazem parte do comportamento humano normal em qualquer organização. Todavia, alguns grupos de traços psicopáticos *de fato* se manifestam nessas três escalas. Mais especificamente, muitos psicopatas claramente se posicionariam *muito baixo* na escala de consideração (rudes, arrogantes e egocêntricos, entre outras coisas), *nas extremidades* na de estruturação (variando entre indiferentes ou despóticos) e *muito baixo* na de conscienciosidade (irresponsáveis, impulsivos, arrogantes, egocêntricos e pouco dispostos a aceitar responsabilidades). Como já afirmamos, esses fatores sozinhos não indicam psicopatia, mas certamente são sinais de alerta. Ao que mais se deve estar atento?

Em geral, todos os psicopatas são egocêntricos. Têm um senso de merecimento exagerado e a assertividade para exigi-lo, o que, frequentemente, faz com que pareçam egoístas nos relacionamentos. Todos eles têm uma noção grandiosa de quem são e *insistem* que os outros lhes prestem o devido respeito. Não são tão estimulados por objetivos como o resto de nós no que diz respeito à diligência e à dedicação. Apesar disso, costumam dizer aos outros que são ambiciosos e contam histórias de superação (inventadas) sobre como venceram obstáculos imensos, apesar da infância pobre, sem privilégios, e de um lar abusivo. No entanto, são irresponsáveis quando se trata de exibir o comportamento adequado (por exemplo, deixando de fazer o serviço que lhes foi designado ou prometendo coisas que não cumprem), tanto no trabalho quanto fora dele. Raramente sentem, se é que chegam a sentir, culpa ou remorso por alguma de suas transgressões, mesmo as mais escandalosas e prejudiciais.

Alguns psicopatas, todavia, são diferentes dos outros. Há aqueles que parecem mais impulsivos ou erráticos. Os mais impulsivos requerem gratificação imediata e usam estratégias predatórias de curto prazo para conseguir o que desejam. Já os tipos menos impulsivos tendem a parecer menos predatórios em sua busca pela gratificação, dependendo mais do aparecimento de oportunidades. Essa dessemelhança possivelmente se deve a fatores fisiológicos diferentes, mas o mecanismo exato ainda não está claro. Alguns psicopatas (possivelmente, os menos inteligentes) procuram satisfazer necessidades instintivas mais básicas, como as representadas por comida e sexo, enquanto outros buscam a satisfação de um nível mais elevado proporcionada por poder, controle ou fama. Alguns se mostram mais sutis ou sagazes em suas manipulações, usando charme e habilidades verbais para fazer com que as pessoas ao redor obedeçam ou se conformem. Outros são mais toscos: buscam iludir de maneira desajeitada e recorrendo a exigências abusivas quando seu "charme" não funciona. Esses indivíduos liberam sua agressividade de formas violentas, vingativas e impiedosas, enquanto os anteriores são menos reativos — talvez tenham mais controle de seus impulsos internos —, e confiam principalmente na sugestão, na intimidação e na "agressividade passiva" para conseguir o que querem.

VIGARISTAS, VALENTÕES E O TITEREIRO

Quando analisamos os relatos pessoais dos leitores e dos participantes dos programas, assim como de outras pessoas com quem trabalhamos, e a eles somamos nossa pesquisa, descobrimos três estilos distintos de psicopatas corporativos que parecem se encaixar no modelo de subtipos.

Alguns psicopatas, os *vigaristas corporativos*, são hábeis em usar os outros em busca de fama, fortuna, poder e controle. Eles são traiçoeiros, egocêntricos, superficiais, manipuladores e propensos à mentira. Não se importam com as consequências de seu próprio comportamento, raramente pensam sobre o futuro. Nunca assumem obrigações, apesar das promessas feitas de cumprimento de metas, objetivos e favores pessoais. Quando confrontados, culpam os outros pelo problema, sem aceitar a responsabilidade por suas ações. São rudes e insensíveis com quem não tem nada a lhes oferecer, sentindo-se superiores e excessivamente merecedores. Nunca pensam no dano que infligem às pessoas ou às instituições, e em suas interações com frequência passam a imagem de pessoas totalmente isentas de emoções humanas, especialmente de empatia. Desculpar-se por algo que fizeram é um conceito que lhes é estranho, já que não vivenciam remorso nem culpa.

A despeito de tudo isso, entretanto, os vigaristas podem ser surpreendentemente bem-sucedidos ao lidar com os outros, e confiam primariamente em sua excelente habilidade para encantar e inventar uma história crível para influenciar os outros. Eles são hábeis em interpretar situações e pessoas e, então, modificar sua abordagem para melhor exercer poder sobre aqueles ao seu redor. Podem ligar o charme quando lhes convêm e desligá-lo quando quiserem. Com sua capacidade camaleônica de esconder seu lado sombrio, conseguem construir relacionamentos de confiança com as pessoas de maneira rápida e fácil, tirando vantagem delas posteriormente ou as traindo de alguma forma. Os manipuladores parecem fascinados por enganar as pessoas. É como se entrar na cabeça delas e convencê-las a fazer coisas por eles fosse uma brincadeira. Essa habilidade de vencer as pessoas em joguinhos psicológicos parece lhes dar uma sensação de satisfação pessoal.

Embora possam parecer ambiciosos — um traço que exageram —, na verdade têm poucos objetivos de longo prazo importantes, confiando mais em sua habilidade inata de aproveitar oportunidades que lhes interessem a qualquer momento e, então, inseri-las na história que contam aos outros. Caso alguma outra coisa mais excitante apareça, passam rapidamente à nova oportunidade, uma tendência que pode fazer com que pareçam impulsivos e irresponsáveis para os observadores. Embora possam explodir com colegas de trabalho, acalmando-se com a mesma rapidez (como se nada tivesse acontecido), também podem controlar sua raiva, se for de seu interesse fazê-lo — guardando sua índole vingativa para outro momento.

Outro grupo de psicopatas é muito mais agressivo: o dos *valentões corporativos*. Não são tão sofisticados, encantadores ou bajuladores como os do tipo vigarista, e agem mediante coerção, abuso, humilhação, assédio, agressão e medo para conseguir o que querem. Eles são insensíveis com quase todo mundo, buscando propositalmente motivos para se engajar em conflitos, culpar as pessoas por coisas que deram errado, atacar os outros injustamente (em particular e em público) e, de modo geral, para serem os antagonistas. Desconsideram os direitos e sentimentos dos outros rotineiramente e com frequência violam as normas tradicionais de comportamento social apropriado. Se não obtêm o que desejam, tornam-se vingativos, guardando rancor por um período considerável e aproveitando qualquer oportunidade para "ficarem quites". É bem comum selecionarem e atacarem alvos relativamente impotentes de forma implacável.

Valentões reagem com agressividade a provocações e ao que percebem como insultos ou esnobadas. Não está claro se seus atos de intimidação lhes dão prazer ou se são apenas o modo mais eficaz que aprenderam de conseguir o que desejam dos outros. Semelhantemente aos vigaristas, porém, os valentões psicopáticos não sentem remorso, culpa ou empatia. Falta-lhes qualquer percepção de seu próprio comportamento e parecem indispostos ou incapazes de moderá-lo, mesmo quando isso lhes seria vantajoso. Por não poderem compreender o dano que causam a si mesmos (quanto mais às suas vítimas), valentões psicopáticos são particularmente perigosos.

Nem todos os valentões são psicopáticos, é claro, embora isso possa ser irrelevante para as vítimas. Valentões existem em muitos tamanhos e formatos psicológicos e físicos. Em alguns casos, valentões "comuns" têm problemas psicológicos profundos, inclusive sentimentos de inferioridade ou inadequação e dificuldade de se relacionarem com os outros. Alguns podem simplesmente ter aprendido, ainda muito jovens, que seu tamanho, força e talento verbal eram as únicas ferramentas eficientes à sua disposição para que pudessem se adequar socialmente. Alguns desses indivíduos podem ser valentões em contextos específicos, comportando-se mal no trabalho, mas de maneira razoavelmente normal em outros contextos. Contudo, o valentão psicopático é o que é: um indivíduo cruel, vingativo, controlador, com pouca empatia ou preocupação com os direitos e sentimentos da vítima, não importando o contexto.

Adicionalmente a esses dois tipos específicos — o vigarista e o valentão —, deparamo-nos com casos ainda piores. Os *titereiros corporativos*, como os rotulamos, parecem combinar as características do vigarista e do valentão de modo sofisticado. Eles são hábeis em manipular as pessoas — puxando as cordinhas — à distância, de forma a *fazer com que aqueles que se encontram diretamente sob seu controle* abusem daqueles mais abaixo na hierarquia empresarial. Em essência, usam as duas estratégias — enganar e intimidar — de forma semelhante a figuras históricas como Stálin e Hitler, indivíduos que se cercavam de seguidores obedientes e, por intermédio deles, controlavam boa parte da população de seus países. Qualquer sinal de desobediência (constantemente acentuada por um temperamento paranoico) os levava a atacar também seus apoiadores diretos. Para o titereiro, tanto a vítima intermediária (o "títere") como a vítima final são descartáveis, já que ele não considera nenhuma das duas uma pessoa real, um indivíduo. Acreditamos que titereiros corporativos sejam exemplos do psicopata clássico, que é muito mais perigoso. Ver S 8.1: *O Titereiro*.

Nossa pesquisa demonstrou que psicopatas vigaristas se sairiam bem nos negócios, na política e em outras profissões por causa de sua habilidade de convencer as pessoas de que são honestos e íntegros, têm talento e experiência e também levam jeito para a liderança. Em cargos de gestão, psicopatas valentões mantêm rivais e subordinados à distância, o que permite que usem seu poder para obter o que desejam. Além disso, membros da alta cúpula, distantes da ação diária, podem ouvir rumores do comportamento intimidador, mas desconsiderá-los como exageros causados por inveja e rivalidade ou até aceitá-lo como indicação de um estilo forte de gestão. Desde que o psicopata valentão mantenha sua reputação de grande contribuidor para o sucesso da empresa, permanecerá imune a críticas ou talvez receba apenas um "tapinha na mão" ocasional. Os titereiros são imunes à disciplina organizacional, porque eles mesmos estão no controle de um grande número de funcionários, assim como de sistemas, processos e procedimentos projetados para proteger a organização e seus membros.

Em nosso estudo original, levado a termo junto a 203 executivos de alto nível (ver Capítulo 9 para um relato completo dessa pesquisa), descobrimos que 3,9 por cento se encaixavam no perfil de psicopata, conforme medido pelo PCL-R. Embora possa não parecer um percentual elevado, ele é consideravelmente mais alto do que o encontrado na população em geral (1 por cento) e possivelmente maior do que a maioria das empresas gostaria de ter em sua folha de pagamento, especialmente porque esses indivíduos estavam a caminho de se tornarem líderes em suas organizações. Descobrimos que todos esses indivíduos tinham os traços do psicopata vigarista e manipulador: eram superficiais, grandiloquentes, traiçoeiros, impulsivos, irresponsáveis, não assumiam responsabilidade por suas próprias ações e destituídos de metas, remorso e empatia. Desses indivíduos, dois também exibiram traços do valentão. Dada nossa revisão dos casos apresentados por outros estudiosos da área, além dos apresentados pelos leitores, esse nível de incidência parece correto.

VARIAÇÕES SOBRE O MESMO TEMA

É interessante que as observações precedentes possuam alguma semelhança com os resultados de recentes pesquisas empíricas sobre as "variedades" de psicopatas e outros criminosos.

Destacamos que isso não é meramente um exercício estatístico, mas uma forma de identificar indivíduos com aspectos em comum — nesse caso, padrões de características psicopáticas. A maioria das pesquisas tem uma abordagem *orientada para as variáveis,* isto é, buscam correlações e associações entre variáveis. Uma abordagem *orientada para as pessoas,* como a descrita aqui, permite-nos identificar pessoas com vários padrões de características comportamentais e de personalidade e nos ajuda a prever como um indivíduo com um padrão específico agirá. No próximo capítulo, relacionamos essa pesquisa ao estudo da psicopatia corporativa realizado por Babiak, Neumann e Hare.[81]

O modelo de psicopatia com quatro fatores nos permite delinear o perfil de um indivíduo a partir da pontuação em cada um dos fatores. Programas estatísticos (análises de perfil latente) classificam esses perfis em grupos ou subtipos de acordo com suas semelhanças. Mokros et al.[82] analisaram os perfis de criminosos com pontuações altíssimas no PCL-R (30 ou mais). Conforme mostra a Figura 8.1, dois perfis ou estilos de comportamento emergiram dessa análise.

O perfil *clássico* ou *agressivo* consiste em indivíduos com pontuação alta em cada uma das dimensões da psicopatia: interpessoal, afetivo, estilo de vida e antissocial. Exibem praticamente *todas* as características que definem a psicopatia.

O perfil *manipulador* consiste naqueles com uma pontuação alta em todos os fatores, exceto o antissocial. Eles manipulam, enganam e encantam, mas são menos antissociais do que aqueles do perfil anterior. Costumam mais falar do que agir.

Consideramos esses agrupamentos *variações sobre o tema central da psicopatia*. Nós os apresentamos aqui porque alguns executivos psicopáticos podem apresentar os dois perfis, conforme descrevemos no Capítulo 9.

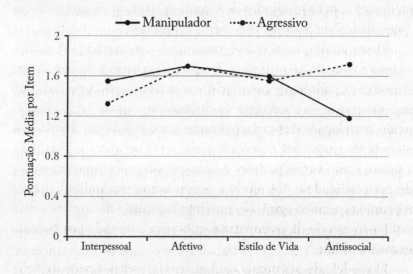

Figura 8.1. Perfis de criminosos com uma pontuação acima de 30 no PCL-R.

UM BOM LÍDER OU UM PSICOPATA CORPORATIVO: COMO SABER?

As pesquisas iniciais sugeriam que o comportamento da maioria dos psicopatas era disfuncional demais para possibilitar a sua permanência a longo prazo nas empresas e que eles poderiam se sair melhor trabalhando por conta própria ou em outros tipos de carreira. Baseados, entretanto, em nossa própria pesquisa e nas de outras pessoas, agora sabemos que algumas empresas *buscam ativamente* e recrutam indivíduos com no mínimo uma dose moderada de características psicopáticas. Alguns executivos nos disseram: "Muitos dos traços que vocês descrevem parecem ser valorizados pela nossa empresa. Por que as organizações não deveriam contratar psicopatas para algumas vagas?". A resposta científica apropriada é que deve haver mais pesquisas para se determinar o impacto exercido por várias doses de características psicopáticas sobre o desempenho em diferentes tipos de empregos (ver Capítulo 10 para uma discussão mais detalhada da pesquisa corporativa usando-se o instrumento de avaliação B-Scan). O número "ideal" e a gravidade de tais características, presumivelmente, são maiores para algumas funções (por exemplo, corretores financeiros, políticos, policiais, vendedores de carros usados, mercenários e advogados) do que para outras (por exemplo, assistentes sociais, professores, enfermeiros e pastores). Até que se realize uma pesquisa assim, podemos dizer, com segurança, que quem acredita que a "psicopatia é boa" claramente não teve muita exposição a ela... e, certamente, nunca trabalhou com alguém assim.

Um psicopata descontrolado pode causar danos consideráveis ao moral, à produtividade e ao trabalho em equipe de uma empresa. O problema é que *não dá para escolher* as características psicopáticas desejadas e ignorar as outras. A psicopatia é uma síndrome, ou seja, um pacote de características e comportamentos relacionados que formam a personalidade de um indivíduo. Infelizmente, no caso de psicopatas, os traços "bons" para os negócios frequentemente camuflam a existência dos "maus". Existem, porém, casos em que alguns indivíduos fingem ou simulam traços e comportamentos "ruins"para se encaixar. Ver S 8.2: *Emulando o Estilo de Vida Psicopático.*

Um verdadeiro psicopata corporativo pode fingir traços de liderança e gestão procurados pelos executivos ao tomarem decisões sobre contratações, promoções e planejamento de sucessão. Um comportamento encantador e uma fala pomposa podem ser confundidos com *liderança carismática* e *autoconfiança.* Além disso, devido a sua importância crítica para a liderança eficaz, o carisma observado em um candidato pode levar ao "efeito de halo" — ou seja, uma tendência à generalização em entrevistadores e tomadores de decisão, que passam a determinar a personalidade completa de alguém a partir de um único traço. O efeito de halo "preenche as lacunas" na ausência de outras informações sobre a pessoa e pode obscurecer julgamentos mais críticos. Conforme mencionado anteriormente, mesmo pesquisadores experientes — que *sabem* que estão lidando com um psicopata — com frequência aceitam as coisas pelo que parecem ser.

A habilidade de *influenciar* eventos e decisões e de *persuadir* pares e subordinados a apoiar seu ponto de vista são habilidades críticas de gestão executiva. Nem todos as possuem no nível exigido pelos cargos de liderança geral. As empresas constantemente procuram pessoas que as tenham e investem somas consideráveis de dinheiro no treinamento e desenvolvimento de equipe para aprimorá-las. Encontrar alguém que parece ter um talento natural para influenciar e persuadir é raro. Quando acontece, é difícil que quem esteja tomando as decisões consiga enxergar além disso. Sabemos que psicopatas são mestres na enganação e na manipulação — especialmente com seu verniz de charme fingido —, levando à percepção de que têm grandes habilidades persuasivas e de liderança.

O *pensamento visionário*, a habilidade de conceitualizar o futuro da organização, é uma aptidão complexa que requer uma perspectiva ampla, a capacidade de integrar múltiplos pontos de vista e um talento para avaliar o futuro — ou seja, de *pensar estrategicamente.* Psicopatas não são bons em estabelecer metas estratégicas de longo prazo e em trabalhar para alcançá-las. Eles são muito mais oportunistas.

No entanto, conseguem tecer histórias convincentes sobre situações e eventos dos quais sabem muito pouco, transformando-as em visões surpreendentemente críveis do futuro. Como essa capacidade de enxergar além é muito incomum em pessoas comuns, não é de se espantar que os discursos dos psicopatas — vagos, porém convincentes; ilógicos, porém críveis; incoerentes, mas cativantes; envolventes, porém cheios de mentiras — pareçam um vislumbre brilhante do rumo que a organização deveria tomar. Isso é especialmente verdadeiro em tempos caóticos, quando poucos conseguem fazer essas previsões brilhantes e muitos estão carentes de liderança — em busca de um salvador ou de um cavaleiro de armadura brilhante.

A história oferece alguns bons exemplos de líderes que possuíam e sabiam fazer uso da complexa mescla de qualidades executivas de alto nível necessárias para lidar com situações difíceis. Na última e mais decisiva batalha pela Gália, o inimigo sobrepujava impiedosamente o exército de Júlio César. Suas tropas estavam em número consideravelmente menor e cercadas. A longa campanha de César para tomar a Gália parecia próxima de fracassar. Entretanto, vendo que tudo estaria perdido, ele vestiu sua armadura e seu manto escarlate — para que o inimigo pudesse vê-lo com facilidade — e liderou suas tropas de reserva para a batalha. Ainda em número menor, seus soldados se reagruparam e o exército inimigo, percebendo que *Júlio César, em pessoa,* liderava o ataque, fraquejou. A história registra a vitória de César, assim como sua importância e perspicácia na luta. Sabemos que ele era carismático, um orador influente e persuasivo e um líder visionário, cujas estratégias são ensinadas nos colégios militares até hoje. Seria César um grande líder ou será que obteve êxito por causa dos traços de impulsividade psicopática e comportamento de risco extremo?

É importante notar que os psicopatas — como os grandes líderes — *são* indivíduos que assumem riscos, com frequência colocando a si mesmos e aos outros (no caso de César, sua própria vida e a de seu exército; no caso dos negócios, a empresa toda) em perigo. A disposição para arriscar-se, algo geralmente difícil de quantificar ou diferenciar da estupidez, é um traço que se alinha com o que esperamos de líderes em momentos de crise. Quanto risco é apropriado? Quanto risco é necessário para salvar o dia ou, em contextos empresariais mais mundanos, atingir os objetivos? Outro traço psicopático, a *impulsividade,* acentua essa tendência, levando a ações sem planejamento e previsão suficientes. *A busca por emoções* com frequência envolve assumir riscos perigosos apenas para ver o que vai acontecer. Elementos extremos de impulsividade e busca por emoções também podem ser confundidos com *vitalidade, iniciativa, coragem* e a habilidade de ser *multitarefa*, todos traços importantes para a gestão.

A despeito dos perigos para sua própria vida, o comportamento arriscado de César na última batalha pela Gália estava longe de ser psicopático. César corria riscos, mas era *prudente*, pois avaliava a realidade que enfrentava, os recursos de que ele mesmo (e o inimigo) dispunha, as probabilidades que influenciariam o resultado e o perigo que sua legião corria caso *não* se arriscasse. César também não buscava emoção a troco de nada, pelo menos não na intensidade exibida pelos psicopatas. Ele e sua legião romana eram uma máquina disciplinada, que nem de longe faziam jus à imagem de líder descontrolado e seu bando de psicopatas, que guerreavam apenas pelo gosto de fazê-lo.

A pobreza emocional dos psicopatas — ou seja, sua inabilidade de sentir emoções humanas normais e sua falta de consciência — pode ser confundida com outras três qualidades executivas: as habilidades de *tomar decisões difíceis*, de *controlar as emoções* e de *manter-se calmo sob pressão.* Tomar decisões difíceis é uma das tarefas de gestão que os executivos realizam quase diariamente. Seja decidir a favor de um plano de marketing no lugar de outro, seja litigar ou aceitar um acordo em um processo legal, seja escolher fechar uma fábrica, decisões importantes estão cercadas de componentes emocionais. A maioria dos executivos frequentemente tem que suspender sua própria reação emocional aos eventos para que sejam eficientes. Eles têm sentimentos, mas as restrições de seus trabalhos frequentemente os impedem de compartilhar essas emoções com os outros, com exceção da família ou de confidentes próximos. É de particular importância, conforme ditado pela realidade de negócios, parecer frio e calmo no meio do turbilhão. É possível imaginar César vestindo seu manto vermelho com tranquilidade enquanto contemplava a eventualidade de sua própria morte. Com certeza, Rudolph Giuliani e George W. Bush, à época, respectivamente, prefeito da cidade de Nova York e presidente dos Estados Unidos, demonstraram uma calma incrível, por um período extenso, depois dos ataques ao World Trade Center. Eles receberam crédito por manter a cidade e o país sob controle enquanto analisavam o problema e lidavam com ele.

Além de temperamento e inteligência, a liderança com frequência requer experiência e sabedoria, especialmente quando se enfrentam situações inéditas. Em 15 de janeiro de 2009, o capitão Chesley Sullenberger, ou Sully, havia acabado de decolar do aeroporto LaGuardia, em Nova York, quando uma revoada de gansos entrou no caminho, danificando os motores do avião. Sem tempo a perder, enquanto a aeronave de várias toneladas se transformava instantaneamente em um planador em queda livre sobre uma das cidades mais populosas do país, o capitão Sullenberger tomou a decisão de pousar no rio Hudson — recusando a alternativa que o controle de tráfico aéreo lhe dera de tentar dar meia-volta, planar sobre a cidade e aterrissar no aeroporto. Ele nunca havia feito isso antes; poucos pilotos já o fizeram. O capitão pousou a aeronave e supervisionou sua evacuação, o que os jornais na época chamaram de "Milagre no rio Hudson". Todas as 155 pessoas a bordo sobreviveram. Investigação e análises subsequentes comprovaram que ele tomou a decisão correta naqueles poucos minutos.

É fácil confundir um comportamento motivado pela psicopatia com expressões de liderança genuína, especialmente quando esse comportamento é cuidadosamente embalado como liderança. Em casos assim, em que a *persona* falsa é tão fortemente atrelada às expectativas do negócio, a ficção psicopática do "líder ideal" funciona bem. Em geral, bons resultados e um histórico consolidado são essenciais para diferenciarmos as duas coisas.

QUESTÕES PARA DISCUSSÃO

➲ Você já trabalhou junto a um vigarista, um valentão ou um titereiro?

➲ Ele ou ela era eficaz como líder?

➲ Pense no "melhor chefe" que já teve: que traços ou comportamentos dessa pessoa o conquistaram?

S 8.1
O titereiro

Um criminoso disse isto sobre seu papel no assassinato do pai e na tentativa de assassinato da mãe e da irmã de um amigo:

— Um amigo meu chegou e começamos a conversar, para nos conhecermos melhor. Bom, eu comecei a *conhecê-lo* melhor. Porque quanto mais ele me contava sobre si mesmo, mais munição eu tinha. Quanto mais sei sobre um cara, mais sei quais botões apertar. Então, comecei a apertá-los. Ele tinha muitos problemas de infância mal resolvidos, então tentei chegar até a raiz do problema e passei a encorajá-lo a sentir muita raiva, muita hostilidade em relação à família. Falei: "Eles têm dinheiro. Por que você não pega um pouco? Eu te ajudo a gastar, porque sou seu amigo". A gente se juntou, a coisa foi piorando, e incentivei a piora. Não sei se lá no fundo eu acreditava mesmo na capacidade dele, mas não ligava. Então, aquilo começou a virar um plano. Eu só jogava lenha na fogueira. Quanto mais lenha eu jogasse, maior a minha recompensa. E ainda havia aquela sensação de controle, de poder. Eu era o *titereiro* puxando as cordinhas.

As duas primeiras tentativas de assassinato fracassaram, mas a terceira, não. O criminoso assistiu à pessoa quieta e introvertida que estava manipulando matar o pai com um taco de beisebol. Em seguida, eles botaram fogo na casa.

O criminoso manipulado foi sentenciado a 25 anos de cadeia sem possibilidade de liberdade condicional. Ele se casou na prisão e tem uma filha. Nos bastidores de um documentário para a TV, explicou para Hare seu comportamento de muitas formas curiosas, inclusive culpando seu pai pelo ocorrido. No final da sessão, o entrevistador perguntou:

— Então, se você pudesse voltar atrás e mudar as coisas, por onde começaria?

O criminoso respondeu:

— Eu penso com frequência no que faria se pudesse voltar atrás, *mas aí não teria aprendido tudo o que sei*… Eu não quero me estender sobre os aspectos negativos. Quero me reintegrar à sociedade e criar minha família. Ser um marido para a minha esposa, um pai para a minha filha, novamente um filho para a minha mãe. É por isso que anseio.

Ele está agora em liberdade condicional, dez anos antes do prazo determinado.

S 8.2
Emulando o estilo de vida psicopático

As atitudes e os comportamentos de indivíduos com muitas características psicopáticas são sistêmicos, ocasionados por uma síndrome natural que define seu estilo de vida em geral. Entretanto, existem pessoas de natureza menos psicopática e mais pragmática e adaptável que *adotam ou fingem* alguns dos aspectos de um "estilo de vida psicopático", com o objetivo de serem bem-sucedidas, "se encaixarem" ou se sobressaírem em uma profissão ou organização que recompense esses comportamentos. Alguns indivíduos podem obter êxito nessa transformação pessoal ao se tornarem bajuladores, acólitos oportunistas e arrivistas que espelham seus comportamentos no de seus superiores psicopáticos, um processo comum durante guerras, em cultos e em organizações terroristas e criminosas. Alguns acontecimentos especiais, como uma guerra, podem exigir que indivíduos adquiram comportamentos que não adotariam em outras circunstâncias. Na série ficcional *Black Sails* (3º episódio da 4ª temporada), piratas e a Marinha Real Britânica estão disputando o controle de Nassau, nas Bahamas, no começo do século XVIII. O comandante militar de Nassau diz ao governador:

— Bons homens não é o que este momento exige. Agora, precisamos que homens sombrios façam coisas sombrias.

Claro, quanto maior a tendência psicopática inicial, mais fácil será seguir o caminho da preservação pessoal e da predação corporativa. Muitos livros de psicologia popular e de autoajuda promovem ou justificam uma filosofia de ganância agressiva e de orgulho exagerado, bem como a importância de ser o "número um". Alguns comentaristas escrevem sobre "o bom psicopata" (um oximoro?), enquanto outros nos dizem como usar nossas tendências psicopáticas dormentes para alcançar sucesso, fama e fortuna.

Isso pode representar um problema para aqueles que monitoram e avaliam esses falsos psicopatas (por exemplo, funcionários de Recursos Humanos) e devem distingui-los dos psicopatas de verdade. Por isso, para avaliar qualquer indivíduo é essencial levar em conta muito mais do que apenas o comportamento no ambiente profissional e o "instinto".

O CASO DE DAVE

ATO 4

AS DÚVIDAS SAEM, DANÇANDO

Frank acenou para o segurança enquanto estacionava seu carro junto ao prédio. Pegou sua pasta e, assim que entrou, foi para o refeitório pegar o café. Era terça-feira, dia de confeitaria gourmet, por isso, foi diretamente para o que era bom. Sempre gostava de chegar cedo depois de uma viagem a trabalho para adiantar o serviço acumulado em sua mesa durante sua ausência. Acenando para alguns funcionários enquanto saía, foi para sua sala, acendeu a luz, parou e ficou olhando. Tudo parecia estar como ele deixara na sexta-feira à noite, exceto o cesto de lixo, que ele colocara perto da porta e que Marissa, a supervisora de limpeza, tinha esvaziado e devolvido ao lugar certo, atrás da mesa.

— Hummm — resmungou. Caminhou até o aparador, apoiou ali sua pasta e a abriu. Virou-se e, enquanto colocava o café no descanso de copo em sua mesa, viu um pen-drive amarelo sobre a pilha de papéis que havia deixado ao sair.

— Ouvi dizer que a reunião foi ótima — disse Dave, da porta.

— Foi, sim. Eles gostaram do material — disse Frank, apanhando o pen-drive.

— Essa passou perto, hein? — disse Dave, rindo.

— Dave, venha cá. Vamos conversar — disse Frank, decidido a confrontar Dave com firmeza. Queria entender o que acontecera no final de semana. Dave sentou-se e cruzou as pernas. Frank prosseguiu, erguendo o pen-drive na mão e gesticulando com ele. — Dave, o que aconteceu no domingo? Tentei entrar em contato com você depois de olhar o material que você me deu. Fiquei...

— Eu não estava em casa de manhã — interrompeu Dave. — Quando recebi sua mensagem, percebi que algo terrível tinha acontecido. Vim correndo para o escritório, esperando que fosse um erro simples... que talvez você tivesse deixado o pen-drive cair quando estava de saída... e o encontrei aqui. — Dave se virou de leve e indicou um ponto do carpete. — Então, me dei conta imediatamente do que havia ocorrido. Sabia que você já estava no avião, então decidi enviar o arquivo por e-mail para você e para o John, caso você não estivesse com o seu computador.

Dave fez uma pausa e Frank, virando o pen-drive na mão, perguntou:

— Foi isso aqui que você deixou para eu levar na reunião?

— Isso, Frank. Por quê? — Dave parecia intrigado. — Não fiz o certo, enviando o arquivo para a reunião?

Frank voltou-se para a sua pasta e tirou de lá o pen-drive azul que tinha encontrado no pacote deixado por Dave na sexta-feira.

— O que é isso, então? — indagou ele.

— Esse é o meu rascunho. Uso azul para os rascunhos e amarelo para as versões finais — disse Dave, objetivamente.

— Dave, não havia nada na pasta que indicasse a existência de um arquivo final, amarelo ou não. Por que você me deu o pen-drive com o rascunho, se eu...

— Frank — disse Dave, ficando sério —, eu te dei os dois. A culpa não é minha se você deixou um deles cair ao ir embora. Eu fiz tudo o que pude para ajudar. Foi um erro, eu entendo, mas não contei ao John que você perdeu o arquivo. Dei um jeito e as coisas deram certo, não foi?

— Dave... — começou Frank.

— Frank, não sei o que você está querendo dizer, mas deixei contigo o material de rascunho porque sei que você gosta de ver os detalhes e de checar o trabalho de todos. Imaginei que gostaria de dar uma olhada no material de referência.

— Seu rascunho foi tirado de uma revista! — disse Frank, erguendo um pouco a voz e endurecendo o tom.

— Eu sei — retrucou Dave. — Você não se lembra de ter me dito que aquele artigo era um excelente exemplo de apresentação? Eu o escaneei e usei como modelo da apresentação para o comitê. Pensei que fosse isso que você queria. Não ficou tão boa quanto o artigo do qual você gostou?

Frank estava perplexo. A história de Dave fazia sentido. Sim, ele havia elogiado a matéria sobre o concorrente e a tinha mostrado para Dave.

— E os números, e os gráficos?

— Eram só para marcar a posição até eu reunir os dados corretos. O formato final é o mesmo, mas com os nossos números, gráficos e imagens. — Dave parou, e sua expressão ficou séria. — Eu não fiz nada de errado, Frank, e estou um pouco desapontado que você esteja insinuando isso.

— Não estou insinuando nada disso, Dave. Só estou tentando entender o que aconteceu.

— Bem, você mesmo disse: deixou o arquivo cair ao sair. Um erro bobo, nada que justifique uma tempestade em copo d'água. Estava esperando receber um elogio pela ótima apresentação e por salvar o dia, mas...

— A apresentação ficou incrível, Dave. Você fez um excelente trabalho, obrigado. Estou falando sério. Todo mundo ficou impressionado — disse Frank.

— Agradeço, Frank, obrigado. Recebemos o O.K. para seguir em frente?

— Isso, a pleno vapor — disse Frank, sorrindo. — Reúna suas instruções para a equipe, e vamos nos reunir amanhã para discutir o cronograma.

— Sim, chefe! — respondeu Dave, batendo uma continência de brincadeira, mas sorrindo abertamente.

Frank se levantou e estendeu a mão para Dave. Os dois se cumprimentaram com firmeza e Dave saiu do escritório.

Frank trabalhou o dia todo, estendendo o expediente até o anoitecer. Por volta das sete e meia, ligou para a mulher para avisar que estava voltando para casa. Às vezes sentia que precisava compensar o tempo que passava longe do escritório, mas sua esposa sabia que ele simplesmente sentia falta da excitação e gostava de trabalhar até tarde.

Quando Frank desligou o telefone, Pete, o rapaz da limpeza, entrou.

— Desculpe, sr. Frank — disse, voltando para o corredor.

— Ah, tudo bem, Pete, estou de saída. Pode entrar. — Frank arrumou as coisas em sua pasta, pegou o terno pendurado atrás da porta do escritório e acenou para Pete. Depois, parou, pensou por um instante e perguntou: — A Marissa está por aqui?

— Sim — disse Pete. — Está no final do corredor, à esquerda.

— Obrigado, tenha uma boa-noite — disse Frank, saindo pelo corredor.

QUESTÕES PARA DISCUSSÃO

⊃ Dave está falando a verdade?

⊃ Como Dave neutralizou a raiva de Frank e fez com que ele questionasse sua própria percepção da situação?

⊃ Quem criou, de fato, a apresentação final?

9

UM ESTUDO EMPÍRICO ÚNICO SOBRE A PSICOPATIA CORPORATIVA[83]

NEM TODOS OS PSICOPATAS ESTÃO NA CADEIA.
ALGUNS ESTÃO NA DIRETORIA.

A declaração acima foi uma resposta casual de Hare a uma pergunta feita no final de uma palestra proferida na reunião da Associação Canadense de Polícia [Canadian Police Association], em 2002, em São João da Terra Nova, na província de Terra Nova e Labrador. A pessoa que fez a pergunta era, por acaso, um jornalista, e ao longo dos dias seguintes a imprensa internacional reproduziu o artigo de jornal escrito por ele, tratando a declaração como uma espécie de revelação. Os relatos da mídia claramente expressavam a visão popular de que a psicopatia equivale à criminalidade e à violência, assim como o fascínio dos veículos e do público por crimes e caos, tipicamente atribuídos a "psicopatas" e "sociopatas". Geralmente, as manchetes e programas de televisão populares sobre assassinatos são as únicas fontes de contato entre o público e o conceito de psicopatia, resultando em desinformação e mal-entendidos consideráveis. A maioria das pessoas só vê conteúdos de entretenimento que, com frequência, retratam psicopatas como indivíduos um tanto heroicos que não se atêm às convenções sociais comuns. Entretanto, os mesmos indivíduos reagiriam com horror se vivenciassem ou presenciassem os atos cruéis mostrados em programas televisivos e em filmes. Também é o caso de executivos e profissionais, que veem pouca relevância nessa realidade em suas interações com os colegas de trabalho.

Infelizmente, estudos empiricamente confiáveis a respeito da psicopatia corporativa são raros. A maioria dos estudos (inclusive vários feitos pelos autores deste livro) baseia-se em inventários de autodescrições de personalidade e em avaliações de personalidades sombrias variadas. Entre esses estudos incluem-se *A Tríade Sombria* (psicopatia, narcisismo e maquiavelismo) e, com a inclusão do sadismo, *A Tétrade Sombria*. Isso é problemático, já que as autodescrições de personalidade em um contexto corporativo provavelmente envolvem apresentar-se sob um bom prisma, especialmente no caso de pessoas com uma tendência natural para manipular e enganar os outros. Muitos desses estudos não são realizados em ambientes de trabalho tampouco. Em vez disso, universitários ou indivíduos aleatórios são recrutados em sites de *crowdsourcing*, como o Mechanical Turk, da Amazon. E mais: muitas dessas pesquisas usam cenários semelhantes a um laboratório, com tarefas projetadas para simular o mundo corporativo real. É difícil saber quanto esses estudos de simulação aproximada e as interpretações dos pesquisadores a respeito deles são capazes de nos informar sobre o papel da psicopatia e da personalidade no ambiente profissional. Infelizmente, muitos relatos desses estudos na mídia levam suas descobertas ao pé da letra.

Isso não quer dizer que inventários baseados em autorrelatos não sejam úteis no estudo da personalidade nas esferas pública e corporativa. Eles fornecem vislumbres gerais sobre como traços de personalidade se relacionam com comportamentos em diferentes contextos, oferecem a base para o desenvolvimento de teorias relevantes sobre um contexto específico (por exemplo, tipos e padrões de maus comportamentos corporativos) e facilitam a condução de estudos em larga escala.

As organizações, por sua vez, quase sempre relutam em usar medições de psicopatologias, exceto em circunstâncias especiais, como a contratação de funcionários críticos à segurança pública (ou seja, policiais, bombeiros, operadores de usinas nucleares).[84] O medo de violar leis de privacidade e o risco de serem alvos de processos legais inibem a pesquisa nessa área. Como resultado, sabemos relativamente pouco sobre a associação entre psicopatia e, por exemplo, o status e o desempenho em ambientes corporativos.

Embora a psicopatia, falando de modo amplo, reflita uma antis-sociabilidade fundamental,[85] alguns traços psicopáticos (por exemplo, frieza, grandiloquência, caráter manipulador) podem estar relacionados à habilidade de construir argumentos persuasivos e de tomar decisões insensíveis, enquanto outros (por exemplo, impulsividade, irresponsabilidade, controle comportamental limitado) têm a ver com a incapacidade de tomar decisões e desempenhar tarefas de maneira satisfatória. Além disso, ainda que uma mistura particular de traços psicopáticos possa ser compatível com um bom desempenho em algumas vagas de comando em certos ambientes corporativos, é provável que a confluência de muitos traços psicopáticos geralmente esteja mais relacionada à aparência de um bom trabalho do que com um bom desempenho em si.

Esse problema é exacerbado pelo fato de que muito do que sabemos sobre a psicopatia origina-se de pesquisas clínicas e empíricas com populações de criminosos e pacientes de manicômios judiciários (onde as pontuações para psicopatia são elevadas e a informação necessária para a realização de avaliações confiáveis está prontamente disponível). Some-se a isso o fato de que a maioria dos estudos sobre as personalidades corporativas faz uso de instrumentos de autorrelato com validação limitada para avaliar candidatos a vagas sofisticadas ou a promoções de cargo.

Até pouco tempo atrás, tínhamos uns poucos estudos com amostragem pequena, anedotas e especulações sobre a psicopatia corporativa e suas implicações. Em grande parte, isso decorria da dificuldade de se obter a cooperação ativa de empresas e seu pessoal para as pesquisas. Ao mesmo tempo, existe um interesse considerável do público e da mídia em aprender sobre os tipos de pessoas que desonram seus cargos de influência e confiança, fraudam clientes, investidores, amigos e familiares, conseguem ludibriar entidades reguladoras com sucesso e parecem indiferentes ao caos financeiro e ao sofrimento pessoal que causam.

Quando lidamos com gigantescos esquemas de pirâmide, desvios de fundos, negociações com informações privilegiadas, fraudes de hipotecas e golpes virtuais, é inevitável que a psicopatia seja invocada como explicação para um comportamento tão cruel e socialmente devastador. Entretanto, existe uma escassez de dados empíricos sobre o papel da psicopatia em casos de fraude, corrupção, prevaricação e outras violações escandalosas da confiança pública. Precisamos de mais pesquisas, mas também devemos investigar uma questão relacionada e igualmente importante: *a prevalência, as estratégias e as consequências da psicopatia no mundo corporativo.* Os dados reunidos a partir dessas pesquisas forneceriam pistas valiosas sobre a psicopatia corporativa em geral e estabeleceriam uma base empírica para que se conduzissem e se avaliassem pesquisas sobre os canalhas mais notórios que causaram devastação financeira e emocional na vida das pessoas. Embora casos de magnitude tenham passado a receber mais atenção regulatória e da mídia, também deveríamos nos preocupar com os casos de fraude e corrupção internas, menos espetaculares, porém mais comuns, vivenciados por muitas corporações e também por pequenas empresas no mundo todo. Sabemos pouco sobre esses indivíduos ou sobre como eles conseguem evitar acusações, demissões ou censuras formais, às vezes com a ajuda das próprias organizações, que lutam para manter os problemas em sigilo. Ver S 9.1: *Fraude Econômica e Corporativa.*

UM ESTUDO CORPORATIVO EMPÍRICO UTILIZANDO O PCL-R

Mencionamos de maneira breve um estudo seminal no capítulo anterior, mas queremos oferecer ao leitor interessado uma análise aprofundada do que descobrimos. Esse estudo surgiu de um conjunto incomum de circunstâncias. Ao longo de vários anos, o autor principal (P. B.) avaliou, em sete empresas americanas, 203 funcionários de alto nível (77,8 por cento eram homens; 22,2 por cento, mulheres) selecionados para participar de programas de desenvolvimento gerencial. O PCL-R foi preenchido (ver Tabela 2.1) para cada participante mediante anotações de campo abrangentes feitas a partir de reuniões individuais, observação das interações sociais e com a equipe de trabalho, além de conversas com os supervisores, colegas e subordinados dos participantes. Algumas pontuações foram revisadas por P.B. junto ao segundo autor deste livro (R. H.). Tivemos que omitir dois itens por serem inaplicáveis, já que se referem a sujeitos criminosos (Revogação da liberdade condicional; Versatilidade criminal), e rateamos a pontuação da escala de vinte itens entre os dezoito remanescentes, usando o procedimento padrão esboçado no manual do PCL-R.[86] Com essas informações, estávamos em posição de determinar a prevalência, a distribuição e a estrutura dos traços psicopáticos na amostragem. O mais importante: tínhamos acesso a medições cruciais e *independentes* de desempenho e de desenvolvimento em gestão fornecidas pelas corporações, o que permitia que determinássemos a extensão e o modo como a psicopatia se relacionava com essas variáveis. Para um exemplo de como *não usar* o PCL-R como base para pesquisas no mundo empresarial, ver S 9.2: *O Erro na Medição da Psicopatia Corporativa*.

DOMÍNIOS DE COMPETÊNCIA

Embora tivessem algumas diferenças de formato e na formulação de alguns itens, os instrumentos de avaliação usados por todas as empresas baseavam-se nas mesmas variáveis de resultados, o que era típico, na época, para definir "liderança". Esses itens de avaliação abordavam seis áreas, ou domínios, de competência de gestão um tanto amplos:

1. **Habilidades Comunicacionais:** montar apresentações; redigir mensagens/relatórios; representar a empresa publicamente; treinar outros funcionários;
2. **Criatividade/Inovação:** gerar ideias novas e diferentes (Criatividade) e/ou levá-las para o mercado (Inovação);

3. **Pensamento Estratégico:** enxergar o quadro geral; ter visão; determinar objetivos de longo prazo;
4. **Habilidades de Liderança:** tomar decisões; solucionar problemas; resolver questões sem precisar de orientação; possuir integridade;
5. **Estilo de Gestão:** ter a habilidade de usar as pessoas de maneira eficaz e produtiva; resolver problemas individuais; ter sensibilidade para com os outros, inclusive em questões de diversidade; saber delegar; montar uma equipe; e
6. **Trabalho em Equipe:** dar-se bem com os colegas de trabalho, assim como em equipes interdisciplinares; demonstrar capacidade de colaboração; compartilhar informações e mérito com a equipe; manter os outros informados; esforçar-se para obter consensos.

Para cada uma das seis variáveis, os participantes recebiam uma nota média, categorizada como Alta (ou seja, um ponto forte), Média (indicando a necessidade de melhorar) ou Baixa (indicando uma fraqueza, uma área em que era necessário haver treinamento ou práticas de coaching executivo). Codificamos essas notas como 3, 2 e 1, respectivamente.

A maioria das grandes organizações adota avaliações de desempenho formais anuais que, em geral, levam a recomendações de treinamento e opções de desenvolvimento. A maioria das empresas usa uma escala de cinco pontos para a Avaliação de Desempenho, indo de 5 (muito acima das expectativas) até 1 (muito abaixo das expectativas). Uma análise fatorial exploratória dos seis itens de competência de gestão somada à avaliação de desempenho revelou dois fatores, ou combinações, claros:

1. **Estilo de Apresentação/Carisma.** Esta combinação consistia das três primeiras áreas de competência listadas acima: Habilidades Comunicacionais, Criatividade/Inovação e Pensamento Estratégico.
2. **Responsabilidade/Desempenho.** Esta combinação consistia das outras três áreas de competência: Estilo de Gestão,

Trabalho em Equipe e Habilidades de Liderança, além da Avaliação de Desempenho.

A principal motivação do estudo era responder à questão: até que ponto essas combinações se relacionam com a psicopatia? À luz do que sabemos sobre ela, esperávamos que indivíduos com pontuações elevadas no PCL-R obtivessem notas altas em Estilo de Apresentação/Carisma e baixas em Responsabilidade/Desempenho. Ou seja, pareceriam bons, mas teriam um desempenho ruim.

PONTUAÇÕES DA PSICOPATIA

A pontuação no PCL-R dos executivos variou de 0 a 34, com uma média geral do grupo equivalente a 3,6. Ou seja, o nível de psicopatia nessa amostra era muito baixo. "Todavia, nove dos participantes (4,4 por cento) tiveram uma pontuação igual ou superior a 25, oito (3,9 por cento) tiveram uma pontuação igual ou superior a 30 (o limiar usual para a psicopatia em pesquisas), dois marcaram 33 pontos e um, 34 pontos. Para efeitos de comparação, a pontuação média de criminosos encarcerados do sexo masculino é de aproximadamente 22, com cerca de 15 por cento das pontuações encontrando-se na faixa igual ou maior que 30" (p. 183).[87] Babiak e seus colegas notaram que, curiosamente, "dos nove participantes com uma pontuação de 25 ou mais no PCL-R, dois eram vice-presidentes, dois eram diretores, dois eram gestores ou supervisores e um ocupava outro cargo de gestão; assim, eles já tinham alcançado status e poder consideráveis em suas respectivas organizações" (p. 185). Análises estatísticas indicaram que as pontuações PCL-R identificaram os mesmos quatro fatores ou dimensões encontrados com o PCL-R e o PCL: SV: Interpessoal, Afetivo, Estilo de Vida e Antissocial.

COMPARAÇÃO COM A AMOSTRA COMUNITÁRIA

Como não havia nenhuma grande amostra do PCL-R de uma comunidade para comparar com a distribuição das pontuações corporativas, convertemos os resultados do PCL-R para "equivalentes do PCL: SV", multiplicando cada nota do PCL-R por 12 sobre 20 (o PCL: SV tem doze itens; o PCL-R, vinte). Isso nos permitiu comparar a distribuição das notas do PCL: SV na amostra corporativa com uma grande amostra comunitária,[88] parte de um imenso estudo para identificar indícios de comportamento violento potencial entre pacientes. A comparação nos diz algo sobre a prevalência de traços psicopáticos em uma comunidade e em uma amostra corporativa.

As duas distribuições, exibidas na Figura 9.1, são muito similares, com a maioria das pessoas em cada amostra recebendo notas muito baixas. A pontuação média para a amostra comunitária foi de 2,7 e a da corporativa, um pouco mais baixa: 2,2. Contudo, dez integrantes (0,2 por cento) da amostra comunitária e seis integrantes (3 por cento) da amostra corporativa obtiveram uma pontuação PCL: SV equivalente a 18 ou mais (o limiar para a psicopatia em pesquisas). Curiosamente, 6,9 por cento dos executivos (contra 1,2 por cento da amostra comunitária) tiveram uma nota no PCL: SV de 13 ou mais, considerada por alguns pesquisadores indicativo de "potencial" ou "possível" psicopatia.[89] Como indicamos acima, indivíduos com uma pontuação tão alta podem causar muitos problemas sérios às pessoas ao seu redor e à população em geral.

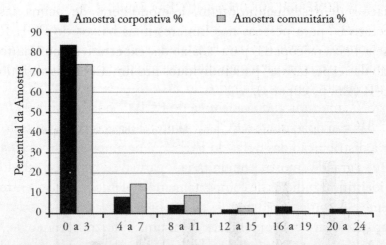

Figura 9.1 Distribuição de pontuações do PCL: SV na amostra comunitária e "equivalentes" do PCL: SV na amostra corporativa. Dados comunitários de Neumann e Hare (2007). Dados Corporativos de Babiak et al. (2010).

FAÇA O QUE EU DIGO...

O título do artigo descrito neste capítulo é "Psicopatia Corporativa: Faça o que eu digo...". Baseamos o título nos resultados, que são um tanto dramáticos.

Primeiro, considere as pontuações nas variáveis da combinação *Estilo de Apresentação/Carisma*. Como dizem Babiak et al. (p. 196), "conforme a pontuação do PCL-R aumentava, ocorria um leve aumento na percepção de que o participante tinha boas habilidades de comunicação e era criativo e inovador".[90] Note que, em um limiar moderado ou alto do PCL-R, a maioria das pontuações situa-se entre "satisfaz as expectativas" e "acima das expectativas". Em um nítido contraste, como demonstra a Figura 9.2, conforme o limiar do PCL-R *subia*, ocorria uma forte *queda* na nota de avaliação do participante em Estilo de Gestão, Trabalho em Equipe e Habilidades de Liderança, assim como em suas avaliações de desempenho. De fato, as variáveis de competência que obtinham notas "Médias" ou "Altas" em limiares baixos do PCL-R caíam bruscamente para "Baixas" nos limiares mais altos do PCL-R. Semelhantemente, as avaliações de desempenho caíam, de modo geral, de "acima das expectativas" para pessoas nos limiares mais baixos do PCL-R (ou seja, baixa psicopatia) para "abaixo das expectativas" ou "muito abaixo das expectativas" para indivíduos nos limiares mais altos do PCL-R (alta psicopatia).

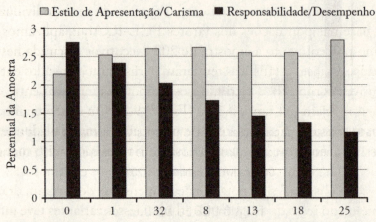

Figura 9.2. Notas médias de Estilo de Apresentação/Carisma e de Responsabilidade/Desempenho em função de diferentes limiares do PCL-R. Babiak et al. (2010).

Lembre-se de que nove pessoas na amostra tiveram pontuação do PCL-R igual ou superior a 25. Esse grupo, ou seja, aqueles que estão no intervalo da psicopatia, teve as notas *mais altas* em comunicação e *mais baixas* em desempenho. Será que isso explica por que conseguiram manter seus empregos, além de serem incluídos nos programas de desenvolvimento gerencial e nos planos de sucessão de suas respectivas empresas? Nós acreditamos que sim.

Na superfície, executivos psicopáticos mostraram muito potencial de serem promovidos. Eles falavam bem e causavam uma impressão excelente. No entanto, fracassaram em atender às expectativas, alguns deles miseravelmente. Em diversos casos, suas notas de desempenho e liderança foram tão baixas que poderiam justificar uma demissão ou transferência. De fato, dois desses indivíduos foram submetidos a ações disciplinares e colocados em avaliação probatória. Mesmo assim, na época da realização do estudo, ainda estavam na empresa. De forma não surpreendente, esses executivos processaram legalmente as respectivas empresas!

VARIAÇÕES CORPORATIVAS SOBRE O MESMO TEMA

No Capítulo 8, descrevemos a elaboração de perfis individuais com base nas pontuações dos fatores PCL-R. Aqui, aplicamos o mesmo procedimento à amostra de 203 executivos discutida neste capítulo. Análises estatísticas revelaram perfis muito parecidos entre executivos corporativos e criminosos, embora os números entre os primeiros sejam um tanto baixos (Figura 9.1). Ou seja, em ambos os casos, existem duas variantes de psicopatia, a manipuladora e a agressiva. Conforme o esperado, essas variantes são muito menos frequentes na amostra corporativa do que entre os criminosos.

Não obstante, suas notas de desempenho se destacaram drasticamente do resto da amostra. Cada uma dessas variantes teve uma nota de avaliação de desempenho abaixo da metade das recebidas pelos 91 por cento da amostra que receberam pontuação baixa nos quatro fatores de psicopatia. Nessas duas variantes de psicopatia corporativa incluíam-se vice-presidentes e diretores. A variante agressiva obteve pontuação elevada nos itens *Pouco Controle Comportamental* e *Problemas Comportamentais Iniciais* do PCL-R (ver Tabela 2.1). Podemos presumir que os indivíduos que a apresentam estão mais envolvidos do que os outros em comportamento grave e danoso a funcionários e empresa, incluindo assédio, perseguição e intimidação. Também podemos presumir que o tipo manipulador estaria envolvido em condutas ilegais graves, inclusive fraude e desvio de fundos. Nos dois casos, o estresse, a frustração e a desesperança causados aos outros funcionários devem ser difíceis de suportar. Mesmo assim, esses e outros executivos destrutivos conseguem sobreviver e até prosperar em suas organizações.

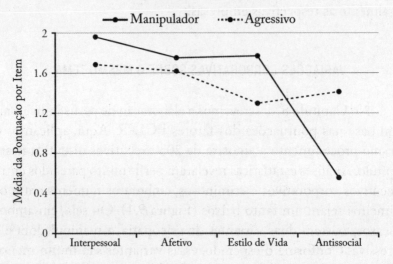

Figura 9.3. Perfis de fatores de executivos com uma pontuação igual ou maior que 30 no PCL-R.

O QUE ISSO SIGNIFICA?

Como Babiak et al. (p. 190-181)[91] resumiram e como anteriormente apontamos neste livro, a persona do "líder ideal" ou de alto potencial é, com frequência, um conceito amorfo e difícil de definir, e os executivos tendem a confiar no "instinto" para julgar um atributo tão complexo. Infelizmente, tão logo os tomadores de decisão passam a acreditar que um indivíduo tem potencial para "futuro líder", nem avaliações ruins de desempenho ou de subordinados e colegas parecem capazes de abalar essa crença. O importante é que é muito fácil confundir traços psicopáticos com traços específicos de capacidade de liderança. O que os psicopatas corporativos "dizem" obscurece o que realmente "fazem".

Os resultados desse estudo validam nossas observações destacadas em capítulos anteriores, mas vale a pena resumi-las aqui, por causa de sua importância para a compreensão de como os verdadeiros psicopatas corporativos podem manipular organizações tão facilmente:

- Seu charme e sua grandiosidade podem ser confundidos com autoconfiança ou com um estilo carismático de liderança, camuflando, assim, seu desempenho real; da mesma forma, suas habilidades de apresentação, comunicação e gestão de impressões reforçam essa imagem.
- A capacidade do psicopata de manipular os outros pode parecer poder de influência e persuasão, as marcas de um líder eficaz.
- Embora seja uma característica negativa que com frequência leva o psicopata a uma espiral descendente na vida pessoal, a ausência de objetivos de vida realistas, quando expressa pelo psicopata na linguagem corporativa apropriada, pode ser interpretada como pensamento estratégico ou "visão", um talento executivo raro e altamente valorizado.
- Mesmo as características que refletem uma severa falta de emoções humanas, ou pobreza emocional (ausência de remorso, culpa, empatia), podem ser postas a serviço do psicopata corporativo, já que ser "forte", "durão" (tomar decisões difíceis e impopulares) ou "calmo sob pressão" (sem exibir emoções em face de circunstâncias desagradáveis) pode funcionar a seu favor.
- Executivos com pontuações altas nos fatores PCL-R representam um problema particularmente sério para as organizações em que trabalham e seus funcionários.

Para uma visão geral de como a mídia errou em seus relatos e interpretações do estudo que acabamos de descrever, ver S 9.3: *Os "Dez por Cento" de Wall Street.*

QUESTÕES PARA DISCUSSÃO

➲ Você já trabalhou para ou com alguém que exibia o perfil de psicopata executivo descrito acima?

➲ Essa pessoa foi bem-sucedida ou acabou sendo descoberta e retirada de suas funções?

S 9.1
Fraude econômica e corporativa

Em sua *Pesquisa Global sobre Fraudes e Crimes Econômicos*[92] de 2018, a PricewaterhouseCoopers (PwC) relatou que 49 por cento de 7200 organizações em 123 países foram vítimas de crimes econômicos, superando os 36 por cento relatados em 2016. As fraudes reportadas com mais frequência foram apropriação indevida de bens, fraude com os consumidores e crimes cibernéticos. "Fraudadores" internos cometeram 52 por cento dos crimes, em comparação com os 46 por cento de 2016. Gestores seniores, com uma compreensão sofisticada dos procedimentos de controle e gestão de risco da empresa, cometeram 24 por cento das fraudes internas. A PwC destacou que a oportunidade para cometer fraudes é um elemento crucial no crime econômico interno. A extensão do impacto da psicopatia no crime econômico é desconhecida, mas, provavelmente, considerável. O *B-Scan 360* parece promissor para a investigação empírica dessa questão.

Agentes externos cometeram 40 por cento das fraudes; dois terços destes eram "falsos aliados da organização — agentes, fornecedores, prestadores de serviços compartilhados e clientes" (p. 9). A PwC propôs diversas medidas para se evitar o crime organizacional. As recomendações que fizeram na Pesquisa Global de 2003 continuam válidas até hoje. Sugeriram que as empresas deveriam ficar atentas ao executivo que:

- Mostrasse inclinação a envolver-se em atividades que indiquem falta de integridade;
- Tendesse a se engajar em especulações ou a aceitar riscos extraordinariamente altos para os negócios;
- Exibisse atitudes ruins em relação à obediência de obrigações legislativas ou reguladoras;
- Mostre-se evasivo, não coopere ou comporte-se desrespeitosamente com a equipe de auditoria;
- Não possua um currículo comprovado.

S 9.2
O erro na medição da psicopatia corporativa

Em uma série de artigos, Boddy e seus colegas[93,94] descreveram e utilizaram algo a que se referem como uma nova ferramenta para identificar psicopatas corporativos. Segundo Boddy et al. (p. 134)[95]: "Uma ferramenta administrativa de pesquisa, a Mensuração da Psicopatia — a versão de Pesquisa Administrativa (PM-MRV) [...] já existe. Ela se baseia no instrumento psicológico mais comumente usado no mundo para identificar psicopatas [o PCL-R] e em relatos de colegas de trabalho. Essa ferramenta de pesquisa pode ser utilizada para identificar se a psicopatia está presente na gestão corporativa".

A base dessa "ferramenta de pesquisa de gestão" era um questionário ("Seu chefe é um psicopata?") publicado na revista *Fast Company*.[96] O questionário consistia de uma simples lista dos oito itens que formam as dimensões Interpessoais e Afetivas (Fator 1) do PCL-R. Deutschman (p. 48) declarou que o PCL-R de Hare avalia vinte características de personalidade e que um subgrupo de oito características (ou seja, o Fator 1) define o que Hare chama de "psicopata corporativo". A última parte da declaração está incorreta. Nem o Fator 1 nem o Fator 2, sozinhos, são suficientes para definir a psicopatia. Em discussões entre Boddy e o editor do PCL-R, Boddy admitiu que nunca havia realmente visto uma versão clínica completa da ferramenta PCL-R e que apenas lera que o teste envolvia, em sua maior parte, entrevistas exaustivas sobre vinte áreas separadas do comportamento (comunicação pessoal entre Hare e Claudia Roy, Multi-Health Systems, 7 de outubro de 2010).

Os procedimentos usados por Boddy estão muito distantes dos padrões psicométricos e profissionais para o desenvolvimento do teste. Além disso, o PM-MRV não apenas descreve erroneamente o construto da psicopatia, mas também falha em diferenciar a psicopatia de outras personalidades sombrias: maquiavélicas, narcisistas e sádicas[97,98] (ver Suplemento S 2.3). "Separar a psicopatia, o narcisismo, o maquiavelismo e outros aspectos de personalidades sombrias é crítico para o progresso da pesquisa sobre os danos corporativos. O PM-MRV pode avaliar apenas as características comuns entre essas personalidades sombrias (os traços do Fator 1) , portanto, não pode fornecer informações essenciais sobre como suas naturezas se diferem, as estratégias que usam e suas disposições para maus comportamentos corporativos. Como instrumento de pesquisa, o PM-MRV não é específico no que tange à psicopatia e fornece informações enganosas sobre o papel do construto da psicopatia do PCL-R no mundo dos negócios. O perigo real reside na possibilidade de os executivos ou funcionários dos recursos humanos usarem essa ferramenta para tomar decisões sobre funcionários individuais." (p. 585)[99]

S 9.3
Os "Dez por Cento" de Wall Street

O artigo sobre psicopatia corporativa escrito por Babiak et al.,[100] descrito anteriormente, fez com que surgissem muitas reportagens em jornais, textos em blogs e postagens de todo tipo na Internet, a maior parte com base em alguma variação de uma afirmação incorreta de Sherree DeCovny na *CFA Institute Magazine* (março/abril de 2012, v. 23, n. 2).

No artigo, intitulado "O psicopata financeiro mora ao lado", DeCovny declarou: "Estudos conduzidos pelo psicólogo forense Robert Hare, do Canadá, indicam que cerca de 1 por cento da população geral pode ser categorizada como psicopática, mas a taxa prevalente na indústria de serviços financeiros é de 10 por cento" (p. 34).

Munido da declaração de DeCovny, Alexander Eichler escreveu um artigo para a edição de 19 de maio de 2012 do site *The Huffington Post* chamado "Um em cada dez funcionários de Wall Street é um psicopata, dizem pesquisadores".

Nem DeCovny nem Eichler entraram em contato comigo (Hare) para confirmar se essa informação estava correta. O primeiro a fazer isso foi o dr. John Grohol, que escreveu: "Procurei no PsycINFO uma pesquisa que confirmasse essa declaração e encontrei seu estudo de 2010 sobre 'psicopatia corporativa', de acordo com o qual, se fizermos as contas, pode-se chegar a 8,9 por cento da população estudada, incluindo a categoria de psicopatia 'potencial' ou 'provável'. Mas esse estudo não tratou da indústria de serviços financeiros, especificamente."[101]

Grohol postou minha resposta, junto a sua opinião sobre repórteres que não verificam os fatos.[102] Nem todos leram o site de Grohol e os meus comentários.

Em um artigo para a edição do *The New York Times* de 13 de maio de 2012, William Deresiewicz escreveu, sob a manchete "Capitalistas e outros psicopatas", o seguinte: "Existe um debate em curso neste país sobre os ricos: quem são, qual pode ser o seu papel social, se são bons ou maus. Bem, considere o seguinte. Um estudo recente descobriu que 10 por cento das pessoas que trabalham em Wall Street são 'psicopatas clínicos', que exibem falta de interesse e empatia por outras pessoas e uma 'capacidade incomparável de mentir, inventar e manipular'. (A proporção na população em geral é de 1 por cento)".

Em 15 de maio de 2012, o editor-adjunto da página de opinião do *The New York Times* me escreveu: "Temo que um ensaio escrito por William Deresiewicz na edição de domingo passado, sobre ética e capitalismo, tenha mencionado sua pesquisa de forma incorreta. Estamos tentando corrigir isso agora [...] Embora verifiquemos os fatos em todos os ensaios de opinião, deixamos esse erro passar. Queremos mesmo esclarecer tudo".

Trocamos e-mails e o editor-adjunto articulou uma errata para o *The New York Times*, que saiu assim: "Este artigo [Capitalistas e outros psicopatas] foi revisado para refletir a correção a seguir. Um ensaio de opinião publicado em 13 de maio sobre ética e capitalismo mencionou erroneamente as descobertas de um estudo de 2010 sobre a psicopatia nas empresas. O estudo descobriu que 3,9 por cento de uma amostra de 203 trabalhadores corporativos se encaixavam no limiar clínico para serem descritos como psicopatas, não que 10 por cento das pessoas que trabalham em Wall Street são psicopatas clínicos. Além disso, o estudo, publicado na revista científica *Behavioral Sciences and the Law,* não se baseou em uma amostra representativa. Os autores do estudo afirmam que o número de 4 por cento não pode ser generalizado para a população geral de gestores e executivos de grandes corporações" (20 de maio de 2012).

Em 23 de junho de 2012, o *The Huffington Post* declarou: "Um artigo publicado na edição de 28 de fevereiro de 2012 do *The Huffington Post*, 'Um em cada dez funcionários de Wall Street é um psicopata, dizem pesquisadores', estava incorreto e foi retirado do ar". Além disso, "a *CFA Institute Magazine* não respondeu aos pedidos repetidos por comentários. O *The Huffington Post* sente muito pela imprecisão".

Por que esses fatos me preocupam? Um estudo empírico com uma amostra específica de executivos se transformou em notícia falsa sobre a psicopatia em Wall Street. Cientistas conduzem pesquisas porque desejam compreender um problema ou fenômeno específico, não para que seu trabalho seja utilizado em comentários políticos sobre "os ricos" de Wall Street.

O B-SCAN: UMA MEDIDA DA PSICOPATIA CORPORATIVA

VOCÊ JÁ SE PERGUNTOU O QUE LEVA UM CEO GENEROSAMENTE RECOMpensado a trapacear, mentir e roubar? Talvez ele seja um psicopata, e agora existe um teste, o B-Scan 360, que pode ajudar a determinar isso. O B-Scan foi concebido por Paul Babiak, um psicólogo organizacional, e Robert Hare, o criador da ferramenta padrão para diagnosticar características psicopáticas em presidiários. O B-Scan é a primeira tentativa formal de descobrir tendências similares em grandes empresários, demonstrando a crescente suspeita de que os psicopatas podem ser especialmente hábeis em escalar a hierarquia corporativa. (M. Steinberger, New York Times Magazine, *12 de dezembro de 2004)*

Essa citação apareceu na quarta edição do *Anuário de ideias* [*Annual Year in Ideas*] do *New York Times* como um dos melhores novos conceitos apresentados ao longo dos doze meses anteriores.[103]

O PCL-R e seus derivados são escalas de classificação preenchidas por profissionais qualificados a partir de entrevistas e informações de arquivo/de terceiros. Mensurações de personalidade e psicopatia que utilizam autorrelatos são populares para projetos de pesquisa em grande escala, mas têm limitações na avaliação individual. Em particular, são suscetíveis ao gerenciamento de impressões, que indivíduos psicopáticos sofisticados são hábeis em usar.[104,105] Nossa intenção era elaborar um instrumento que medisse a psicopatia a partir dos comportamentos, condutas e atitudes muitas vezes sutis do psicopata corporativo que escapam à atenção dos gestores. Parte da nossa motivação era não apenas avançar o campo da pesquisa sobre psicopatia corporativa, mas também oferecer às empresas um vislumbre dos comportamentos invisíveis e verdadeiramente problemáticos que podem causar prejuízos aos negócios e aos funcionários.

ORIGENS DO BUSINESS-SCAN 360 (B-SCAN 360)

Com base em seus primeiros trabalhos com psicopatas corporativos, Babiak descreveu as etapas seguintes:

Após a compreensão de que eu havia descoberto um psicopata trabalhando na indústria, algo que relatamos no Capítulo 5, publiquei um artigo científico com as minhas descobertas, incluindo algumas observações teóricas.[106] Agora, com minhas antenas ligadas e um maior conhecimento sobre psicopatia, sentia-me mais preparado para procurar outros exemplos que talvez se encontrassem em outras organizações. Com cautela e seguindo os conselhos de Bob Hare, permaneci atento enquanto continuava minha carreira como consultor de desenvolvimento executivo e organizacional, o que me colocava em contato com centenas de executivos. Tive o cuidado de evitar a armadilha comum aos novatos nessa área: encontrar psicopatas em todos os cantos! No final, levei mais de dez anos para reunir e analisar os dados relacionados no Capítulo 9.

Ao longo do processo, percebi que muitos dos comportamentos problemáticos já eram conhecidos pelas empresas, que buscavam resolvê-los por meio de diversos programas de desenvolvimento gerencial e processos de elaboração dos planos de sucessão (por exemplo, treinamento para gestão, rotação de cargos e coaching executivo). Por sorte, o pequeno número de

indivíduos disponíveis para a pesquisa tinha traços e características sufi-
cientes ("sinais de alerta") para garantir sua inclusão no grupo de psicopatia
corporativa citado acima. O restante geralmente não possuía treinamento
gerencial ou tinha outros problemas de atitude ou personalidade.

Eu queria continuar nessa linha de pesquisa (até então, empiri-
camente inexplorada), mas como poderia diferenciar com precisão um
psicopata corporativo de um simples "chefe ruim" de um modo mais intui-
tivo e menos demorado e que fosse aceitável para as empresas dispostas a
participar da pesquisa? Precisávamos de um novo instrumento, que fosse
elaborado especificamente para o mundo dos negócios. O resultado foi o
B-Scan (Business-Scan).

ELABORANDO O B-SCAN

Desenvolvemos os itens do B-Scan a partir de uma análise do
conteúdo dos planos de sucessão e dos planos de desenvolvimento
pessoal de oito empresas estadunidenses. Os dados foram fornecidos
por supervisores diretos (assim como alguns colegas) com conhecimento individual dos comportamentos e atitudes dos funcionários
no ambiente profissional, seus julgamentos sobre os negócios e as
áreas em que precisavam se desenvolver. Com frequência, vieram de
forma livre, o que proporcionou uma variabilidade considerável no
conteúdo e na expressão. Reduzimos o número elevado de itens para
aproximadamente duzentas características únicas e então reescre-
vemos cada uma (conforme necessário) segundo o linguajar padrão
dos negócios, eliminado qualquer palavreado potencialmente ilegal
(sob a perspectiva dos recursos humanos). Em seguida, apresentamos essa lista inicial a um grupo de especialistas em psicopatia, a
quem solicitamos que graduassem a "relevância" ou utilidade de cada
item para uma avaliação de psicopatia ou de alguma característica
da psicopatia. Separadamente, pedimos a um grupo de executivos
de operações e RH (que não estavam cientes do potencial de cada
item no que dizia respeito à psicopatia) que analisasse a "criticidade" de cada item na administração de seus negócios. Definimos a

criticidade como o tamanho da preocupação gerada por cada item ou comportamento, caso ele fosse observado em um funcionário, e as ações que se seguiriam. Selecionamos itens considerados *tanto altamente relevantes* para a avaliação da psicopatia *como indicativos de comportamentos problemáticos nos negócios* para chegar a duas versões do B-Scan: o B-Scan de Autorrelato (com 126 itens para autoavaliação) e o B-Scan 360 (com 113 itens a serem completados por supervisores ou outros indivíduos familiarizados com a pessoa analisada. *Nota:* A avaliação de 360 graus é uma técnica comum usada no desenvolvimento executivo e gerencial para garantir que observadores múltiplos e variados "em torno do funcionário", como chefes, subordinados e colegas, contribuam, conjuntamente, para a avaliação geral).

Uma parte importante do processo de validação (evidência de que o instrumento de fato mede o que se propõe a medir) foi avaliar a *precisão* com que o B-Scan reflete o construto tradicional de psicopatia, conforme medido pelo PCL-R. Esse processo envolveu vários estágios. O primeiro passo foi determinar se a estrutura do B-Scan está alinhada ao Modelo de Quatro Fatores de Psicopatia de Hare. Uma série de análises estatísticas reduziu para vinte o conjunto de itens e mostrou que o modelo de quatro fatores do B-Scan é consistente com o modelo de quatro fatores do PCL-R.[107] O nome dos fatores do B-Scan estão descritos a seguir, com os nomes correspondentes dos fatores do PCL-R entre parênteses:

1. *Manipulador/Antiético* (Interpessoal)
2. *Cruel/Insensível* (Afetivo)
3. *Não confiável/Sem foco* (Estilo de Vida)
4. *Intimidador/Agressivo* (Antissocial)

Conduzimos o segundo teste de validação em campo, com funcionários de diversos setores: serviço público, privado, organizações sem fins lucrativos e outros. Também incluímos amostras comunitárias, como aquelas reunidas a partir do serviço de coleta de dados on-line da Amazon (MTurk). Os propósitos desses estudos eram:

a) confirmar estatisticamente a organização dos itens em suas facetas teóricas e b) restringir a lista apenas aos itens que contribuíssem com mais informações; ou seja, queríamos somente os itens que capturassem os comportamentos, atitudes e condutas mais relevantes em relação à psicopatia.

Os resultados levaram à criação de quatro versões do B-Scan: o B-Scan de Autorrelato Abreviado e o B-Scan 360 Abreviado (para uso de pesquisadores), assim como o B-Scan de Autorrelato Estendido e o B-Scan 360 Estendido (para uso potencial de profissionais de recursos humanos e consultoria, talvez como parte de seus programas de seleção, promoção e desenvolvimento executivo).

O terceiro teste busca saber se os resultados oferecidos pelo B-Scan sobre a psicopatia corporativa avaliam ou preveem com precisão relacionamentos conhecidos ou esperados com outras variáveis associadas à psicopatia em geral. O B-Scan nos oferece uma visão mais específica da psicopatia corporativa do que outros métodos de mensuração? Nossas descobertas sugerem que sim.

O B-SCAN DE AUTORRELATO

O B-Scan de Autorrelato tem forte correlação com uma escala de autorrelato baseada no PCL-R, a Escala de Psicopatia Autorrelatada-III (SRP-III).[108] Como outras mensurações da psicopatia, o B-Scan de Autorrelato apresenta forte associação com o narcisismo e o maquiavelismo. Quanto a traços de personalidades normais, tanto o B-Scan de Autorrelato como o SRP-III são associados com baixos níveis de *Afabilidade* (confiável, honesto, altruísta, obediente, modesto, sensível) e *Conscienciosidade* (competente, organizado, responsável, voltado à ação, disciplinado, planejador). Em um estudo de validação,[109] descobrimos que o B-Scan e o SRP-III apresentavam o mesmo padrão de associações com traços de personalidade normal, enquanto o narcisismo e o maquiavelismo associavam-se a traços diferentes da personalidade normal. Isso indica que, embora o B-Scan seja pensado para uso no ambiente profissional, ele ainda é representativo da psicopatia, e sua estrutura segue os mesmos quatro fatores do PCL-R.

O QUE SABEMOS ATÉ AGORA SOBRE A PSICOPATIA CORPORATIVA COM O B-SCAN

A lista de estudos científicos publicados que usaram o B-Scan cresceu ao longo dos anos desde o artigo do *New York Times,* citado no começo do capítulo. Está fora do escopo deste livro detalhar todas as pesquisas que utilizaram esse instrumento. Entretanto, junto ao nosso trabalho longevo com executivos em uma variedade de organizações, elas forneceram informações para a redação deste livro. Há várias descobertas dignas de nota aqui. (Ver também uma revisão recente que discute o papel do B-Scan e da Tríade Sombria no ambiente profissional.)[110]

PSICOPATIA CORPORATIVA E GÊNERO

A maioria das pesquisas sobre psicopatia foi feita com homens. Na população geral, a prevalência da psicopatia é consideravelmente mais alta entre eles, o que significa que existem mais homens do que mulheres com uma pontuação suficientemente elevada nas ferramentas de medição de psicopatia para serem classificados como psicopáticos.[111,112,113] O mesmo padrão parece estar presente em criminosos encarcerados[114] (ver S 2.4: *Gênero, Etnia, Cultura* para uma breve discussão sobre diferenças de raça, gênero e étnicas/culturais na psicopatia e em sua medição).

Usando o B-Scan de Autorrelato e a Escala de Psicopatia Autorrelatada (SRP-III; Paulhus et al., 2016), descobrimos que homens obtêm pontuações *consideravelmente mais altas* do que as mulheres nos dois instrumentos de medição.[115] Isso indica que existem diferenças de gênero na psicopatia no ambiente de trabalho. Além disso, em uma amostra de 425 funcionários de uma instituição pública, descobrimos que as supervisoras tinham pontuações significantemente mais baixas do que os supervisores em todos os quatro fatores e na pontuação total do B-Scan 360.[116]

Esses resultados são muito interessantes, pois apresentam um novo ângulo no estudo da psicopatia em mulheres. As mulheres não só têm uma pontuação mais baixa na psicopatia do que os homens como seus subordinados também as veem como menos psicopáticas do que os homens. Considerando-se o impacto negativo que a percepção de traços psicopáticos em gestores pode ter no ambiente de trabalho, esses resultados dão um novo significado à fala do midiático magnata Peter Gruber: "O melhor homem para o trabalho geralmente é uma mulher".

ASSÉDIO NO TRABALHO

O assédio no ambiente de trabalho recebeu muita atenção da imprensa depois do movimento #MeToo, que se seguiu à cobertura na mídia de casos famosos de assédio e conduta sexual imprópria no contexto profissional. Muitas iniciativas incentivam as vítimas a denunciarem. Pesquisas sobre os impactos negativos do assédio no ambiente de trabalho têm sido prolíficas, e podemos citar, por exemplo, diminuição do comprometimento organizacional e da satisfação com o trabalho e a vida pessoal, níveis mais elevados de intenção de mudar de emprego, ansiedade, depressão e sintomas físicos.[117] Temos menos dados, porém, sobre as características da personalidade de indivíduos assediadores. Em geral, sabemos que os responsáveis por situações de assédio no trabalho tendem a ser rebeldes[118] e têm níveis mais baixos do traço de personalidade chamado de Afabilidade.[119] Eles também exibem atitudes de caráter vingativo,[120] não apresentam muita honestidade/humildade,[121] estão preocupados com "ser um homem"[122] e tendem a ocupar cargos de gerência.[123]

Como o leitor pode ver, todos os traços que descrevem os responsáveis por assédio no trabalho também são exibidos por indivíduos psicopáticos. Gostaríamos, portanto, de explorar se a psicopatia é um dos fatores subjacentes associados ao assédio no ambiente profissional.

Mathieu e Babiak[124] conduziram, em uma instituição pública, um estudo em que os funcionários que sofreram assédio avaliaram os níveis de psicopatia, além de outros traços de personalidade, do indivíduo agressor utilizando o B-Scan 360. Descobrimos que a psicopatia é o aspecto *mais forte* de previsibilidade de assédio no ambiente de trabalho (ultrapassando a influência dos demais traços de personalidade geralmente considerados no momento da contratação). Isso enfatiza a importância da existência de instrumentos psicométricos sólidos, como o B-Scan 360, para avaliar alguns dos traços de personalidade sombria responsáveis pelo assédio no ambiente de trabalho.

FUNCIONÁRIOS NÃO LARGAM SEUS EMPREGOS; ELES LARGAM SEUS CHEFES (PSICOPÁTICOS)

Em um estudo sobre o impacto da liderança na satisfação com o emprego, no comprometimento com a empresa e na intenção de pedir demissão dos funcionários, uma equipe de psicólogos industriais-organizacionais (I-O)[125] descobriu que a falta de habilidades interpessoais dos gerentes afetava mais os funcionários do que a ausência de habilidades técnicas. Isso quer dizer que, para ter uma influência positiva sobre os funcionários, os líderes precisam ter boas habilidades interpessoais, como saber ouvir, ter empatia, encorajar e motivar os funcionários, administrar conflitos, oferecer apoio e demonstrar integridade, para citar apenas algumas. Embora líderes voltados para desempenho possam estar aquém do esperado nesses fatores, existem alguns tipos perigosos de líderes que não apenas não têm habilidades interpessoais/humanas como também se utilizam de manipulação cruel e violência para conseguir o que querem e chegar aonde desejam.

Mathieu, Neumann, Babiak e Hare[126] analisaram como a presença de traços de psicopatia em gerentes influía nos conflitos entre vida profissional e vida familiar de seus funcionários, assim como em seu sofrimento psicológico e sua satisfação com o trabalho. Descobrimos que os funcionários que atribuíram a seus gerentes uma pontuação mais elevada no B-Scan 360 (psicopatia) também relataram níveis *mais altos* de sofrimento psicológico e de conflitos entre trabalho e vida familiar, com níveis *mais baixos* de satisfação profissional. Em um estudo subsequente, descobrimos que a presença de psicopatia em supervisores permitia prever que haveria baixos níveis de satisfação profissional entre os funcionários, o que, por sua vez, permitia prever a intenção dos trabalhadores de saírem da empresa.

Em um mundo altamente competitivo, as organizações não podem se dar ao luxo de ter funcionários insatisfeitos e enfrentando sofrimento psicológico. Funcionários insatisfeitos e infelizes não são produtivos, e funcionários improdutivos exercem um impacto direto sobre o desempenho financeiro da empresa. A retenção de funcionários talentosos é a chave para o sucesso organizacional, e nós sabemos que ao menos um fator influencia a permanência de trabalhadores na empresa: a personalidade de seu supervisor imediato.

PSICOPATIA E ESTILO DE LIDERANÇA

Quais são as características de um bom líder? A liderança é o assunto mais estudado na literatura empresarial. Muitas teorias sobre liderança foram desenvolvidas e testadas ao longo dos anos. Os psicólogos ocupacionais Avolio e Bass[127] desenvolveram um dos modelos mais influentes, o Modelo Variado de Liderança: Liderança *Laissez-Faire*, Liderança Transacional e Liderança Transformativa.

A Liderança *Laissez-Faire* se manifesta via líderes ausentes, que evitam interações, não lidam com os problemas e não estão disponíveis quando seus funcionários precisam deles. A Liderança *Laissez-Faire* está associada a níveis mais baixos de satisfação com o trabalho e em relação ao próprio supervisor.[128]

A Liderança Transacional caracteriza-se pelo comportamento voltado para a execução de tarefas e metas. É apresentada por líderes que recompensam comportamentos produtivos, monitoram erros e impõem padrões. Líderes com pontuação muito alta nesse estilo de liderança se concentram em erros e utilizam ameaças disciplinares para fazer com que os funcionários alcancem as metas da empresa.

A Liderança Transformativa é o estilo mais positivo entre os que compõem o Modelo Variado de Liderança. Engloba quatro fatores: consideração individual (dar atenção pessoal aos funcionários), estímulo intelectual (incentivar os funcionários a pensar de novas maneiras), motivação inspiradora (influenciar os funcionários, por meio da confiança e da presença dinâmica) e influência idealizada (transmitir modelos de comportamento por meio do caráter e de realizações pessoais). Esse estilo de liderança está associado à redução do estresse nos funcionários,[129] aumento no comprometimento organizacional,[130] melhora no desempenho da equipe[131] e bem-estar psicológico dos funcionários.[132]

Estamos interessados em entender se algum desses estilos de liderança, e qual deles, está associado com a psicopatia. Mathieu e Babiak[133] pediram a funcionários de dois tipos de organizações (uma do setor público e, a outra, uma grande empresa financeira) que avaliassem seus supervisores imediatos de acordo com o Modelo Variado de Liderança e suas tendências à psicopatia (usando o B-Scan 360). Descobrimos que supervisores com alta pontuação para a psicopatia obtinham notas consideravelmente *menores* nas duas medidas de liderança positiva (Transacional e Transformativa). Também descobrimos que esses supervisores recebiam notas *altas* na Liderança *Laissez-Faire*. Esses resultados indicam que os indivíduos psicopáticos não apenas tendem a não ser muito eficazes na gestão de pessoas: também tendem a não ser eficazes na gestão de tarefas. De fato, quando obtêm um cargo de liderança, é muito provável que sejam líderes não confiáveis, não apoiem seus funcionários e estejam indisponíveis para eles quando eles precisarem.

Esses dados sustentam o que descobrimos usando o PCL-R: o ditado "Faça o que eu digo..." se aplica muito bem aos líderes psicopáticos. Seu carisma os ajuda a assumir funções de líderes, mas não conseguem ser bem-sucedidos nessas funções a longo prazo.

PSICOPATIA E LIDERANÇA ABUSIVA

O consultor de gestão Bennett Tepper[134] descreveu a supervisão abusiva como *"a demonstração constante de comportamentos hostis verbais e não verbais, excluindo o contato físico"* (p. 178). Ela está associada com um nível de satisfação relativamente baixo em relação ao trabalho e à vida pessoal, pouco comprometimento com a organização, elevada taxa de conflitos entre a vida profissional e familiar e, de modo geral, com o sofrimento psicológico. Seu custo anual estimado para as organizações estadunidenses é de 23,8 bilhões de dólares, calculados em perda de produtividade, faltas ao trabalho e despesas médicas.[135] Durante o desenvolvimento do B-Scan, pareceu-nos muito claro que o Fator Antissocial do PCL-R (que inclui os itens de ausência de controle comportamental, problemas de comportamento precoces, delinquência juvenil, violação da liberdade condicional e versatilidade criminal) se manifestava no B-Scan como Intimidação e Perseguição.

Portanto, não ficamos surpresos quando, em um estudo conduzido em uma organização sem fins lucrativos com 95 funcionários, descobrimos que a psicopatia, conforme medida pelo B-Scan 360, está *fortemente associada* com a liderança abusiva, que, por sua vez, leva à queda da satisfação de um funcionário com o trabalho e ao aumento de suas intenções de pedir demissão.[136]

Por que contratar esses gestores, em primeiro lugar, e como eles conseguem continuar em seus empregos? Neste livro, relacionamos nossas respostas a essas questões; acreditamos que muitos chefes sejam boas pessoas, bem-treinadas e positivamente motivadas; outros simplesmente são "chefes ruins"; outros, ainda, são psicopatas corporativos, sobre os quais discutimos nos capítulos anteriores.

O fato de que a presença da psicopatia preveja comportamentos de liderança abusiva talvez não seja uma grande surpresa. No entanto, esses resultados revelam que é possível identificar traços psicopáticos usando-se um instrumento psicométrico (nesse caso, o B-Scan 360). Empresas e profissionais de recursos humanos deveriam contratar líderes sem se basear apenas em suas habilidades técnicas e voltadas para as tarefas. Também deveriam considerar as habilidades interpessoais associadas aos estilos positivos de liderança. Estas incluem: saber ouvir os funcionários, demonstrar empatia e comportamento ético, ter espírito de equipe, ser capaz de motivar e apoiar funcionários, exercer a honestidade e a humildade. Indivíduos psicopáticos habitualmente pontuam baixo nessas habilidades.

Esse campo de estudo ainda é novo, então ainda serão necessários muitos anos de pesquisa antes que as empresas levem a situação suficientemente a sério para implementar processos de seleção, alocação e promoção mais rígidos, que levem em consideração os aspectos negativos das pessoas com personalidades sombrias. A realidade é que as organizações não criam líderes abusivos, mas os contratam e os promovem.[137]

11

INIMIGO NOS PORTÕES

CARLA APRESSOU-SE PELO CORREDOR, CARREGANDO UM CAFÉ NA mão e os arquivos debaixo do braço. Ela odiava se atrasar para essas reuniões, mas tinha acabado de receber novas informações que podiam ajudar na decisão do dia.

O relógio grande no alto da sala gritava *10h02*.

— Desculpem o atraso — disse, colocando as pastas na mesa de conferência.

Tirando a carteira da bolsa, pegou duas notas de 1 dólar e as acomodou em cima da mesa. Apesar de todas as mudanças pelas quais a empresa tinha passado no último ano, esta regra foi mantida: um dólar por minuto de atraso. Anos atrás, alguns consultores de organização do tempo tinham recomendado o método para o comitê executivo como um meio de se trabalhar a autodisciplina, e a coisa pegou. As pessoas simplesmente adoravam aquilo. Toda reunião envolvendo a diretoria e o alto escalão seguia essa regra. Quando a multa era de 25 centavos por minuto, o montante no fim do ano costumava ser suficiente para comprar pizzas para a empresa toda. Agora, com a inflação, a multa tinha subido para 1 dólar, mas o cuidado com a pontualidade tinha diminuído a quantidade de pizzas no geral.

— Fico feliz por estarmos todos aqui. Obrigado — disse Johnson, o CEO. — Todos vocês entrevistaram Morgan e Tom para a nova vaga de diretor de comunicação, e esta reunião servirá para compartilharmos nossas impressões, revisarmos a informação que recebemos das pessoas que indicaram como referências etc. e tomarmos uma decisão. Estamos todos de acordo? — indagou, olhando para os membros da equipe de seleção reunidos na sala de conferências.

Cabeças acenaram positivamente em volta da mesa.

Carla entregou as pastas dos dois candidatos a cada integrante da equipe. Elas continham os resultados das entrevistas, verificação das referências e de antecedentes e a avaliação da empresa de recrutamento de executivos.

— A primeira página é um resumo de tudo que temos. Vou dar um tempinho para vocês lerem — disse, enquanto todos olhavam para a página e ela pegava algumas outras anotações de sua pilha. — É bem óbvio que estão empatados em termos de competências. Ambos foram bem avaliados por suas referências nos quesitos entendimento do negócio, construção de relações externas, estilo de comunicação verbal, comunicação escrita e tino comercial. Morgan se saiu um pouco melhor em solução de problemas e tomada de decisões, mas alguém disse que tinha a tendência de chamar boa parte das minúcias para si e não delegar o suficiente. Tom recebeu a avaliação contrária: tinha a tendência de delegar demais, às vezes repassando tarefas das quais deveria ter cuidado sozinho, segundo seu último chefe.

— Eu tive a mesma impressão durante minhas entrevistas — disse Nate, o responsável pela contratação. — Tom me disse que gostava de desenvolver o seu pessoal, e que delegar era uma forma de fazer isso. Morgan não parecia achar que fazer tudo sozinho fosse um problema; na verdade, parecia orgulhoso disso. Mas ele não tinha uma equipe do mesmo nível da de Tom.

A conversa prosseguiu com uma revisão detalhada das áreas de competência restantes. Ao final, ambos os candidatos estavam basicamente empatados para o grupo.

— Alguma área que precisa de desenvolvimento foi mencionada? — perguntou Johnson, folheando os relatórios.

— Sim, estão listadas na página seguinte. Tom não teve muita exposição a outros aspectos do negócio; esteve primordialmente concentrado na comunicação mesmo. Morgan, por outro lado, trabalhou com marketing antes de seguir para a área de comunicação — respondeu Carla —, de modo que conhece outras áreas.

— Gosto disso — acrescentou Nate. — Embora o Tom tenha uma preocupação com a administração, com base em seu MBA, o Morgan conseguia conversar profundamente sobre questões do dia a dia. Eu lhe daria mais pontos nesse quesito.

— Alguma área em que o Morgan precise se desenvolver? — perguntou Johnson.

— Sim, ele tem pouquíssima experiência como supervisor. Começou como analista de mercado, então passou para um cargo mais sênior, mas ainda como colaborador individual. Depois resolveu mudar para a comunicação porque havia uma vaga disponível, e ele sempre gostou de jornalismo — respondeu Nate. — Foi promovido duas vezes em três anos, mas só pôde supervisionar uma equipe em seu último emprego.

— Então delegar tarefas seria uma habilidade para ele desenvolver — acrescentou Carla, fazendo uma anotação em sua pasta. — Eu consegui uma informação sobre o estilo de gestão do Tom. Uma pessoa disse que era bem duro com a equipe. As referências do Morgan não disseram nada sobre seu estilo.

— Eu conversei bastante com o Morgan sobre isso, e embora ele não tenha muita experiência prática, falou tudo o que eu queria ouvir — disse Nate.

— Concordo — disse Carla. — Morgan me deu a impressão de saber muito sobre teoria da administração, mas não tinha muita experiência.

— Bom, acho que a gente pode resolver isso com um pouco de treinamento — acrescentou Nate.

O grupo prosseguiu, discutindo os pontos fortes e fracos de cada candidato, compartilhando suas impressões pessoais e as informações das referências.

— E quanto a suas habilidades para lidar com os problemas com a mídia que estamos enfrentando? O que vocês acham? — perguntou Johnson, olhando para Nate.

— Sobre o Tom — começou Nate —, gostei do fato de ele já ter tido um pouco de exposição à mídia e representado pessoalmente uma empresa durante uma crise causada por um dos produtos deles. Morgan quase não passou tempo com a imprensa. Entretanto, criou um plano sofisticado de comunicação, que passei para vocês há uma semana.

— E o que os testes mostraram? — indagou Johnson, referindo-se à bateria de exames psicológicos por que todo candidato de alto escalão passava como parte do processo seletivo.

— Tom foi mais extrovertido e assertivo, quase demais até — relatou Carla —, e Morgan se mostrou mais reservado, talvez não assertivo o bastante. No geral, contudo, os resultados foram interessantes.

— Interessantes? — repetiu Johnson, sorrindo. — Essa é nova. O que você quer dizer com "interessantes"?

— Ambos se saíram bem em conscienciosidade, abertura a novas ideias, inteligência e sociabilidade — continuou Carla —, porém, surpreendentemente, as pontuações de Tom foram as mais altas que os consultores já viram em um executivo.

— Fale mais sobre isso — pediu Nate, sentando-se mais na beirada de sua cadeira.

— Há determinados intervalos aos quais ficamos atentos, que são específicos para cada vaga em aberto. Morgan se saiu bem o suficiente em todas as escalas para ser uma boa opção. Tom, por outro lado, recebeu a *nota máxima* em todas as escalas. Não tenho certeza do que isso significa, mas me pergunto como ele pode ter se saído tão bem.

— Talvez ele seja a opção perfeita para nós? — indagou Nate.

Johnson olhou para o relógio e disse ao grupo que precisava se preparar para outro compromisso. Levantando-se, sugeriu que os outros continuassem a reunião sem ele e pediu que lhe avisassem sobre a decisão até o final do dia.

QUESTÕES PARA DISCUSSÃO

➲ Para quem você daria o emprego?

➲ Quais informações adicionais você gostaria de ter antes de se decidir?

➲ Você reparou em algum "sinal de alerta" em relação aos candidatos?

SELEÇÃO E CONTRATAÇÃO: A PRIMEIRA LINHA DE DEFESA

Esta seção se concentrará em como a empresa pode evitar a contratação e a promoção de psicopatas corporativos. Embora nenhum procedimento seja uma garantia contra sua infiltração, a vigilância baseada em uma compreensão maior pode melhorar as defesas.

Começamos resumindo brevemente os procedimentos usualmente adotados pelas empresas para contratar e promover funcionários. Convidamos o leitor a procurar pontos fracos ou brechas nesses processos, por onde um psicopata poderia passar ou nos quais pudesse agir despercebido. Também ofereceremos sugestões para selar alguns desses buracos.

Administrar os recursos humanos de uma organização é uma das tarefas mais desafiadoras dos executivos, e a habilidade de identificar indivíduos problemáticos e lidar com eles é de suma importância. O departamento de recursos humanos é responsável por recrutar e contratar novos funcionários; administrar programas de benefícios e prêmios; em alguns casos, mediar o relacionamento entre funcionários e sindicatos; desenhar e fornecer programas de orientação e treinamento aos trabalhadores; e administrar os processos de avaliação de desempenho e desenvolvimento de talentos. Alguns departamentos de RH maiores também fornecem coaching e orientação para executivos quanto a problemas na gestão de mudanças, desenvolvimento executivo e planejamento de sucessão ou substituição.

A função mais valiosa do departamento de RH é encontrar, atrair e reter funcionários talentosos. O *gerente de recrutamento e seleção*, com uma vaga a ser preenchida, e os funcionários que têm feito hora extra para cobrir a falta daquele empregado às vezes se perguntam por que parece levar tanto tempo para se contratar alguém. A resposta está nas peneiras e nos obstáculos pelos quais o candidato deve passar antes de receber uma oferta de contratação.

Em geral, o gerente de recrutamento primeiro verifica as exigências do cargo e possivelmente redefine alguns dos requisitos contidos na descrição da vaga. É um processo que pode ser tedioso, mas fundamental para uma boa contratação. O passo seguinte é divulgar a vaga aberta em um quadro de oportunidades da empresa e na Internet. Se o cargo for de um nível suficientemente alto ou exigir conhecimentos muito específicos, a empresa pode contratar uma firma de recrutamento de profissionais para fazer uma pré-seleção dos candidatos. Os próximos passos são críticos para proteger a organização da contratação de um possível psicopata.

SELECIONE CURRÍCULOS CUIDADOSAMENTE

Antes do advento da Internet, as empresas recebiam, talvez, dez currículos para cada vaga disponível, e então tinham que avaliá-los manualmente. Hoje, os anúncios na Internet fomentam o recebimento de pilhas de currículos, mas algoritmos os selecionam automaticamente, procurando por palavras-chave que combinem com os critérios estabelecidos na descrição da vaga. O maior ponto fraco de usar currículos como instrumento de seleção é, claro, a tendência dos candidatos a exagerarem ou falsificarem suas qualificações, e os algoritmos computacionais não são sofisticados o bastante para distinguir entre mentiras e verdades. Certamente, os candidatos adaptam detalhes de seus currículos quando os enviam para empresas específicas, de modo a projetarem uma combinação mais efetiva entre seus próprios conhecimentos, habilidades e aptidões e os exigidos no anúncio da vaga. Essa é, na verdade, uma abordagem inteligente, já que destaca o que importa para a empresa contratante e, com frequência, inclui palavras-chave procuradas pelo filtro do algoritmo. Isso pode ajudar o candidato a superar o primeiro obstáculo. Entretanto, a adaptação do currículo não deve deixar dúvida de que a pessoa de fato possua os requisitos e a experiência exigidos.

Os psicopatas, mentirosos notórios, cruzam constantemente o limiar entre um bom marketing e uma mentira completa. Trabalhando com psicopatas, vimos currículos com empregos que o candidato *nunca teve*, empresas que *nunca existiram*, promoções que *nunca aconteceram*, afiliações profissionais *inventadas*, prêmios e comendas *jamais recebidos*, cartas de recomendação escritas *pelos próprios candidatos* e até mesmo formações acadêmicas e credenciais profissionais *falsas*, entre outras coisas. Para descobrir uma possível enganação psicopática, é essencial verificar *cada informação* contida no currículo *antes* do processo de entrevistas. Isso consome muito tempo, mas vale o esforço. Normalmente, contudo, a verificação dos dados do currículo é feita *depois* da fase de entrevistas. Isso coloca o gerente de recrutamento em desvantagem durante a entrevista, porque ele se baseia apenas nos dados apresentados, e o psicopata é bom demais em justificar o que escreveu.

Pelo menos a formação acadêmica deve ser confirmada antes da entrevista inicial, mediante contato com a secretaria da universidade citada. Às vezes, os candidatos deturpam sua formação verdadeira, substituindo-a por algo que soe mais impressionante (por exemplo, um bacharelado em engenharia parece mais difícil do que um curso técnico em eletrônica). Além disso, como graduações e pós-graduações com frequência exigem a redação de teses ou dissertações, e profissionais técnicos experientes às vezes escrevem artigos e trabalhos científicos, empresas cautelosas podem achar válido obter uma cópia desses documentos e deixar que sejam lidos e avaliados por sua equipe especializada. O Google Acadêmico é um ótimo recurso para isso. Credenciais e licenças profissionais, especialmente aquelas cedidas pelo governo como forma de proteger a população, como nas áreas de medicina, psicologia, engenharia etc., podem ser conferidas por intermédio dos órgãos adequados. Bases de dados on-line podem ser acessadas com facilidade. O próprio Google também pode ser muito útil no processo de obtenção de informações sobre candidatos, alguns dos quais terão seus próprios sites.

Infelizmente, excetuando-se descobrir as mentiras mais absurdas, é difícil garantir a precisão dessa seleção inicial. Via de regra, um currículo impressionante exige uma pesquisa mais intensiva para garantir que suas impressões estejam corretas.

ENTREVISTA POR TELEFONE

Uma primeira entrevista por telefone (ou por chamada de vídeo, usando-se Skype, Zoom ou FaceTime, por exemplo) poupa tempo e despesa consideráveis, e viabiliza a avaliação de um grupo maior de candidatos. É um modo ideal de conhecer o candidato em um nível mais pessoal e de coletar mais detalhes sobre sua experiência profissional. Comumente, é possível explorar as motivações e os interesses individuais de um candidato a respeito da vaga mediante perguntas abertas, como "Conte-me mais sobre…" e "O que fez com que se interessasse por essa posição?". Candidatos bem informados captarão vislumbres do que os entrevistadores estão procurando e, estrategicamente, oferecerão exemplos de experiências que correspondam às preocupações que, frequentemente, não chegaram a ser expressas; aqueles dotados de boas habilidades comunicacionais podem avançar para as próximas fases. Os psicopatas, é claro, são bastante astutos para notar o que os outros precisam ouvir, e começarão a manipulação verbal durante essa entrevista. Entretanto, é quase impossível diferenciá-los de candidatos legítimos neste momento. Mesmo com o benefício dos sinais de comunicação não verbais durante chamadas de vídeo, é impossível garantir que o entrevistador perceberá mentiras e distorções com precisão.

Idealmente, a empresa pode querer gravar essas entrevistas (com a autorização dos candidatos) e permitir que sejam assistidas por outros membros da equipe. Eles podem, então, preparar perguntas de seguimento para fazer durante as entrevistas presenciais subsequentes. Com sua lábia e capacidade de manipulação, psicopatas podem ludibriar até experientes pesquisadores da psicopatia, que descobrem, durante revisões posteriores das gravações, que a conversa divertida do candidato contém um excesso de *frases floreadas, inconsistências, mentiras, distorções, discrepâncias* e *absurdos*. Além disso, os pesquisadores têm a vantagem de possuírem informações de outras fontes (como fichas criminais e avaliações psicológicas) sobre o psicopata, algo que uma empresa pode não ter. Por outro lado, os entrevistadores devem ter cuidado para não dar crédito demasiado às discrepâncias sutis percebidas durante essas entrevistas. A despeito da onipresença dos telefones, muitas pessoas não são muito hábeis em conversar por esse meio, especialmente quando o estresse impede o bom julgamento e a capacidade de conversar tranquilamente, como costuma ser o caso durante uma entrevista de emprego. Com certeza, candidatos mais jovens preferem mensagens de texto a praticamente qualquer outro modo de comunicação, o que os deixa em desvantagem durante chamadas telefônicas e reuniões presenciais. No mínimo, porém, o entrevistador deveria fazer anotações detalhadas sobre qualquer inconsistência e explorá-las para abordar pontos preocupantes nas entrevistas seguintes.

ENTREVISTA PRESENCIAL

Candidatos que passam pela entrevista inicial, por telefone, são chamados para serem entrevistados pessoalmente pela equipe de RH, o gerente de recrutamento e, em muitos casos, algum técnico do departamento em questão. A perspectiva de cada um é diferente, mas eles compartilham o mesmo objetivo de descobrir o máximo que puderem sobre o candidato em um tempo limitado, para poder tomar uma decisão de contratação bem informada.

Os funcionários do RH costumam pensar que são os melhores em determinar as "habilidades interpessoais" do candidato e se ele "combina" com a vaga. Alguns gestores também esperam que o RH determine a saúde mental (um termo genérico, geralmente usado de forma equivocada) do candidato. Essa é uma expectativa claramente descabida, já que, sem um teste psicológico, entrevistadores destreinados não têm como avaliar a saúde mental de ninguém — algo que talvez nem seja relevante para a vaga específica. Lembre-se de que a psicopatia *não é* uma doença mental.

Surpreendentemente, muitos gestores cometem dois erros críticos na abordagem das entrevistas de contratação, e ambos jogam a favor do candidato psicopático. Alguns não preparam as perguntas certas para as entrevistas; outros nem sequer as preparam! Bons candidatos têm uma agenda clara e legítima: eles querem o emprego, querem progredir na carreira e querem trabalhar em uma empresa específica. Para os candidatos, a entrevista é a chance de impressionar a empresa com sua capacidade e vontade de realizar o trabalho. É possível que tenham ensaiado sua apresentação e suas respostas a possíveis questionamentos, lido livros sobre técnicas de entrevistas e preparado respostas para as perguntas mais comuns, inclusive as mais desafiadoras, como "Conte-me qual o seu maior defeito"; "Como você reagiria se..." e "Se você pudesse mudar algo em sua carreira, o que seria?".

Candidatos psicopáticos também têm uma *agenda secreta*: querem fazer "joguinhos mentais" com o entrevistador, e seu objetivo é obter dinheiro e poder porque sentem que são merecedores — não em troca de trabalho real. A entrevista de emprego é o contexto ideal para o candidato psicopático brilhar. Portanto, o tempo e os esforços do gerente de recrutamento nunca são jogados fora quando se trata de preparar cuidadosamente as questões que devem fazer emergir as informações específicas e necessárias para ele fazer a escolha certa e forçar o candidato a ir além das respostas prontas e ensaiadas.

O segundo erro cometido por alguns gerentes é não frequentar um programa de treinamento de técnicas de entrevista, acreditando que suas habilidades sociais e experiência bastam. Alguns entrevistadores usam uma abordagem improvisada, de fluxo livre, para a entrevista, confiando no "instinto" ou em primeiras impressões, um estilo que vai contra a maioria das boas técnicas de entrevista conhecidas e, infelizmente, deixa o entrevistador mediano vulnerável à manipulação e à sofisticada gestão de impressão de um candidato psicopático.

Há muitos cursos sobre técnicas de entrevista disponíveis, e as melhores práticas sugerem uma estrutura semelhante a esta:

A Abertura. Apertos de mão, oferecimento de uma bebida, perguntas sobre o trajeto até o local da entrevista e conversas sobre o clima são boas maneiras de se quebrar o gelo e aliviar a tensão de uma entrevista presencial, abrindo-se o caminho para o trabalho de verdade.

Exploração Inicial. Perguntas gerais sobre o histórico, experiência, especialização e formação do candidato e seu interesse pelo cargo, preferencialmente seguindo-se a ordem do currículo.

Questionamento Detalhado. Indagações sobre aspectos específicos do histórico do candidato que possam parecer relevantes para a vaga em questão.

Os três níveis de respostas aos quais o entrevistador experiente presta atenção: *respostas explícitas* às perguntas; a *impressão* que o candidato transmite; e as competências, as motivações e os valores *implícitos* nas respostas.

Em primeiro lugar, as *respostas explícitas* resolvem dúvidas e/ou preocupações como:

- O que o candidato fez de fato nesse emprego?
- Que papel desempenhou na organização — era protagonista ou coadjuvante?
- Quanto influenciou os resultados dos projetos?
- Como lidou com os problemas que surgiram?
- Como sua carreira evoluiu e o candidato foi assumindo mais responsabilidades ao longo do tempo?

Em segundo lugar, conforme o entrevistado fala, o entrevistador desenvolve *impressões*, que podem incluir:

- Qual foi a imagem que o candidato transmitiu? A primeira impressão mudou ao longo da entrevista?
- O que sua linguagem corporal está dizendo?
- O candidato leva a sério sua carreira e esse emprego (e é realista sobre ambos)?
- É afável, inteligente e interessante?
- O candidato parecia preparado para a entrevista, bem informado sobre o cargo e a empresa?
- O candidato está sendo franco? Aparenta ser honesto?

Em terceiro lugar, abordam-se competências, motivações e valores *implícitos*.

- Essa pessoa consegue se comunicar bem em uma conversa frente a frente um tanto estressante?
- O candidato demonstra interesse e se atém à pergunta feita ou sai tagarelando?
- O candidato teve bom senso em suas escolhas profissionais?
- O candidato demonstrou capacidade de liderança, integridade, comunicação eficaz, disposição de trabalhar em equipe e natureza persuasiva?

Um erro comum dos entrevistadores é concentrarem-se apenas nas respostas explícitas e em suas próprias impressões, *desconsiderando* competências, motivações e valores profissionais implícitos e transferíveis. É preciso muito esforço para formular perguntas investigativas que extraiam essas informações e muita experiência em entrevistas para interpretar as respostas corretamente. Ser um bom ouvinte e tomar notas é importantíssimo, assim como ter um faro afiado para respostas inconsistentes e exageradas oferecidas pelos candidatos psicopáticos.

FORNECENDO INFORMAÇÕES SOBRE O EMPREGO E A EMPRESA

Quanto mais os candidatos souberem sobre o cotidiano de um trabalho, mais capazes serão de decidir por si mesmos se suas aspirações e competências combinam com a vaga oferecida. Um candidato que opta por desistir de uma posição em decorrência de informações obtidas durante a entrevista poupa tempo e energia de ambas as partes. Um erro comum cometido por entrevistadores, porém, é passar tanto tempo descrevendo a função e o seu departamento que a entrevista acaba sem que tenham sido feitas perguntas investigativas. Os candidatos, naturalmente, ficam relutantes em interromper, e psicopatas usarão esse tempo para alimentar o ego do entrevistador.

ESCLARECIMENTO DAS PREOCUPAÇÕES

Se o candidato revela apenas fragmentos de informações, esconde detalhes ou faz comentários que simplesmente não caem bem para o entrevistador, então é o momento de voltar atrás e investigar com mais profundidade. Por exemplo, se um candidato declara: "Minha equipe ganhou o prêmio interno da empresa por entregar o projeto sem gastar todo o orçamento e antes do prazo", o entrevistador pode ponderar:

- O candidato era o líder da equipe ou apenas um participante ativo, sem posição de liderança?
- O candidato usou essa experiência em equipe para demonstrar liderança, apesar de não ter o título oficial de líder?
- A empresa reconheceu o desempenho do candidato atribuindo-lhe mais responsabilidades em um projeto subsequente?

A fase de esclarecimento das preocupações é o momento de buscar saber a respeito desses e outros detalhes que não se encaixam ou são conflitantes. Inconsistências e discrepâncias podem surgir de uma resposta apressada ou resultarem de distorções, exageros ou mentiras deslavadas. O entrevistador se aprofunda para obter uma boa percepção das habilidades reais e das motivações verdadeiras. Uma pergunta típica feita durante essa fase da entrevista pode ser: "Eu gostaria de voltar ao projeto em equipe do qual você fez parte. Qual foi o papel *específico* designado para você?". (O candidato responde.) "Como era o seu relacionamento com…" etc. Essa linha de questionamento às vezes é de difícil execução para entrevistadores menos experientes, mas perguntas mais duras podem ser o único jeito de esclarecer preocupações, e o único jeito de o candidato se manter no páreo deveria ser mediante respostas perfeitamente transparentes. Mais uma vez, analise as respostas em vários níveis, reunindo assim mais informação sobre competências, motivações e valores.

O FECHAMENTO

Os candidatos desejarão saber quais serão os próximos passos no processo de seleção e o entrevistador deve ter uma resposta adequada ao momento. A empresa deve honrar os compromissos referentes ao prosseguimento do processo.

A seguir, apresentamos sugestões para que os gestores responsáveis por contratações melhorem a eficácia de seu processo de entrevista, com base em nossa experiência trabalhando com psicopatas corporativos (e as empresas que, sem querer, os contrataram).

MANTENHA O CONTROLE DA ENTREVISTA!

Psicopatas têm um desempenho extraordinariamente bom em entrevistas principalmente porque evitam responder a perguntas diretas; em vez disso, introduzem outros assuntos que acreditam ser interessantes para o entrevistador, na esperança de estabelecerem uma relação. É uma armadilha na qual é fácil cair: antes de que você se dê conta, *o candidato o estará entrevistando* e já terá desvirtuado o seu plano. Lembre-se de que o primeiro passo na agenda do psicopata corporativo é convencer o gestor ou a equipe contratante a lhe fazer uma oferta de trabalho, mesmo que ele não possua o conhecimento, as habilidades e a experiência necessários. Psicopatas rapidamente descobrem se o entrevistador reagirá melhor a um estilo de venda menos ou mais agressivo, e experimentam pouca ansiedade e desconforto durante conversas que a maioria acharia assustadoras. Isso lhes permite inventar histórias de experiência, integridade e competência profissional, bem como usar uma gama de termos técnicos e jargões com tanta confiança e desenvoltura que até especialistas são enganados, embora um entrevistador astuto possa determinar se essas narrativas refletem apenas um conhecimento superficial sobre o assunto ou não. Mesmo assim, a tarefa não é fácil.

Quando desafiado em qualquer aspecto durante uma entrevista, o psicopata simplesmente engata outra marcha, muda de assunto sutilmente e, em geral, modifica a história de maneira tão crível que até um entrevistador que *sabe* que o indivíduo está mentindo pode ficar em dúvida. A meta do psicopata é convencer a equipe contratante de que ele tem o histórico, a experiência e a motivação ideais para ocupar a vaga, assim como os atributos pessoais para se encaixar na equipe desde o primeiro dia. A ficção psicopática que afirma "Eu sou o funcionário ideal" pode ser muito sedutora.

PEÇA EXEMPLOS DE TRABALHO

Na áreas artísticas e de entretenimento, é comum que candidatos a empregos exibam amostras de seu trabalho na forma de um portfólio: recheado de fotos, no caso de modelos; vídeos, no caso de profissionais de mídias visuais; e textos, no caso de jornalistas. Isso permite ao gestor contratante julgar a qualidade, estilo e adequação do candidato à posição em aberto. No caso de candidatos a vagas executivas, o gestor deve pedir para ver exemplos de relatórios reais, apresentações feitas e projetos completados. Qualquer informação identificadora ou confidencial, claro, deve ser apagada, mas, mesmo assim, o gestor deve ter a oportunidade de ler e julgar a maior parte do trabalho, o que dará à empresa contratante uma boa indicação de que tipo de trabalho esperar de cada candidato.

Embora não nos surpreendesse se um psicopata empreendedor criasse um relatório falso ou encontrasse algum na Internet apenas para satisfazer uma eventual empresa contratante, o esforço pode ser maior do que a maioria dos psicopatas está disposto a despender. Se você suspeitar que o candidato falsificou ou plagiou o portfólio, a única opção é aprofundar-se nos detalhes do material. Entretanto, essa abordagem presume que o gestor contratante tenha capacidade técnica para fazê-lo ou, caso não a tenha, que saiba chamar um técnico da equipe para a entrevista.

ATENÇÃO A AÇÕES E COMPORTAMENTOS

Alguns candidatos falam de forma vaga sobre seu passado, sem fornecer detalhes suficientes sobre o que realmente *fizeram*. Outros exageram suas contribuições, passando a impressão de terem sido mais importantes para o resultado do que foram na verdade. Uma resposta completa deve incluir um relato sobre o alcance de alguma meta ou a resolução de um problema, seguido de um detalhamento das coisas que o candidato fez, direta ou tangencialmente, para abordar a meta ou o problema e, finalmente, o efeito de seus esforços, incluindo o impacto que tiveram sobre os resultados.

ESCLAREÇA DETALHES

Conforme destacamos acima, quando se deparar com respostas que não oferecem detalhes suficientes, o entrevistador deve retomar o assunto durante as perguntas de esclarecimento para dar consistência ao quadro geral. A entrevista deve, sempre que possível, redirecionar candidatos a áreas de interesse específicas. Perguntas de esclarecimento sobre "quem, o que, quando, onde e por que" podem ajudar a chegar à verdade por trás da experiência descrita.

Cargos de segundo escalão são importantes, e a vaga a ser preenchida pode requerer esse tipo de histórico e experiência, mas são muito diferentes de cargos de supervisão e gestão. Para o entrevistador, deve ser fácil confirmar o nível de autoridade declarado pelo candidato por meio de pressão por saber mais detalhes. Psicopatas prestam pouca atenção a detalhes e, de fato, devido à tendência de se entediarem com facilidade, não respondem bem quando questionados sobre eles. Pode haver muitas razões para que um candidato continue dando respostas vagas, inclusive nervosismo e esquecimento, e o entrevistador deve ter isso em mente quando estiver pressionando por detalhes em busca da verdade.

PROCURE PELAS EMOÇÕES APROPRIADAS

Um dos traços distintivos de um psicopata é sua inabilidade de expressar a gama total de emoções normais. Por exemplo: quando contam uma história que normalmente incitaria visíveis reações emocionais na maioria das pessoas, os psicopatas podem passar a impressão de serem frios e superficiais ou atores canastrões. Psicopatas não entendem o que os outros querem dizer com seus "sentimentos", mas tentarão imitá-los caso julguem necessário. Isso com frequência leva a expressões superficiais ou até a um exagero de emoções inadequadas para o evento que estão narrando.

Book e colegas (p. 91)[138] descobriram que, com prática e uma observação atenta dos outros, indivíduos com traços afetivos e interpessoais de psicopatia (Fator 1 do PCL-R; Tabela 2.1) podem desenvolver uma "habilidade para imitar com precisão expressões emocionais (medo e remorso), levando as pessoas a perceber uma autenticidade emocional". Em outro ponto, Book destacou: "É difícil detectar um psicopata; de fato, podem parecer até mais genuínos do que as outras pessoas. Parte disso reside no fato de que a maioria das pessoas não precisa fingir emoções o tempo todo, então não têm prática nisso. Mas quem não sente essas emoções terá prática em fingir, então provavelmente será melhor nisso".[139] Ver S 11.1: *A prática leva à perfeição?*

Pesquisas recentes sobre comportamentos verbais e não verbais em psicopatas têm lançado alguma luz sobre como conseguem fornecer relatos convincentes sobre si mesmos e suas realizações e manipular tão bem os outros. Por exemplo, podem ser falantes e animados, movimentar muito as mãos (talvez como forma de distração do que estão dizendo), expressar o que parecem ser sorrisos genuínos e usar linguagem agressiva para se sobressaírem. Para um resumo dessa pesquisa, ver S 11.2: *Política e Pôquer: licença para mentir.*

Demonstrações de emoções comumente expressadas por psicopatas durante uma entrevista podem incluir, por exemplo, indignação, raiva e euforia quando descrevem a perda de uma promoção, a demissão de um colega próximo e a paixão pelo seu trabalho, respectivamente. Espere algumas demonstrações de emoção durante histórias assim. Emoções excessivas e exageradas, todavia, podem levantar dúvidas sobre o controle emocional e o bom senso do candidato, independentemente do motivo — psicológico ou não. Às vezes, a ausência de um componente emocional em uma resposta também pode levantar dúvidas. A chave é procurar por emoções apropriadas à história e ser sensível a quanto essas expressões parecem realistas (e não superficiais). Essa é a única ocasião em que o "instinto" e o "radar emocional" do entrevistador têm um lugar valioso no processo de entrevistas.

FAÇA ANOTAÇÕES

É mais fácil recordar impressões e emoções sobre o candidato do que fatos, portanto, é uma excelente prática fazer anotações detalhadas durante a entrevista, no próprio currículo ou na lista de perguntas fornecida pelo departamento de recursos humanos. As anotações devem ser claras o suficiente para que possam ser entendidas por outros que eventualmente leiam o documento. Também é útil revisar essas notas antes da fase de esclarecimento de preocupações. Dizer que você precisa de um instante para revisar suas anotações é um pedido razoável, com frequência bem recebido pelo próprio candidato, que pode estar querendo fazer uma pausa.

NÃO DECIDA SOZINHO

Um processo de contratação bem estruturado incluirá uma reunião dos entrevistadores — um comitê de seleção — para discutir as qualificações e os méritos dos candidatos. Trata-se de uma boa prática porque entrevistadores diferentes enxergam pontos fortes e fracos distintos em todos os candidatos, os quais devem ser comparados e discutidos. Além disso, é uma exigência *inestimável* para identificar um potencial psicopata corporativo. Lembre-se de que psicopatas tentam construir relacionamentos individuais isolados com aqueles que lhes serão úteis. Isso agora incluiria todos os entrevistadores e demais envolvidos no processo de contratação. Como estudantes astutos da psicologia humana, os psicopatas vão apurar com facilidade as necessidades psicológicas específicas de cada entrevistador e então customizar sua abordagem da maneira que lhes for mais vantajosa. Cada entrevistador sairá com uma impressão positiva e, como a decisão até certo ponto depende dessa sensação boa, todos concordarão que o psicopata é o candidato ideal, quase "bom demais para ser verdade".

Aumentando-se o número e variando-se *os tipos* de entrevistadores (usando-se não só os representantes do departamento de recursos humanos e do gestor contratante), as chances de se encontrarem discrepâncias por trás da fachada de "funcionário ideal" aumentam. Portanto, aumentar o número de entrevistas para incluir um especialista técnico, um futuro colega e/ou subordinado, o funcionário que ocupa a vaga no momento (se a pessoa ainda estiver na equipe), um membro da diretoria e até o assistente administrativo do departamento pode ajudar a fornecer perspectivas diferentes que talvez levantem informações importantes. Sabemos que psicopatas tratam indivíduos de forma diferente dependendo do *status* e da sua suposta utilidade para eles. As respostas psicopáticas a entrevistadores de "pouco status" podem incluir condescendência, flerte, comentários depreciativos e uma amostra de sua arrogância, entre outras coisas. Entrevistadores de "mais status" podem evidenciar aspirações e expectativas profissionais exageradamente ambiciosas, bravatas, gabolice mentirosa e até menosprezo a um entrevistador de "status menor". Ao colocar *todos* os entrevistadores juntos em uma sala para discutir os candidatos, o comitê de seleção tem a oportunidade de expor essas discrepâncias e inconsistências críticas e, possivelmente, descobrir afirmações enganosas. Um bom mediador de reuniões vai fazer com que cada pessoa compartilhe suas impressões, sensações e fatos a respeito de cada candidato. A comissão fará uma lista dos aspectos positivos e negativos de cada um para ajudar na decisão final.

Certamente, aumentar o número de entrevistas consome tempo, recursos e é logisticamente desafiador, além de nem sempre ser possível quando a vaga é de nível básico. Por exemplo: com candidatos que acabaram de sair da faculdade, o entrevistador pode ter pouca informação em que se basear além de desempenho acadêmico, curso escolhido, experiências universitárias e atividades extracurriculares. Entretanto, se forem psicopatas corporativos de fato (ou em potencial), esses indivíduos podem causar muitos problemas mais adiante se passarem pelas defesas da empresa, justamente por não terem sido suficientemente avaliados.

CONHECE-TE A TI MESMO

Os objetivos dos psicopatas são agradar a seus alvos, estabelecer vínculos de confiança, disfarçar quaisquer inconsistências com lábia, construir relacionamentos fortes com os detentores do poder e então parasitar todo mundo. Durante entrevistas de emprego, os psicopatas rapidamente avaliarão o sistema de valores do entrevistador, suas necessidades pessoais e sua composição psicológica antes de adequar sua fala e seu comportamento para causar uma boa impressão. Um dos piores cenários possíveis é o entrevistador ser crédulo a ponto de não contestar as informações no currículo do candidato ou não fazer muitos questionamentos acerca dos relatos vagos concernentes ao seu desempenho no emprego anterior. Um entrevistador perceptivo refuta tentativas sutis de influência, atém-se à estrutura da entrevista e evita tomar a decisão sozinho. Uma equipe de entrevistadores compartilhando informações é a melhor defesa.

Entretanto, apenas com uma compreensão clara de *seus próprios* pontos fortes e fracos, vieses e idiossincrasias, o entrevistador será capaz de manter a entrevista nos trilhos e não se tornar vítima da bajulação. Essa não é uma tarefa fácil, já que requer percepção pessoal, que discutiremos em um capítulo subsequente.

CONTRATAÇÕES E PROMOÇÕES DE EXECUTIVOS

Quando se trata do preenchimento de cargos técnicos, como os de químicos, engenheiros, programadores e analistas financeiros, existem exigências claras quanto ao que os profissionais precisam saber e às experiências específicas que tiveram em diversas alturas de suas carreiras. A seleção de um gerente sênior é consideravelmente mais difícil, já que a natureza do trabalho de um executivo é tão indefinida ou tão única do indivíduo que é complicado delimitar o que, exatamente, deve ser requerido. A essa altura, deveria ser óbvio para o leitor que uma boa descrição do cargo é fundamental para que se compreendam as qualificações desejadas em novos contratados e candidatos a promoções. Infelizmente, muitos executivos que conhecemos simplesmente não trabalham com descrições de cargo adequadas.

Além disso, como apontamos, existe certa sobreposição entre o comportamento de psicopatas e o de bons executivos, pelo menos à primeira vista. Entender profundamente as diferenças é importante, porque um pode ser confundido com o outro, e o tamanho do prejuízo que uma má contratação no alto escalão pode causar à organização é considerável.

PLANEJAMENTO DE SUCESSÃO

Planos de sucessão oferecem uma continuidade organizada na liderança e são o meio mais eficaz de identificar e preparar talentos para cargos de comando. Planos de sucessão formais podem ser trabalhosos, mas, se bem projetados, minimizam a chance de que um psicopata corporativo passe despercebido. Assim como o processo de contratação, o planejamento de sucessão é composto de diversas peneiras ou obstáculos pelos quais os futuros líderes em potencial devem passar. Em muitas empresas, o responsável pelo planejamento de sucessão solicita recomendações de gerentes-chave sobre subordinados que têm o potencial para assumir níveis mais altos de responsabilidade ou que, de forma geral, têm "o que é preciso". As avaliações iniciais são feitas com base em informações reunidas sobre avaliações de desempenho, registros de objetivos atingidos e interações pessoais com o gerente que faz a recomendação preliminar.

O responsável pelo planejamento de sucessão terá acesso a avaliações formais do candidato, com frequência incluindo uma avaliação de *360 graus,* um relatório de desempenho em testes situacionais e avaliações psicológicas. A avaliação de 360 graus envolve questionários confidenciais sobre o desempenho, as atitudes e as competências do candidato; eles são respondidos por colegas, subordinados e chefes antigos e atuais. Testes situacionais são eventos de treinamento formal projetados para possibilitar a avaliação de muitos candidatos simultaneamente em um ambiente profissional simulado. Funcionários e especialistas em negócios pedem aos participantes que "administrem uma empresa" e resolvam diversos problemas. No fim do exercício, eles oferecem feedback aos participantes a respeito de seu desempenho, assim como sugestões de como melhorar. A empresa também recebe um relatório sobre o desempenho dos candidatos. Em seguida, um comitê administrativo encarregado do planejamento de sucessão revisa as informações para determinar o *potencial* de cada candidato para ter uma carreira de sucesso como administrador e subir na hierarquia da empresa. O comitê também avalia o *nível de preparo* do candidato — quanto tempo levará até que ele esteja pronto para assumir maiores responsabilidades e ter mais autoridade.

Aqueles que demonstrarem potencial suficiente e níveis de preparo aceitáveis passam a receber a ajuda de um *mentor*, ou *patrono*, que será responsável por supervisionar o investimento da empresa nessa pessoa. Juntos, criam um *plano de desenvolvimento individual* que relaciona as áreas nas quais os candidatos precisam crescer e melhorar com base tanto nas avaliações como nas informações pessoais, como aspirações e restrições específicas, incluindo preferências geográficas e compromissos familiares. As recomendações para o desenvolvimento da carreira costumam incluir programas de treinamento, rotatividade de funções, projetos especiais e sessões regulares com um coach profissional.

Aqueles com grande potencial realizam um rodízio de funções em vários departamentos, como financeiro, comercial, de marketing, de pesquisa, de recursos humanos e de produção, para lhes oferecer uma compreensão mais abrangente do negócio. Muitas empresas também solicitam a realização de projetos internacionais, de modo a se expor o candidato a diferentes culturas, idiomas e problemas empresariais.

Como o leitor pode imaginar, o planejamento de sucessão formal oferece múltiplas avaliações de várias fontes por um longo período e cobre uma gama de cargos, assegurando assim que quase todos os aspectos do comportamento do futuro líder sejam analisados e conferidos. Se o leitor pensa que o processo é muito burocrático, é porque realmente é. Sistemas de planejamento de sucessão nasceram durante o período em que a burocracia era o modelo organizacional em voga. Com o planejamento de sucessão, tenta-se aumentar as chances de haver escolhas acertadas no momento de se promover alguém, retirando-se do processo, ao mesmo tempo, o favoritismo, o nepotismo e outras influências do sistema de "Q.I.". O planejamento de sucessão formal é um dos poucos processos burocráticos dos quais empresas *transitórias* podem se beneficiar, por isso, devem ser mantidos.

Porém, e esse é um grande porém, é certo argumentar que ainda existem alguns riscos envolvidos, já que funcionários manipuladores podem tirar vantagem da própria natureza do processo. Um problema é que os psicopatas corporativos que já fazem parte da equipe tiveram um tempo considerável para estabelecer uma *rede de influência*, um quadro de apoiadores — alguns deles, mentores, que defendem a candidatura do psicopata; outros, peões que trabalham por eles. O segundo problema é a desinformação espalhada pelos psicopatas, com o propósito expresso de desmerecer os rivais e melhorar sua própria posição aos olhos da chefia.

As empresas podem fazer várias coisas para contornar esses problemas. Em primeiro lugar, o comitê administrativo deveria aproveitar todas as oportunidades para interagir pessoalmente com os candidatos ao processo de desenvolvimento gerencial e aos planos de sucessão e (essa parte é importantíssima) solicitar informações *confidenciais* e *anônimas* daqueles que estão em posição de fornecê-las, incluindo supervisores, colegas e subordinados. É sempre possível que alguma informação incorreta seja incluída mesmo em planos muito bem preparados, mas, ao se aumentar o número de fontes e equilibrando-se as diferentes percepções, qualquer discrepância detectada deve provocar alerta e incitar mais análises e validações.

Em segundo lugar, as empresas deveriam evitar a prática de identificar apenas uma pessoa para ser preparada para cada cargo. Essa abordagem, chamada por especialistas de "abordagem do príncipe/da princesa", quase garante que, uma vez identificado, o candidato, psicopata ou não, obterá o emprego de nível mais alto sem a segurança adicional da comparação interna. Para evitar isso, a gerência deveria identificar *vários* candidatos para *cada* cargo importante, criando um *banco de talentos*, de modo que ninguém teria a garantia de ser promovido.

Uma terceira abordagem seria incluir avaliações psicológicas complementares, como entrevistas e provas escritas projetadas para avaliar traços de personalidade. É importante que a avaliação psicológica seja levada em conta apenas como mais uma fonte de dados na lista de critérios utilizados para decidir sobre a promoção, já que, no final, os fatores decisivos devem ser o desempenho e o comportamento observados nos candidatos.

Finalmente, é fundamental revisar cuidadosamente e questionar repetidamente todos os dados obtidos para averiguar sua validade: as metas foram mesmo batidas? Os projetos foram mesmo entregues no prazo e dentro do orçamento? O aumento das vendas e de faturamento foi relatado corretamente? Depois disso, é importante avaliar o custo humano. O candidato deixou um rastro de mortos e feridos por onde passou ou, em vez disso, inspirou os demais funcionários a assumirem desafios e superá-los com sucesso? Ao analisar candidatos a cargos executivos e de gestão, verifique o histórico de realizações nas áreas de competência relevantes.

LIDANDO COM DESAFIOS À RESPONSABILIDADE E EFICÁCIA ORGANIZACIONAIS

Executivos enfrentam desafios todos os dias, é parte rotineira do trabalho. Sua habilidade para superá-los vai além das competências técnicas específicas que possuem. De modo geral, executivos devem fazer escolhas responsáveis do ponto de vista da organização e ser julgados pela eficácia que essas decisões demonstrem de aproximar a corporação de suas metas. Ao longo do tempo, o padrão de reações delineará a pessoa "verdadeira". Embora lapsos de julgamento individuais possam chamar a atenção em muitos casos, a habilidade dos psicopatas de acobertar ou justificar suas decisões faz com que seja difícil obter provas desses lapsos. É o impacto de longo prazo de seu comportamento em várias situações e sua relação com diversas pessoas que podem lançar luz sobre quem são de fato. As *escolhas feitas em resposta aos desafios organizacionais* fornecem uma imagem clara do indivíduo como futuro executivo.

ALGUNS "SINAIS DE ALERTA" A CONSIDERAR

A lista a seguir dá ao leitor uma noção de algumas das consequências das características psicopáticas que podem ocorrer, a longo prazo, em um contexto empresarial. Embora uma única consequência observada não seja necessariamente indicativa de psicopatia, todas elas são problemáticas se não resolvidas em sessões de treinamento ou coaching. No mínimo, provas desses comportamentos deveriam acender os "sinais de alerta" e desencadear mais investigações e avaliações.

INCAPACIDADE DE FORMAR UMA EQUIPE

A característica mais debilitante dos psicopatas, inclusive dos mais bem-comportados, é sua incapacidade de formar uma equipe funcional. Isso também ocorre com executivos narcisistas e maquiavélicos. A inabilidade de formar equipes é um fator fundamental para que suas carreiras saiam dos trilhos, um reflexo da indisposição e da incapacidade de colaborar com outras pessoas, especialmente com aquelas que veem como adversárias. Sendo altamente competitivos e agindo em nome "do bem", eles escondem ou distorcem informações em detrimento da equipe e, em última análise, da empresa. Com frequência exibem táticas destrutivas e comportamentos planejados para conquistar o controle da equipe ou para perturbar o trabalho dos outros.

Como preferem manipular os outros em encontros privados e individuais, os psicopatas buscam desagregar uma equipe antes da primeira reunião, desafiando a própria necessidade de existência da equipe, oferecendo raciocínios tipicamente organizacionais (por exemplo, que "reuniões são uma perda de tempo") para reforçar sua intrusão — mas moldados para soar como se tivessem os interesses da empresa em mente. Alternativamente, podem participar, mas de má vontade, chegando tarde e fazendo uma entrada dramática ou talvez até saindo no meio da reunião para cumprir tarefas "mais importantes". Eles são altamente competitivos e não têm disposição para ouvir orientações de pessoas às quais não dão valor (ou seja, todos que não tiverem muita utilidade para sua carreira). Repreendem integrantes da equipe, atrapalham o progresso do time, distraindo todos de seu propósito, e criticam abertamente a equipe, seus objetivos e membros individuais. Lembre-se de que psicopatas acreditam possuir status mais elevado do que os outros e tratam colegas como peões em seu tabuleiro. As melhores fontes de informação sobre essas perturbações provocadas pelo psicopata são os outros membros da equipe.

É claro que, quando o trabalho em equipe serve a *seu próprio interesse* (por exemplo, como plataforma para bravata e exibicionismo), eles tentarão dominar os outros. De maneira previsível, atacam os membros da equipe e sabotam o líder, enumerando exemplos tão ruins de liderança em suas reclamações que se dizem obrigados a assumir o controle e salvar o projeto. Ao fazer isso, costumam ser vistos como valentões. O psicopata lhe dirá que ele é excelente em "trabalhar em equipe" — mas, na verdade, sua equipe tem apenas um integrante!

Com um executivo disfuncional ou psicopata no comando, certamente haverá queda no moral, na produtividade e na coesão. Alguns integrantes da equipe serão transferidos e, em raros casos, pedirão demissão. Conversas confidenciais de executivos seniores com cada membro de uma equipe disfuncional com frequência bastam para se detectar a fonte do problema.

INCAPACIDADE DE COMPARTILHAR

Viver pacificamente em uma sociedade civilizada requer que os cidadãos compartilhem uma variedade de recursos vitais. Da mesma forma, funcionários corporativos precisam compartilhar recursos pensando no bem comum, que se traduz em aumento dos lucros, estabilidade empregatícia ou em um ambiente profissional livre de estresse. Como não veem os outros como iguais ou detentores de qualquer direito legítimo aos recursos disponíveis, os psicopatas (assim como alguns narcisistas e maquiavélicos) não enxergam necessidade alguma de dividir; acham que compartilhar algo é abrir mão de muito poder. De fato, sua natureza parasitária e competitiva os leva a desviar recursos de terceiros, com frequência para seu uso pessoal.

Não compartilhar *informações* é uma ofensa especialmente comum e costumeiramente justificada por um raciocínio de "apenas a quem precisa saber". Enquanto certas agências governamentais encarregadas da segurança nacional podem operar dessa maneira, é injustificável guardar segredos do seu chefe ou de um subordinado na maioria das organizações. Não saber de todas as iniciativas que estão sendo desenvolvidas é um embaraço comum, na melhor das circunstâncias, para as empresas. Criar esse tipo de dilema de propósito vai de encontro ao sucesso organizacional e causa problemas.

Psicopatas que mantêm os outros "isolados" usam o poder que isso lhes dá a seu próprio favor. Manter as pessoas no escuro faz com que elas pareçam estúpidas e é uma maneira de neutralizá-las. Por exemplo: "Eles não entenderiam" foi o raciocínio condescendente usado por um psicopata que conhecemos; outro afirmava proteger o departamento dos problemas causados por uma colega, declarando: "Ela ficaria chateada e aí teríamos um problema maior", uma declaração sob medida para inflar a superioridade do psicopata e plantar a semente da desconfiança a respeito da funcionária "emotiva". Claramente, comentários que desvalorizem os outros, especialmente sua habilidade de pensar e raciocinar como iguais, são consistentes com as autopercepções elevadas (grandiosas) que os psicopatas têm de si mesmos. Eles são egocêntricos demais para ver o perigo dessa abordagem, quanto mais sua injustiça ou natureza antiética.

Uma extensão da incapacidade de compartilhar informações é a incapacidade de compartilhar *créditos* com os outros (a menos que haja algum benefício para o psicopata). A capacidade de dividir os créditos pode ser algo difícil de mensurar, já que o alto escalão não tem acesso fácil à realidade das contribuições relativas dos funcionários. Reclamações de colegas que sentem estar contribuindo para o resultado, mas não recebendo o crédito adequado, podem ser a única pista de que há algo errado. Supervisores e a equipe de recursos humanos deveriam prestar atenção a reclamações desse tipo, algumas das quais podem se revelar despropositadas. Já outras podem trazer à tona sérios problemas administrativos e morais.

TRATAMENTO DÍSPAR DE FUNCIONÁRIOS

Como os psicopatas veem as pessoas como intérpretes de papéis diferentes em seu drama psicopático (ou seja, como peões, patronos, bodes expiatórios e polícia), tratam algumas melhor do que outras. Os indivíduos envolvidos podem ser os únicos a saber desse tratamento díspar, amiúde sutil. Além disso, por razões explicadas no próximo capítulo, é possível que as vítimas nunca relatem suas emoções. Como resultado, pode levar muito tempo para que colegas e a gerência descubram o que está ocorrendo de verdade, se é que um dia cheguem a descobrir.

Infelizmente, o psicopata corporativo se explica e justifica prontamente até o tratamento mais chocante. Um gerente psicopático, por exemplo, promoveu um membro júnior da equipe como recompensa por seu bom trabalho, apesar de outra pessoa no departamento ter mais experiência e ser mais merecedora da promoção. O psicopata considerava o indivíduo ignorado um rival, pois havia recebido certa atenção positiva de outros na empresa. A promoção do colega inexperiente foi uma tentativa de atrapalhar a carreira do rival em potencial e garantir apoio contínuo de uma pessoa júnior, em dívida para com ele e obediente.

Em um caso semelhante, um indivíduo que trabalhava em um cargo de supervisão havia apenas três anos foi identificado como de alto potencial, podendo potencialmente assumir o cargo de vice-presidente dentro dos dois anos seguintes. Embora houvesse pessoas mais qualificadas do que aquele indivíduo na organização, o responsável psicopático foi capaz de persuadir o comitê de planejamento de sucessão a apoiar sua escolha. Nesse caso, ele gastou uma quantia considerável de um fundo limitado em atividades de desenvolvimento para responder às objeções dos outros integrantes do comitê. Ao final dos dois anos, o candidato de "alto potencial" estava tão preparado para assumir as responsabilidades de um vice-presidente como na época da indicação. Ao não ser promovido, ele se demitiu, desgostoso, tendo recebido do chefe psicopático a promessa de uma grande carreira.

Em um terceiro caso, uma secretária de verdadeiro alto potencial trabalhava para um chefe com ótimas conexões políticas, mas totalmente incompetente. Percebendo o talento de sua secretária, ele a promoveu para um cargo de assistente e começou a passar para ela projetos cada vez maiores. À primeira vista, isso parecia uma boa prática de gestão. A funcionária estava bastante motivada, trabalhando para completar um MBA à noite em uma escola renomada, e completou cada projeto perfeitamente. Ao longo do tempo, ficou claro para a assistente que seu chefe não sabia de fato o que estava fazendo e que vinha lhe passando o serviço que *ele* deveria estar fazendo. Ela persistiu, contudo, pensando que a gerência reconheceria seu trabalho em algum momento. No entanto, com o aumento da responsabilidade vieram a importunação, o abuso e, finalmente, a intimidação. Desejando fazer um bom trabalho e ainda aprendendo a confiar mais em suas próprias habilidades, a assistente aceitou o abuso, convencendo-se de que tinha que começar de baixo; enquanto isso, seu chefe psicopático levava todo o crédito. Ela acabou descobrindo que seu chefe vinha reclamando dela com tanta frequência e intensidade — culpando-a por falhas em projetos que não haviam sido passados para ela — que jamais seria candidata a uma promoção. De fato, tinha chegado perto de *ser demitida* em mais de uma ocasião. O funcionário dos recursos humanos para quem ela reclamou ficou surpreso por ela não ter conhecimento de seu "histórico de desempenho ruim". Tudo o que ela ouvia era que havia mais para aprender; tudo o que o RH ouvia era que ela era uma secretária incompetente, que havia recebido um cargo acima de sua capacidade.

INCAPACIDADE DE DIZER A VERDADE

A mentira patológica é uma assinatura dos psicopatas, como o leitor sabe. Alternam entre a honestidade e a mentira com facilidade durante as conversas porque não têm as emoções de culpa como o restante de nós quando tentamos contar uma mentira. Eles tecem suas mentiras com um novelo de verdades e, se questionados, montam uma defesa convincente, mostrando-se indignados. A honestidade é uma das características mais importantes em um gerente. E, verdade se diga, dificilmente encontramos um executivo cujo histórico de avaliações não fosse perfeito no quesito comportamento honesto e ético.

Esse é um problema de duas mãos. Em primeiro lugar, não é prazeroso nem socialmente aceitável acusar alguém de comportamento desonesto e antiético. Em segundo lugar, como é que se mede a honestidade? Os psicopatas podem facilmente passar despercebidos, passando a imagem de serem éticos e honestos, porém fazendo coisas que muitos classificariam como desonestas e antiéticas, se soubessem a respeito. Por outro lado, uma organização pode perdoar erros se perceber que não houve intenção desonesta por trás deles e que a motivação era o bem da empresa. Todavia, os psicopatas com frequência usam essa desculpa para se livrar de uma mentira, dificultando a distinção entre o funcionário honesto e o desonesto.

INCAPACIDADE DE SER MODESTO

Nem todo mundo é modesto, embora este seja um traço admirável. Pessoas modestas não se gabam de suas conquistas; em vez disso, comumente gostam de fazer um bom trabalho apenas pela satisfação de fazê-lo ou aceitam somente um parabéns como recompensa. Muitos dos que são modestos evitam os holofotes, preferindo deixar que seu histórico fale por si só. Tanto narcisistas como maquiavélicos tendem a ser *imodestos*, mas é a imodéstia do psicopata, aliada à sua *arrogância*, que se destaca claramente para os colegas de trabalho. Infelizmente, ao lidar com os superiores, sua habilidade de administrar e promover suas autopercepções arrogantes e de se vender como líder forte e confiante esconde efetivamente sua verdadeira natureza. A modéstia genuína é quase inexistente entre psicopatas. Sua ausência em um executivo, embora não seja diretamente uma indicação de psicopatia, pode ajudar a corroborar outras suspeitas.

INCAPACIDADE DE ASSUMIR A CULPA

Aceitar a responsabilidade pelos próprios erros e não culpar os outros é algo altamente valorizado tanto nas empresas como na sociedade em geral. Psicopatas raramente, ou quase nunca, aceitam a responsabilidade por seus atos, mesmo quando fica claro que cometeram erros ou que seus atos e decisões levaram a falhas. Mas eles ainda vão além: rotineiramente *culpam* outras pessoas e criam "provas" de que elas foram as responsáveis. Claro, isso é uma forma de mentira, e muito diferente da transferência de culpa ou do apontar de dedos em que a maioria de nós já se envolveu. Isso é uma agressão ativa, instrumental. Por ser difícil trazer à tona a atribuição de culpa realizada em segredo, com frequência é preciso que uma série de projetos sob o controle do psicopata fracassem para que sejam produzidas quaisquer provas relevantes de incompetência ou transgressão.

INCAPACIDADE DE AGIR DE FORMA CONSISTENTE E PREVISÍVEL

Todos nós nos sentimos mais confortáveis com pessoas que sejam previsíveis. As empresas precisam saber que seus funcionários comparecerão ao trabalho, desempenharão seus cargos seguindo padrões de segurança e qualidade, vão se dar bem uns com os outros e não perturbarão o trabalho alheio. Até os tipos criativos, que muitas vezes nos surpreendem com suas idiossincrasias, podem parecer previsíveis assim que entendemos seus hábitos cotidianos de trabalho. O que uma empresa não pode tolerar são os funcionários bomba-relógio, indivíduos que tornam caótico o fluxo normal de trabalho e o relacionamento entre os outros funcionários. Eles atrapalham reuniões, envergonham os demais empregados e a empresa, tomam decisões erráticas, mudam de curso sem razão aparente e surpreendem até os mais experientes. Poucos executivos gostam de surpresas, comumente se orgulhando de estarem cientes de tudo o que acontece em sua empresa. Os bombas-relógio podem ser o pior pesadelo de um executivo.

A menos que entendamos verdadeiramente as maquinações dos psicopatas corporativos, é quase impossível prever o que farão. É raro que outras pessoas tenham acesso ao funcionamento interno de sua mente, o que faz deles funcionários potencialmente perigosos.

INCAPACIDADE DE REAGIR CALMAMENTE

A habilidade de manter a calma durante uma crise é uma característica da boa liderança, e psicopatas são peritos em manter a frieza em situações observadas por aqueles que estão no poder. Fora de vista, porém, podem reagir de maneira exagerada e socialmente inapropriada, e muitos que observam esse fenômeno os descrevem como dramáticos. Embora explosões ocasionais de supervisores, por exemplo, em reação a uma perigosa violação aos padrões de segurança sejam aceitáveis, ou até esperadas, os psicopatas tendem a exagerar ao reagir ao que percebem como insultos pessoais ou quando não são suficientemente respeitados. Isso prejudica o trabalho em grupo e, em última análise, a empresa de modo geral, porque deixa todos de sobreaviso, atentos e pisando em ovos ao lidar com o psicopata. Grupos sujeitados a chefes dramáticos habitualmente perdem sua coesão e o espírito de equipe, adotando uma mentalidade de "cada um por si".

Como psicopatas são capazes de moderar esse comportamento quando se encontram na presença de uma autoridade que respeitem, isso pode passar despercebido por um tempo considerável — até as histórias começarem a emergir depois de irem embora. Infelizmente, as únicas provas disponíveis antes da partida de um psicopata são os rumores e a tensão no departamento. Departamentos de RH cuidadosos podem aprender mais sobre o que está acontecendo de fato se investigarem essas pistas.

INCAPACIDADE DE AGIR SEM AGREDIR

Perseguição, coerção e intimidação não têm lugar no mundo dos negócios. Esses comportamentos atrapalham o trabalho, machucam as pessoas e são injustos para com aqueles que não podem se defender. Entretanto, descobri-los é geralmente difícil, a menos que alvos e vítimas os denunciem. Por causa das ramificações legais que podem ser desencadeadas por essas ações, muitas empresas instituem políticas para inibi-las e criam mecanismos confidenciais para que os funcionários afetados possam reportá-las. Códigos de Conduta com frequência têm normas a respeito de perseguição e intimidação. Em alguns países europeus, isso também é crime. Para que as medidas sejam eficazes, porém, é importante comunicar todas as políticas e procedimentos para a denúncia de violações. Em particular, os supervisores e gerentes precisam aprender a reconhecer a perseguição, a coerção e a intimidação e como lidar de maneira eficaz com elas.

QUESTÕES PARA DISCUSSÃO

⮕ Você já entrevistou candidatos a alguma vaga de emprego?

⮕ Você seguiu alguma das práticas sugeridas aqui (ou só improvisou)?

⮕ Você já contratou a pessoa errada para algum emprego? O que você deixou passar?

⮕ Você já notou algum "sinal de alerta" como os descritos acima?

S 11.1
A prática leva à perfeição?

Hare prestou consultoria para Nicole Kidman no filme *Malícia*. Ela queria que a audiência soubesse, logo de cara, que sua personagem não era a pessoa doce e afetuosa que parecia ser. Ele a fez imaginar a cena a seguir: "Você está vindo pela rua e vê um acidente na esquina. Uma criança pequena, que foi atropelada por um carro, está caída em uma poça de sangue. Você caminha até o local do acidente, olha brevemente para a criança, e então se concentra na mãe angustiada. Após alguns minutos de escrutínio cuidadoso, você volta ao seu apartamento, vai para o banheiro e, em frente ao espelho, tenta imitar as expressões faciais e a linguagem corporal da mãe".

Claro, esse cenário não é o único a sugerir que psicopatas aprendem a imitar emoções que não vivenciam por completo. Como disse Cleckley (p. 374)[140], o psicopata "pode aprender a usar palavras comuns [...] [e] também aprenderá a reproduzir de maneira adequada toda a pantomima do sentimento, mas o sentimento, em si, não chega a ocorrer".

Em uma tirinha de *Calvin e Haroldo*, de Bill Watterson, Susie diz a Calvin que ele está mentindo e que isso está escrito na cara dele. Calvin corre para casa e ensaia suas expressões na frente do espelho.

Em uma cena do filme *A Tara Maldita,* de 1956, Rhoda Penmark, de oito anos, faz poses na frente de um espelho, ostensivamente aprendendo a imitar as expressões de seus cuidadores. De maneira similar, na nova versão de 2018, com o mesmo título, quando o pai pergunta a Rhoda (agora chamada Emma Grossman) "O que você me daria por uma cesta de abraços?", ela responde "Uma cesta de beijos". Ela ensaia dizer "Cesta de beijos! Cesta de beijos! Cesta de beijos!" na frente do espelho, experimentando sorrisos diferentes. O resultado é uma tentativa ruim de imitar um sorriso genuíno (sorriso de Duchenne) (ver S 12.1: *Entrevistas Psicopáticas*). A prática pode ajudar os psicopatas, mas alguns observadores vão perceber que as emoções são simuladas.

S 11.2
Política e pôquer: licença para mentir

No pôquer, um *tell*, ou cacoete, é a linguagem verbal ou corporal que transmite informações sobre a mão que outro jogador recebeu. Bons jogadores de pôquer passam muito tempo aprendendo a detectar os cacoetes de seus adversários.

Será que os psicopatas emitem cacoetes que fornecem informações úteis sobre eles aos outros? Parece que alguns, sim. Em *Sem consciência*, Hare descreveu muitos exemplos de pessoas que se sentiram desconfortáveis na presença de psicopatas, os quais descreveu como predadores sociais. Embora elas não pudessem identificar exatamente o que as incomodava, muitas fizeram alusão a um olhar fixo e aniquilador, que fazia com que sentissem como se fossem uma refeição. Esse é um tema comum em relatos de interações psicopáticas em livros policiais.

Outros comportamentos não verbais incluem a tendência dos psicopatas de se intrometer e dominar nosso espaço pessoal, imitar emoções, usar gestos de maneira excessiva durante discursos emotivos e geralmente fazer um espetáculo.[141] Tais comportamentos poderiam funcionar como cacoetes?

Leanne ten Brinke et al.[142] examinaram as emoções contidas nas expressões faciais, na linguagem corporal e nas falas de trechos de vídeos de criminosos classificados pelo PCL-R. Um de seus principais interesses era o uso de *sorrisos de Duchenne* (cantos dos lábios curvados para cima com elevação da bochecha, o que cria pés de galinha em torno dos olhos). A maioria das pessoas via o sorriso de Duchenne como uma expressão autêntica, genuína e confiável de felicidade ou deleite.[143] Entretanto, comparados com outros criminosos, aqueles com pontuações mais altas de psicopatia exibiam *mais* sorrisos de Duchenne, gesticulavam mais e possuíam uma linguagem emocional mais raivosa.

Será que os criminosos psicopáticos estavam mais felizes do que os outros criminosos? Aparentemente, não. Com a prática, é fácil fingir um sorriso de Duchenne (ver S 11.1: *A prática leva à perfeição?*). Além disso, criminosos psicopáticos exibiam sorrisos de Duchenne *ao mesmo tempo que usavam linguagem emocional raivosa*. Observadores ingênuos notaram essa *incongruência comportamental* e tiveram bastante sucesso em identificar os criminosos psicopáticos.

Como ten Brinke et al. (p. 273)[144] comentaram: "Curiosamente, essas táticas de gerenciamento de impressão podem resultar em um perfil comportamental marcado pela inconsistência — em que um aspecto do comportamento do indivíduo psicopático que revela sua natureza real (ou seja, o uso de palavras negativas ou raivosas) é contradito por suas tentativas de controle comportamental (ou seja, a expressão de felicidade encantadora para parecer amistoso e, assim, desarmar o ouvinte)". A definição que ten Brinke et al. deram aos observadores ingênuos foi: "Fator 1 — Pessoas com pontuação alta no Fator 1 da psicopatia tendem a ter um senso inflado de autoimportância, a possuir lábia e a mentir e manipular os outros sem sentir culpa. Eles não têm empatia por outras pessoas e raramente assumem a responsabilidade pelas coisas que fazem de errado".

O CASO DE DAVE

ATO 5, Cena 1

ASSUMINDO UMA POSIÇÃO DEFENSIVA

— Você tem um minutinho? — perguntou Frank, dando uma espiada na sala de John.

— Claro, o que foi? — perguntou John, o vice-presidente, largando a caneta.

— Preciso conversar com você sobre o Dave — começou Frank, entrando no escritório e fechando a porta antes de se sentar. — Ando ouvindo histórias ruins sobre ele nos últimos meses, e um dos meus melhores analistas acabou de pedir transferência da equipe de projetos do Dave.

— Transferência? Isso não é nada bom. E você acha que Dave é o problema?

— Bem, eu sei que é — disse Frank, exasperado. — Alguém do meu pessoal veio falar comigo uns dias atrás, depois do trabalho, para me contar o que está acontecendo. — John inclinou-se para a frente, interessado no que Frank tinha a relatar. — Ele disse que, desde que o projeto começou, há seis meses, as coisas ficam cada vez piores. Dave vem atrapalhando e dominando tanto a equipe que muitos não querem mais trabalhar com ele. Aparentemente, ele não chega preparado, com frequência se atrasa para as reuniões e assim deixa um monte de gente à toa, grita com as pessoas, interrompe os outros quando estão explicando o status de suas tarefas e constrange quem faz uma sugestão. As pessoas têm medo de falar e estão perdendo o interesse no projeto porque sentem que não conseguem lidar com o Dave.

— Isso é muito estanho, Frank. Dave sempre me pareceu ser um bom líder, e eu achei que o pessoal gostava dele. Vocês já conversaram a respeito disso?

— Já. A primeira vez foi há uns três meses, quando li um de seus relatórios parciais. Estava uma bagunça: uma compilação de materiais que ele juntou porque eu havia pedido. Não havia organização, síntese, nem sequer um cronograma preciso. Ele não conseguiu, ou não quis, responder a algumas perguntas básicas sobre detalhes e os números. Eu lhe disse que esperava mais de um relatório de posição, que esperava que tivesse a análise pessoal e as suas recomendações, assim como mais detalhes sobre prazos, custos etc.

— Como ele reagiu? — perguntou Frank.

— Bom, primeiro ele soltou os cachorros para cima de mim, vociferando sobre como fazemos reuniões demais nessa empresa, dizendo que eu devia confiar nele e coisas do tipo. Tive que fechar a porta porque ele estava atrapalhando o andar todo. Depois que ele se acalmou, conversamos melhor e eu expliquei minhas expectativas. Ele pareceu compreender e disse que ia melhorar.

— E melhorou? — indagou John.

— Na verdade, melhorou, sim. Drasticamente, eu diria. Os dois relatórios seguintes foram extraordinários. Não concordei completamente com o cronograma e havia partes autoadulatórias demais, mas no geral estavam como eu esperava. Então, fiquei surpreso quando soube que as coisas tinham piorado no lado interpessoal da equação. Tinha a impressão de que a equipe vinha trabalhando bem. Além disso, aconteceram outras coisas.

— Será que pode haver um conflito de personalidades entre o Dave e a pessoa da equipe que falou com você? — interrompeu John. — Talvez o estilo de Dave esteja atrapalhando as coisas.

— Não, não acho que seja isso. Esse é o segundo pedido de transferência que tivemos esta semana, e minha secretária ouviu outros rumores pelo departamento. Na semana passada, ele tentou passar algo para uma das funcionárias temporárias digitar e ela disse que ele precisava obter aprovação antes. Bom, ele fez um escarcéu e a fez chorar antes que concordasse com a tarefa. Além disso...

— Frank — começou John, devagar —, tenho que lhe dizer que Dave me procurou para conversar sobre você faz uns três meses. Reclamou que você estava pegando no pé dele.

— Ele o procurou para falar de mim? — perguntou Frank, a princípio surpreso e, em seguida, aborrecido.

— Sim, bom, nós jogamos *softball* juntos, sabe, então perguntei a ele como estavam as coisas enquanto tomávamos uma cerveja, sabe como é, a conversa de sempre, e ele começou a falar de você. Ele parece ter um pavio muito curto.

— O que ele disse? — perguntou Frank.

— Basicamente, que você é exigente demais, muito preocupado com detalhes, coisas do tipo. Eu respondi que é por isso que você ganha bem. — Os dois riram, sem graça. — Também disse que fazer as coisas no prazo e dentro do orçamento é o que leva ao sucesso aqui, e que ele deveria se concentrar em agradá-lo.

— Então talvez tenha sido o seu feedback que o convencera, não o meu — sugeriu Frank.

— Tanto faz, Frank. Se ele está prejudicando a equipe e atrapalhando os outros, então isso é um problema. Você deveria conversar com ele outra vez — disse John. — Você não disse que teve uma reunião com ele ontem?

— Não — disse Frank. — Eu queria conversar com você primeiro, montar uma estratégia.

— Acho que você pode se reunir com ele, falar que ouviu algumas coisas e ver aonde isso leva — sugeriu John.

— Tem mais, John — disse Frank, sério.

— Ah. — John fez uma pausa. — O quê?

Frank prosseguiu.

— Eu ouvi dizer que Dave não escreve os próprios relatórios, nem se reúne com os outros departamentos para coordenar as diferentes fases do projeto. Até alguns dos líderes de departamento estão se perguntando por que Dave não está participando pessoalmente das reuniões com eles. Alguns dizem que não está fazendo nada da sua parte do trabalho. Aparentemente, é a Dorothy quem está fazendo o trabalho pesado por ele.

— Não há nada de errado em delegar, Frank. Talvez ele a esteja treinando, ou ela só queira ajudar. — John parou de falar e pensou um pouco. — Dorothy? Ela não é do seu time, né? — indagou.

— Não, ela é do time do Jerry. Dave insistiu para que a colocássemos no projeto porque ela tem motivação e poderia ajudar na arte. Eu não vi nenhum problema nisso, nem o Jerry — acrescentou Frank.

— Hummm, isso é esquisito. Dave estava reclamando de alguma mulher da equipe... acho que ele não me falou o nome dela... disse que ela não estava dando conta das tarefas. Ele a culpou por alguns dos atrasos, pois teve que perder tempo ensinando as coisas para ela e consertando os erros que cometia. Sugeri que a retirasse da equipe, mas ele disse que você não permitiria porque tinha feito um acordo com o Jerry de expor uma das estrelas dele ao processo de desenvolvimento de produto e não podia voltar atrás.

— Bom, não é o caso. Colocar a Dorothy na equipe foi ideia do Dave e, curiosamente, ele nunca reclamou dela para mim. É verdade que Jerry gosta bastante dela, mas ela ainda não tem muita experiência. Nunca ouvi nada sobre ela não estar se dando bem; pelo contrário, Dave a elogia o tempo todo. Ele acha que o *Jerry* não dá a ela chances suficientes.

Frank e John se entreolharam.

Depois de um tempo, Frank continuou.

— Nós... eu... estou com um problema, John. Existem contradições demais aqui. Preciso dar um jeito nisso.

— Tem razão, precisamos descobrir o que está acontecendo de verdade. Olha, eu tenho uma reunião daqui a uns minutos. Por que você não volta no final da tarde? Traga a pasta do Dave e o que mais você conseguir descobrir. Vamos revisar tudo primeiro e daí decidimos o que fazer.

— Tá bom — disse Frank, levantando-se e dirigindo-se à porta.

— Espero que tudo isso seja apenas um grande mal-entendido — ele suspirou.

— Duvido muito, Frank — respondeu John.

QUESTÕES PARA DISCUSSÃO

- Que conselho você daria a Frank a respeito de como lidar com Dave e sua equipe de projeto?

- Isso já aconteceu com você, como gerente ou membro de uma equipe?

- Na sua opinião, qual é o tamanho real da rede de influência de Dave?

AUTODEFESA PESSOAL

Nancy adorava ser enfermeira itinerante. Como muitas delas, permanecera por um tempo em um hospital de uma cidade grande, obteve a experiência necessária e então, aos 32 anos, decidiu fazer uma mudança na carreira. Enfermeiras itinerantes, ela descobriu, ganhavam mais e eram um pouco mais respeitadas pelas equipes médicas do que as enfermeiras regulares.

Desde que era uma jovem profissional, Nancy ficava horrorizada com o egocentrismo dos cirurgiões com quem trabalhava. O que mais a surpreendera, na verdade, era o fato de serem totalmente diferentes do que ela fantasiara na faculdade. Perguntava-se se alguns deles não precisavam de psicoterapia, ou pelo menos de um curso de administração da raiva. Uma sábia instrutora de enfermagem lhe explicou, depois de ter levado uma bronca de um médico na frente de todos, que eles agiam desse jeito — rude, tosco e indecente — por causa da intensa pressão que enfrentavam toda vez que operavam um corpo humano.

— Eles sentem mesmo por seus pacientes, lá no fundo — garantiu a instrutora —, mas anos tomando decisões de vida ou morte os endurece, e sua válvula de escape é descontar em quem estiver no centro cirúrgico.

Nancy aceitou essa explicação por algum tempo, e isso a ajudou a lidar com sua frustração, mas então ficou sabendo sobre enfermeiras itinerantes e viu uma oportunidade de aprimorar suas habilidades, sempre sabendo que mudaria de lugar de novo dali a alguns meses. Ela sabia que não podia transformar os médicos, mas lhe pareceu atraente poder transformar o relacionamento profissional que mantinha com eles, então optou por essa mudança de carreira.

E então, certo dia, ela conheceu Marshall. Eles se sentaram ao lado um do outro no avião quando Nancy estava se mudando para um novo emprego no Meio-Oeste do país e começaram a conversar. Como acontece com frequência quando nos vemos confinados a um assento ao lado de um desconhecido por algumas horas, Nancy começou a falar de si mesma para Marshall. Normalmente, não era muito falante, mas foi cativada pelo homem bonito de terno cinza-escuro que pareceu se interessar por ela. Quando descobriu que ele era médico, ficou nervosa. *Ah, droga, um médico!*, pensou, mas a tranquilidade e o sorriso amistoso no rosto de Marshall acalmaram suas preocupações.

— Decidi a área em que queria trabalhar meio tarde — admitiu ele. — Foi difícil achar tempo para frequentar as aulas, especialmente as de laboratório, mas meu chefe na época entendeu, provavelmente porque também era um veterano.

— Você esteve na guerra? — perguntou Nancy, começando a se perguntar se Marshall seria muito mais velho do que ela supunha.

— Bem, só por um tempinho, mas aí eu levei um tiro.

— Ai, meu Deus! — disse ela, perdendo o fôlego.

— Sim, bem, faz parte da guerra… realmente é um inferno. Não podia simplesmente deixar meus companheiros ali; tinha que salvá-los — acrescentou ele, casualmente.

— Meu pai foi agraciado com o Coração Púrpura no Vietnã. Você ganhou alguma medalha desse tipo? — interrompeu Nancy, empolgada.

Marshall virou-se para ela, deu um sorriso rápido e então a encarou friamente.

— Medalha de Honra — disse, com tanta seriedade que Nancy temeu tê-lo ofendido.

— Ah, isso é impressionante — respondeu ela, gentilmente, cada vez mais preocupada com a possibilidade de ter estragado a oportunidade de finalmente encontrar um homem decente. — Conte-me o que aconteceu — acrescentou depressa, torcendo para emendar a conversa e, então, com a mesma rapidez, lembrou que seu pai jamais falava sobre a guerra. Era simplesmente doloroso demais para ele. Nancy sentia que a conversa estava indo ladeira abaixo, e não sabia como salvá-la.

Recostando-se, Marshall fechou os olhos brevemente e então contou-lhe sobre suas experiências de batalha. Nancy ouviu com toda a atenção. A bravura que demonstrara naquele dia a impressionou. Ela sentiu orgulho dele e, em um momento de devaneio, de seu falecido pai.

— Depois que saí do exército, arrumei um emprego como piloto particular e ganhei um bom dinheiro, mas aí resolvi que queria ajudar pessoas doentes, e não ficar levando e trazendo ricaços de suas férias em locais exóticos — explicou ele, revirando os olhos. — Acho que por causa dos médicos que me salvaram… — Marshall fez uma pausa e desviou o olhar antes de continuar: — Acho que sinto gratidão, e foi assim que resolvi que deveria ajudar os outros.

Nancy ficou emocionada e, mais para o fim do voo, quando Marshall pediu seu telefone, ela o repassou sem pensar duas vezes.

Marshall e Nancy namoraram por cerca de quatro meses. Enquanto a agenda maluca a mantinha perto de casa, Marshall, que morava e trabalhava a uns 120 quilômetros, visitava-a toda vez que arranjava tempo suficiente para ficar com ela. Ele sempre chegava com flores, doces, uma joia, champanhe caro e, às vezes, uma camisola mais ousada. Nancy adorava toda aquela atenção. Os dois jantavam em restaurantes chiques e, orgulhosa de sua bem-sucedida carreira como enfermeira itinerante, ela com frequência se oferecia para pagar.

As conversas entre eles eram diferentes de todas as que ela já tivera com outros homens: sérias, bem-humoradas, leves e profundas.

Marshall a surpreendia com seus conhecimentos sobre o mundo, sobre as pessoas e sobre a medicina.

Às vezes, ela fantasiava passar a vida com ele, mas se segurava antes de se deixar levar. Suas amigas — quase todas também enfermeiras — a alertavam repetidamente quanto aos *médicos*, mas ela sabia que estavam apenas com inveja do bom partido que "fisgara" e que teriam se apaixonado por Marshall se o tivessem conhecido. Ela nunca falou de seus sonhos com ele, receosa de espantá-lo. Entretanto, sentia seu comprometimento com ele aumentando a cada dia e, a julgar pelo que ele dizia, Nancy sentia que Marshall também estava se apegando a ela.

Quando ele contou que ia pegar um empréstimo para abrir sua clínica particular — estava cansado das longas jornadas do emprego no hospital —, ela ficou empolgada e, depois, muito nervosa. Embora sua posição atual fosse caótica, pelo menos ele conseguia folgar de vez em quando. Ela sabia que, tão logo abrisse uma clínica própria, ele seria consumido pelo trabalho. Empreendedores constantemente trabalhavam muito para se estabelecerem, e ela temia que as visitas diminuíssem.

Talvez eu possa trabalhar como enfermeira no consultório dele, fantasiou ela. *Talvez eu possa ser sua sócia!* Ela já havia lhe emprestado algum dinheiro certa vez para pagar uma dívida com a faculdade de medicina, mas não podia ajudá-lo a bancar a clínica. *Não, eu teria que ser a enfermeira do consultório dele*, matutou antes de despertar do sonho.

Com seu contrato de quatro meses de duração terminando em breve, Nancy teve uma ideia. Decidiu se candidatar a uma vaga no centro cirúrgico do mesmo hospital em que Marshall trabalhava. Ele logo já não trabalharia lá mesmo, assim não haveria nenhum conflito nem potencial constrangimento, e os dois estariam na mesma cidade. E mais: talvez, depois de alguns meses, eles pudessem ir morar juntos. Ela decidiu não mencionar nada para ele, temerosa de que ele entendesse errado. *Os homens ficam meio malucos quando acham que você está tentando obrigá-los a assumir um compromisso*, ela se lembrou. Queria já ter o emprego e o próprio apartamento antes de surpreendê-lo com as boas notícias.

Nancy ocupou sua bandeja com uma salada, sopa e chá no refeitório e foi até um grupo de enfermeiras reunido em uma das mesas.

Suas entrevistas daquela manhã com a equipe médica do hospital de Marshall tinham ido bem, e ela agora queria conhecer algumas de suas potenciais colegas de trabalho. Como enfermeira itinerante, Nancy gostava da oportunidade de conhecer gente nova, trabalhar em novos ambientes e ir embora antes que os problemas começassem.

— Oi — disse ela, abordando o grupo. — Este lugar está vago?

— Pode sentar — respondeu Rhonda, a pessoa mais velha na mesa e, também, a mais extrovertida.

— Obrigada — disse Nancy, sentando-se. — Meu nome é Nancy R. Vou começar...

— A gente sabe — interrompeu-a Sally. — O RH já nos contou tudo sobre as novas itinerantes — disse, apontando para uma das mulheres na ponta da mesa, que assentiu. — Bem-vinda!

Enquanto Sally apresentava as outras enfermeiras presentes na mesa, Nancy prestava atenção no nome de cada uma, tendo aprendido desde cedo que se lembrar do nome das colegas de trabalho era um primeiro passo importantíssimo para ter sucesso em qualquer lugar. Algumas enfermeiras residentes se ressentiam das itinerantes. Nancy não sabia por quê, mas sempre tinha como política começar com o pé direito a relação com todos que conhecia em cada novo emprego.

— Você já foi apresentada aos malucos? — perguntou Susie.

— Bem, eu fui entrevistada pelo dr. S, que me pareceu bastante decente, e depois pelo dr. H.

— Ah, esses são os *normais* — interrompeu Susie. — Espere até conhecer os outros!

Todas na mesa reviraram os olhos.

— O dr. M trabalha no segundo turno? — perguntou Nancy, sendo vencida pela curiosidade em relação a Marshall.

— Nunca ouvi falar desse — disse Rhonda, intrigada. — Tem certeza de que ele trabalha aqui?

— Ah, bem, eu ouvi alguém mencionando o nome dele mais cedo, por isso perguntei — disse Nancy, torcendo para não ter falado demais.

— Nós tínhamos um M, Marshall M, no terceiro turno. Ele era um dos cuidadores, mas não trabalha mais aqui — mencionou

Sandra, a representante do sindicato de enfermeiras. Algumas das mulheres na mesa ficaram visivelmente incomodadas com a menção a Marshall, mas Sandra continuou: — Ele se meteu em alguma confusão com um dos residentes. Mas não conheço nenhum *médico* com esse nome. Você conhece, Sally?

— Não, nenhum desde que estou aqui, e já vai fazer doze anos — disse uma enfermeira mais velha e quieta na ponta da mesa.

— Bem, o Marshall era bonitão, fazia um serviço razoável, e sempre fantasiou ser médico um dia. Acho que ele foi para o Hospital Geral, mas não tenho certeza — acrescentou Rhonda.

— Ah, devo ter me confundido — disse Nancy, começando a ficar nervosa. Ela terminou de comer seu almoço apressadamente e se levantou para ir embora. — Preciso dar uma olhada no meu novo apartamento. Desculpem, tenho que ir.

— Então a gente se vê na semana que vem? — perguntou Rhonda.

— Sim, sim, estarei aqui! — respondeu Nancy com um grande sorriso.

Ao entrar no carro, ela apanhou o seu celular. Resolveu ligar para Marshall para descobrir o que estava ocorrendo. O celular dele tocou até a chamada cair. Ela se deu conta de que não tinha o endereço dele. Conforme sua ansiedade crescia, ela decidiu ir até o Hospital Geral da cidade.

Nancy deixou seu carro no estacionamento de visitantes do hospital e entrou pela porta principal. Quando chegou a sua vez, ela disse ao guarda na recepção:

— Oi. Preciso falar com o dr. Marshall M. Ele é cirurgião.

O guarda folheou as páginas do diretório telefônico do hospital, procurando o número.

— Ele é médico aqui? — indagou, vasculhando a lista em sua mesa.

— Isso. Ele acabou de começar, pelo que ouvi falar.

— Ah — disse o guarda, sem levantar a cabeça. Ele se virou para a tela do computador e digitou. — Humm. Tem certeza do nome, moça?

— Tenho. Talvez ele...

— Bom, há alguém com esse nome. Parece que ele acabou de começar no turno da noite, mas é da manutenção. — O guarda levantou a cabeça, acrescentando: — Desculpe. Talvez seja melhor ligar para o consultório do seu médico para confirmar o local. O hospital tem vários prédios.

— Obrigada — disse Nancy, com um sorriso tenso aparecendo em seu rosto. — Vou fazer isso.

Ela foi até o estacionamento e parou, uma descarga de pânico a invadindo. *Mas que...?*, pensou, dando partida no carro e dirigindo para seu novo apartamento.

QUESTÕES PARA DISCUSSÃO

➲ Foi um mal-entendido ou Nancy foi enganada?

➲ Que mentiras Marshall contou a Nancy?

➲ Marshall se aproveitou de quais aspectos da personalidade de Nancy?

➲ Você já manteve um relacionamento longo com alguém, achou que conhecia a pessoa e então descobriu que não a conhecia nem um pouco?

PSICOPATAS NA SUA VIDA PESSOAL

Conviver com um psicopata é uma experiência emocionalmente exaustiva, psicologicamente debilitante e, às vezes, fisicamente prejudicial. Recebemos inúmeras cartas e e-mails de indivíduos que acreditam estar às voltas com um psicopata: muitos sentem que seu cônjuge ou parceiro de relacionamento é um, outros acreditam na possibilidade de que um parente seja e alguns, ainda, têm certeza de que trabalham com ou para um deles. Suas mensagens, frequentemente detalhadas e contundentes, fornecem um vislumbre do impacto que a manipulação e o abuso psicopático causam na vida de cada um. Em alguns casos, quando as vítimas temem sofrer danos físicos ou financeiros, sugerimos que acionem a polícia ou as autoridades locais. Em muitos casos, indicamos psicólogos, psiquiatras, advogados, membros de igrejas ou outros profissionais qualificados da região para fornecer a ajuda psicológica e emocional que for mais adequada.

Ao longo dos anos, reparamos que, de forma semelhante aos psicopatas que operam por meio do modelo parasitário-predador de avaliação, manipulação e abandono, os próprios alvos e vítimas parecem, involuntariamente, compartilhar de um padrão de resposta paralelo. Neste capítulo, falaremos sobre o desenvolvimento da relação entre vítima e psicopata, buscando alertar o leitor quanto às armadilhas e ciladas pelo caminho. Acreditamos que a melhor defesa contra a sombria arte da manipulação psicopática é compreender plenamente como os psicopatas agem e evitá-los a todo custo.

ANTES, PORÉM, UM ALERTA

Em todos os casos, sugerimos que o leitor resista à tentação de rotular seu antagonista como psicopata, especialmente se não possui o treinamento e as qualificações adequadas para conduzir avaliações psicológicas. (A única exceção talvez se aplique quando você tiver de falar com o seu advogado, mas torcemos para que não tenha que pegar essa via.) Claramente, nunca é sábio "cutucar a onça com vara curta"! O termo *psicopata* tem muitas conotações negativas e, uma vez usado, tende a colar. A aplicação descuidada ou inadequada do termo é injusta e pode levar a processos legais e outras formas de retaliação (especialmente se o "diagnóstico" estiver correto). Portanto, para a maior parte dos propósitos práticos, basta estar ciente de que certo indivíduo parece ter muitos dos traços e comportamentos psicopáticos e agir de acordo com isso.

APRENDA TUDO O QUE PUDER SOBRE SI MESMO

"Conhece-te a ti mesmo" é talvez um dos conselhos mais sábios já compartilhados. O autoconhecimento fortalece sua imunidade contra os joguinhos do psicopata, sendo crucial para a sua sobrevivência psicológica, emocional e, possivelmente, física. Os psicopatas se alimentam do que veem como ingenuidade e inocência.

Todos nós somos refratários a ouvir sobre nossos defeitos e fraquezas. Algumas pessoas evitam ir ao médico porque não querem saber se suas dores e incômodos são sintomas de um problema mais sério. Outras evitam procurar psicólogos porque temem descobrir algo desconfortável a respeito de si mesmas. Os psicopatas estão muito cientes dessas preocupações e se aproveitam delas. Na verdade, um psicopata perceptivo pode conhecer as pessoas melhor do que elas mesmas.

Quanto mais você conhecer a si próprio, mais capacitado estará a se defender da influência psicopática.

ENTENDA A SUA UTILIDADE PARA PSICOPATAS

Pode ser difícil estimar qual seria o seu valor para um psicopata, em parte porque a sociedade comumente demanda que minimizemos nossos atributos. Uma avaliação realista, porém, com base em informações e feedback de amigos, familiares e colegas de trabalho, pode ajudar a esclarecer quais são seus pontos fortes e o seu valor para outras pessoas. Os tipos de utilidade mais comumente atraentes para psicopatas são dinheiro, poder, fama e sexo, mas, no ambiente corporativo, essa lista cresce, passando a incluir também acesso a informação, capacidade de comunicação, influência, autoridade etc. Os psicopatas não miram apenas nos ricos e famosos, mas também em outros, com atributos menos óbvios.

Os psicopatas usam várias táticas para convencer as pessoas a compartilhar seus bens com eles, aproveitando-se de sua generosidade, confiança nos outros ou bondade. Apelam para a compaixão se essa emoção lhes fizer ajudá-los de alguma forma ou estimulam as vítimas a usar sua influência junto a indivíduos que poderiam ajudá-los a satisfazer suas próprias necessidades. Às vezes, é difícil distinguir as pessoas que estão realmente passando necessidade, as quais deveríamos ajudar, daquelas que se utilizam da manipulação psicopática para convencê-lo a ajudá-las. Uma boa defesa é usar sempre o bom senso nas interações sociais, particularmente aquelas envolvendo pessoas não tão conhecidas. Todos nós gostamos de receber elogios, mas existe uma diferença entre afagos sociais normais e a habilidade de um psicopata de pintar o tipo de imagem que gostamos de ver de nós mesmos. Elogios excessivos ou ilógicos e bajulação são sinais de que devemos prestar atenção ao que virá em seguida. É prudente criar uma lista das coisas nas quais você acha que o psicopata o está usando e ficar atento às técnicas de manipulação que ele pode estar utilizando para arrancá-las de você. Pergunte a si mesmo: "O que essa pessoa quer *realmente* de mim?".

COMPREENDA SEUS GATILHOS

Todos nós temos gatilhos emocionais dos quais os outros podem se aproveitar para conseguirem o que desejam. Gatilhos são particularidades de nosso temperamento e personalidade que desencadeiam reações emocionais e psicológicas cujos efeitos frequentemente somos incapazes de controlar ou administrar. A seguir, relacionamos os gatilhos mais comuns usados pelos psicopatas para manipular suas vítimas psicologicamente.

PONTOS SENSÍVEIS

Pontos sensíveis são todas as coisas que provocam uma reação emocional forte e automática, levando a uma explosão (sensibilidades negativas) ou à empolgação (sensibilidades positivas). Por exemplo: você pode reagir com inveja ou tristeza quando um colega de trabalho é promovido ou com raiva e frustração quando é fechado no trânsito, outra pessoa recebe os créditos por seu trabalho ou alguém critica o modo como você se veste. Você pode sentir prazer e, às vezes, alegria ao receber elogios por sua aparência, se o candidato em que pretende votar está na frente nas pesquisas ou se um jogador do seu time marca um ponto. Hobbies com frequência são assuntos sensíveis que tendem a provocar reações positivas na maioria das pessoas. Da mesma forma, a paixão pela profissão pode provocar energia e entusiasmo intensos, especialmente quando alguém se interessa pelo seu trabalho.

Quando alguém aciona um dos nossos pontos sensíveis, duas coisas ocorrem: nossa atenção é desviada de outros assuntos, talvez mais importantes, e as emoções disparadas afetam nossa percepção do ambiente social imediato. Essa reação, que é quase um reflexo, não passa despercebida ao psicopata, que vai apertar os botões capazes de estimular sentimentos positivos em relação a ele e negativos contra os outros. Outro abuso de seus pontos sensíveis é manipulá-lo a "reagir" (em especial, negativamente) na frente dos outros.

É difícil, exceto nas situações mais gritantes, identificar quando alguém acessa um ponto sensível de propósito ou quando isso acontece sem querer, sem nenhuma intenção particular de manipulá-lo ou se aproveitar de você. De fato, muitas amizades legítimas começam quando alguém toca num ponto sensível em um esforço genuíno de fazer amizade (por exemplo, ao se perguntar sobre as habilidades de alguém no golfe, sabendo-se que a pessoa joga pessimamente). Se você não responder à tentativa de um psicopata de usar seus pontos sensíveis contra si — por exemplo, de fazê-lo perder o controle na frente de alguém importante —, ele rapidamente classificará essa tentativa como um erro. Você pode até receber um pedido de desculpas. Mas se a meta do psicopata for envergonhá-lo ou humilhá-lo na frente dos outros, então o dano à sua *reputação*, aos olhos dos observadores, já ocorreu.

O psicopata pressionará seus pontos sensíveis constantemente em situações privadas, convencendo-o de que o compreende e compartilha de sentimentos semelhantes — uma trama para estabelecer um bom relacionamento. Você pode reclamar, por exemplo, que outro funcionário o magoou ou o irritou por algum problema, desfeita ou ofensa. O psicopata só precisa dizer: "Ah, meu Deus!

Não acredito!" para você sentir que ele compreende e, possivelmente, até compartilha dos seus sentimentos quanto ao evento ou à pessoa que o provocou. O psicopata astuto, então, vai ouvi-lo desabafar sobre coisas, eventos e pessoas, caindo assim nas suas boas graças e fornecendo informações que podem potencialmente ser usadas para manipulá-lo mais adiante.

Compreender ao máximo quais são os seus gatilhos é a primeira forma de se defender e de não permitir que sejam disparados de forma indiscriminada. Infelizmente, é muito mais fácil *ter consciência* dos seus gatilhos do que aprender a *controlá-los*. O feedback alheio, incluindo familiares, amigos próximos ou colegas de trabalho, é algo valioso e, com a assistência de um amigo de confiança ou de um coach de carreira, é possível aprender a controlar ou, ao menos, moderar suas reações. Aos poucos, a habilidade de reconhecer de imediato uma reação ao acionamento de um ponto sensível vai melhorando, o que lhe garantirá algum tempo para apertar o freio emocional e retomar o controle das suas reações.

PONTOS FRACOS

Como todos os predadores, psicopatas percebem os pontos fracos das vítimas em potencial. Os seres humanos possuem muitos tipos de fraquezas, e o psicopata astuto conhece a maioria. Em nome da simplicidade, vamos nos concentrar em três categorias comuns.

Defeitos. O que há de errado com você? É gordo demais, magro demais, tímido demais? Com frequência, vemos em nós mesmos defeitos que os outros não enxergam. Alguns são reais, mas muitos existem apenas na nossa imaginação. Psicopatas são hábeis em identificar as coisas que *você* menos gosta sobre si mesmo e, então, usá-las como ferramentas de manipulação. Como discutimos em um capítulo anterior, um psicopata tentará convencê-lo de que o aceita como você é, apesar de qualquer defeito que você julgue ter. Essa é uma mensagem muito potente e tranquilizadora, o alicerce sobre o qual se estabelece o elo psicopático. Em seguida, o psicopata "revelará" que compartilha de alguns de seus defeitos, aprofundando a sensação de conexão e a antecipação de que um relacionamento pessoal significativo está se desenvolvendo.

Enxergar seus defeitos de maneira realista é uma importante defesa contra a manipulação psicopática. Isso geralmente envolve manter em sua lista mental de defeitos aqueles que *realmente* importam e, então, atacar os que sobraram. Você pode decidir melhorar em alguns pontos e aceitar outros. Depois que fizer essas avaliações e tomar decisões a respeito dos seus defeitos, outras pessoas terão mais dificuldade de manipulá-los contra você.

Lacunas. O que está faltando na sua vida? Autoestima, amor, compreensão, alegria, um senso de propósito? Acreditar que temos menos do que merecemos em algum aspecto influencia nossos pensamentos, emoções e comportamentos, e costumamos nos ressentir de quem tem mais do que nós. Começamos a duvidar de nossa capacidade de prover e conquistar, concluímos que fracassamos e sentimos uma necessidade desesperada de preencher o vazio, às vezes a qualquer custo.

Ansiar pelo que nos falta leva a um estado de vulnerabilidade psicológica, emocional e, às vezes, até física. Pensamentos e sonhos de realizar seus desejos consomem algumas pessoas nesse estado, o que as torna alvos fáceis para os psicopatas sempre dispostos a "ajudar". A promessa de enriquecimento — mas sem intenção alguma de cumprir a promessa — é uma técnica comum usada em esquemas de pirâmide e golpes de rua, como o monte de três cartas. Na maioria dos golpes financeiros, leva-se a pessoa a acreditar que pode ganhar muito dinheiro, mas ela geralmente perde tudo antes de se dar conta de quanto foi crédula. Outro exemplo é o do titereiro psicopático, que pode convencer alguém a participar de um crime para ajudar a pagar uma dívida ou para ficar quite com outra pessoa. O crime pode envolver roubar dinheiro, materiais ou propriedade intelectual da sua empresa; danificar propriedade de terceiros; ou até mesmo ferir os familiares da pessoa manipulada. Isso é especialmente sedutor se o psicopata convencê-la de que *jamais* será pega e que as vítimas do crime estão apenas recebendo o que merecem. Se sucumbir a essa armação, a pessoa ficará em dívida com o psicopata eternamente, será atormentada pela culpa e talvez até acabe presa!

Em geral, é bom estar totalmente ciente de suas necessidades e desejos pessoais e entender, de maneira realista, que passos serão necessários para realizá-los ou obtê-los. Um bom conselheiro ou coach às vezes pode ajudar. Entretanto, o melhor conselho é bem antigo: "Quando a esmola é demais, até o santo desconfia".

Temores. Do que você tem medo? De intimidade, da solidão, de falar em público? Todos nós temos momentos de medo, instantes em que somos atormentados por questionamentos e dúvidas. Se esses pensamentos não são debilitantes e não atrapalham nosso cotidiano, estão na faixa da normalidade. No entanto, uma vez identificados pelo psicopata, nossos temores fornecem pistas sobre como reagiremos em certas situações e eventos e, assim, tornam-se ferramentas potentes para a manipulação. Armar defesas contra esse uso de nossos temores é difícil, pois eles resultam tanto de características pessoais como de nossa criação, portanto, não são fáceis de modificar. Um conselheiro ou profissional de saúde mental pode ajudá-lo a entender seus medos e a adotar estratégias de proteção.

A DANÇA PSICOPÁTICA

Quanto mais você entender como os psicopatas se comportam, mais preparado estará para evitar a manipulação. Em um capítulo anterior, revisamos as fases que compõem o estilo de vida parasitário adotado por muitos deles:

- *Avaliação* da utilidade, das fraquezas e das defesas em potencial de um indivíduo;
- Uso do gerenciamento de impressões e da *manipulação* para cair nas graças do indivíduo, e então desviar recursos;
- *Abandono,* a fase em que o indivíduo se torna inútil para o psicopata.

Nos casos que nos foram relatados por meio de e-mails, cartas ou entrevistas com vítimas, descobrimos, repetidamente, que *muitas só souberam que estavam lidando com um psicopata quando já era tarde demais*. Embora os detalhes específicos de cada caso possam diferir, os sentimentos, atitudes, comportamentos e resultados que as vítimas descreveram parecem formar um padrão ou processo. Nesta seção, revisaremos as fases pelas quais passam os alvos do processo de manipulação que se tornarão, no final, vítimas. Ver S 11.2: *Política e Pôquer: licença para mentir.*

FASE 1: A TENTAÇÃO DA FICÇÃO PSICOPÁTICA

Primeiras impressões podem ser enganosas. Infelizmente, a primeira impressão que teremos de um psicopata será positiva. Seu charme inegável, aparência atraente, eloquência e uso hábil de elogios e bajulação são sedutores. Todavia, essas impressões são similares às promessas contidas na sobrecapa de um livro ruim. Desafortunadamente, a diferença é que nós raramente compramos um livro sem antes folhear as páginas ou pelo menos ler algumas resenhas. Da mesma forma, não compramos um carro ou uma TV sem fazer uma pesquisa cuidadosa. Por outro lado, constantemente aceitamos a fachada psicopática por seu valor de face. Com psicopatas, quem vê cara realmente não vê coração, mas pode ser que haja muita dor antes que nos demos conta disso. Como nem todos os psicopatas se apresentam do mesmo jeito, é possível que alguém seja feito de vítima mais de uma vez ao longo da vida. É prudente exercer ao menos um mínimo de avaliação cautelosa, ou até desconfiada, em novos encontros sociais, particularmente com pessoas com potencial de impactar sua vida no longo prazo. Pelo menos as primeiras impressões devem ser reavaliadas conforme mais informações sobre o indivíduo se tornem disponíveis, e todos devem estar preparados para fugir rapidamente caso as coisas comecem a se mostrar incoerentes ou exista algum desconforto.

FASE 2: ABSORVIDO PELO ELO PSICOPÁTICO

Charme sutil e técnicas de manipulação podem convencê-lo de que um psicopata gosta de você por aquilo que você é. Durante longas conversas ou em uma série de encontros, ele tentará convencê-lo de que compartilha de muitos de seus gostos, aversões, características e atitudes. Isso normalmente ocorre de maneira disfarçada, nada é declarado abertamente. Na verdade, a manipulação psicopática é tão sutil que você pode ser convencido só por ouvir a história de vida contada por ele. E, é claro, o psicopata cria suas tramas cuidadosamente para tirar vantagem dos gatilhos alheios. Em todos os casos que revisamos, um tema comum era o desejo das vítimas de encontrar um parceiro amoroso que compartilhasse de seus valores, crenças e experiências de vida. Nesse momento, a pessoa manipulada sentirá excitação, acreditando que o psicopata genuinamente gosta dela e a respeita. Também é possível "sentir" que o relacionamento, pessoal ou profissional, vai se desenvolver.

O psicopata também tentará convencê-lo de que sua integridade é inquestionável e que a honestidade e a confiança são a base do relacionamento. Nesse estágio, a maioria dos indivíduos relata ter compartilhado uma boa quantidade de informações pessoais, acreditando que as coisas que haviam descoberto sobre a vida do psicopata eram verdadeiras e profundamente pessoais. As vítimas não suspeitavam de que tudo era parte de uma enganação descarada ou que a maior parte do que tinham ouvido era invenção.

Os psicopatas por fim o levarão a acreditar que vocês dois são únicos, muito especiais, e destinados a estarem juntos. Eles se comportam como os amigos, colegas de trabalho ou sócios perfeitos, e embora esse desempenho consuma tempo e esforços consideráveis da parte deles, será sutil e recorrente. A essa altura, a vítima não sabe que o elo psicopático é uma fraude, que ele só existe na sua mente.

Estar ciente do processo de estabelecimento do elo psicopático e desenvolver sensibilidade a ele são boas formas de prevenção. Esteja atento para não acreditar depressa demais na história de alguém, pois relacionamentos sólidos devem ter tempo para que sejam desenvolvidos e cultivados: faça uso do pensamento crítico e da avaliação cuidadosa ao longo de todo o caminho. Se sentir que alguém é bom *demais* para ser verdade, tente provar para si mesmo o contrário.

FASE 3: CONLUIO COM O JOGO DO PSICOPATA (A FICÇÃO PSICOPÁTICA)

Assim que o elo psicopático se estabelece com firmeza, os gatilhos da vítima se tornam um meio fácil para torná-la obediente e reforçar o relacionamento (embora ela não esteja ciente disso no momento). Isso é especialmente verdadeiro em relações nas quais a pessoa se pega fazendo o que o psicopata pede (mesmo que não lhe seja vantajoso) para manter a força do elo. Relações saudáveis tendem a ser equilibradas, com todos os envolvidos dando e recebendo. Relações psicopáticas são unilaterais: a vítima dá e o psicopata recebe (dinheiro, um lugar para morar, sexo, poder e controle).

Embora em muitos casos os amigos, familiares e colegas de trabalho possam ver o que está acontecendo e tentem alertá-la, a vítima não lhes dará ouvidos. Comentários bem-intencionados, como "Ele não faz bem para você", "Saia desse relacionamento" e "Você não pode confiar nela", com frequência são desconsiderados ou podem levar ao distanciamento desses familiares e amigos. Os psicopatas reforçam o isolamento e, às vezes, como no caso de líderes psicopáticos de seitas, até o exigem. Quando se está isolado, há poucas defesas contra o psicopata manipulador.

Se o seu chefe ou colega de trabalho o está dominando, ou se você se encontra em uma montanha-russa emocional com seu parceiro, busque confirmação externa. Se descobrir que essas interações são danosas, está na hora de terminar o relacionamento. Geralmente, a família, os amigos e colegas podem ajudá-lo ou lhe oferecer apoio emocional nessa transição. Em situações abusivas, talvez seja preciso buscar aconselhamento e assistência de autoridades ou de outros profissionais treinados.

FASE 4: MANIPULADO PELA DÚVIDA, CULPA E NEGAÇÃO

Os comportamentos oportunistas, enganosos e manipuladores dos psicopatas podem ser tão desconcertantes para as vítimas quanto devastadores. Muitas se culpam pelo que está acontecendo, enquanto outras negam que exista algum problema. Em ambos os casos, dúvidas e preocupações das vítimas sobre os psicopatas em sua vida se transformam em *dúvidas sobre si mesmas*.

Infelizmente, é muito difícil convencer o indivíduo que está nas garras de um elo psicopático de que ele está sendo iludido ou não enxerga completamente o que está acontecendo. Mesmo quando dados são apresentados a essas vítimas (talvez um recibo suspeito de motel ou uma cobrança misteriosa no cartão de crédito), sua reação é negar. Assim como faria o psicopata, podem acusar outras pessoas de terem falsificado a informação, considerar tudo um mal-entendido ou até concluir que os outros não deveriam questionar a confiança que elas depositam em sua "alma gêmea". Quando alguém é consumido pela dúvida, pela culpa e pela negação, é muito difícil ajudar. O melhor que familiares, amigos e colegas de trabalho podem fazer é auxiliar a vítima a obter assistência profissional, direcionando-a para um programa de assistência do departamento de RH ou outro tipo de aconselhamento com um profissional especializado em saúde mental.

O problema se torna particularmente difícil no caso de o psicopata ter cooptado outras pessoas, inclusive familiares e amigos mais próximos da vítima, convencendo-as de que *ela* é o problema! Isso pode ser devastador, pois a vítima pode concluir que deve ser ela mesma, de fato, quem está maluca. Se tiver sorte, outras pessoas talvez ainda enxerguem a situação como aquilo que é na verdade, e a vítima deve buscar o aconselhamento dessas pessoas. Em um contexto empresarial, podem ser colegas de trabalho pouco úteis para o psicopata, suas vítimas anteriores ou a polícia organizacional, muitos dos quais são sensíveis à possibilidade de manipulação e farsa.

FASE 5: AGRAVAMENTO DO ABUSO

Caso as vítimas questionem o psicopata sobre seu comportamento ou sobre inconsistências nas quais repararam, correm o risco de serem retaliadas. No começo, o psicopata pode negar veementemente quaisquer problemas e virar o jogo, atacando quem acusa. Nesse estágio, a maioria das vítimas se sentirá envergonhada por terem duvidado do psicopata e duvidarão ainda mais de si mesmas. Caso continuem expressando dúvidas ou preocupações, certamente sofrerão um abuso ainda maior do psicopata, agora mais irritado e raivoso. Esse abuso pode assumir contornos variados, mas geralmente afeta a vítima de três formas: psicológica, emocional e fisicamente.

O abuso físico, o mais evidente, pode resultar em olhos roxos, hematomas, cortes etc. No caso de abuso de cônjuges, a agressão física usualmente não é denunciada. Familiares, amigos e colegas de trabalho podem tentar interferir, mas com frequência precisam se resignar, impotentes, porque a vítima recusa a assistência. *Qualquer tipo* de abuso físico é perigoso, já que os ataques de psicopatas — assim como de outros abusadores — tendem a se agravar ao longo do tempo; buscar ajuda é uma necessidade.

Para quem está de fora, é muito mais difícil avaliar a ocorrência dos abusos emocionais e psicológicos, que frequentemente provocam ansiedade, sofrimento, depressão, dificuldade para dormir, medo generalizado e transtorno de estresse pós-traumático (TEPT). Indivíduos abusados por psicopatas sentem que não são mais eles mesmos ou que há algo de errado *com eles*; experimentam baixa autoestima, sensação de indignidade, dúvidas e sofrimento psicológico. Com frequência se perguntam: "Onde foi que eu errei?". Como pensamentos e emoções afetam o comportamento, esses indivíduos passam a ter um desempenho ruim no trabalho, a se distrair com facilidade, a ficar agitados, reticentes ou emotivos demais. Críticas ("Você é gordo demais, ninguém além de mim vai te amar!"), ameaças ("Não vou mais aguentar isso, estou indo embora!") ou intimidações ("Não me obrigue a te machucar!") são técnicas comuns de manipulação e coerção, e, surpreendentemente, as idas e vindas podem fortalecer o relacionamento, em vez de contribuir para o seu fim.

Caso seja vítima de um abuso, você deve buscar ajuda daqueles ao seu redor — amigos, familiares ou colegas de confiança — ou, dependendo do tipo de abuso, das autoridades ou serviços sociais que lidam com essas questões.

FASE 6: ENTENDIMENTO E PERCEPÇÃO

Em algum momento, as mentiras sem explicação, as inconsistências, os sentimentos negativos e as opiniões de amigos e familiares chegarão a um ponto em que a vítima começará a entender que foi um peão no joguinho de um psicopata. É necessário que haja muita averiguação e muito tempo para que a informação finalmente seja absorvida, mas, quando isso acontece, a vítima terá cruzado o limiar para a recuperação.

Quando compreende o que aconteceu, o indivíduo manipulado se aborrece ainda mais, já que passa a sentir que é um tolo ou ingênuo. Muitas vítimas relatam ter dito a si mesmas: "Como eu pude acreditar nessas mentiras?" ou "Eu sou tão tonto". Esse sentimento é normal, mas tem suas consequências. As pessoas que se sentem estúpidas querem esconder sua estupidez. Em vez de buscarem confirmação ou validação de sua nova perspectiva a respeito do psicopata, talvez optem por evitar outras pessoas. Às vezes, podem acreditar que os outros não perceberam o que estava acontecendo, mas, ainda que esse seja o caso, é muito melhor desabafar com amigos de confiança e familiares do que se permitir ser dominado pela percepção da estupidez. Conversar sobre as experiências e relatá-las em um diário são bons modos de dissipar a percepção de humilhação. Também é recomendado começar a documentar o que aconteceu desde que se conheceu o psicopata e, claro, conferir o saldo da conta bancária, limites dos cartões de crédito, documentos pessoais, computador, celular e outros itens de valor. É importante se distanciar do psicopata e tomar precauções para se proteger de futuros contatos e vinganças, talvez até compartilhando a história (anonimamente) em páginas de apoio a vítimas, como o administrado pela fundação Aftermath (www.Aftermath-Surviving-Psychopathy.org). [Ressalva: tanto o dr. Babiak como o dr. Hare fazem parte da diretoria dessa organização sem fins lucrativos dedicada a oferecer informação e apoio às vítimas da psicopatia.]

FASE 7: SUPERE SENTIMENTOS DE VERGONHA

A vergonha é uma reação natural ao abuso. Por causa disso, muitas situações abusivas não são denunciadas. Se estiver passando por isso, é fundamental que discuta qualquer sentimento de vergonha com familiares, amigos ou um profissional habilitado. Primeiro, porque você não merece sentir vergonha, da mesma forma que não mereceu ser vítima do abuso. A culpa não foi sua: o psicopata é um predador, e você foi um alvo e uma vítima. Segundo, porque a vergonha em si deixa as pessoas vulneráveis à manipulação psicopática contínua. Considere as pessoas que sofrem abusos na forma de espancamentos e agressões verbais e que, apesar disso, imploram para serem aceitas de volta por seus parceiros abusivos. Esteja ciente, porém, de que, para um psicopata, usar a vergonha de outra pessoa contra si mesma é tão fácil quanto foi se aproveitar de seus defeitos, vazios emocionais e temores. Não deixe que a vergonha de ter sido enganado o impeça de buscar ajuda e orientação; não deixe que o psicopata a use como uma arma contra você.

FASE 8: RAIVA E VINGANÇA

Quando as vítimas entram em contato conosco, frequentemente já estão no estágio em que sentem uma raiva e uma fúria intensas da pessoa que as manipulou e nas mãos da qual sofreram abusos — e querem se vingar. São reações emocionais e psicológicas normais. A raiva com frequência resulta das emoções residuais que as vítimas sentiam o tempo todo, mas não expressavam por medo e submissão. É importantíssimo lidar com esses sentimentos com ajuda de um profissional capacitado para lidar com problemas de saúde mental, já que a ruminação de eventos passados pode ser igualmente problemática, às vezes exacerbando a dor emocional.

Alguns indivíduos — na verdade, muitos — querem desmascarar e "expor" o psicopata. Nesse estágio, é *imprudente* divulgar pensamentos e emoções ou fazer acusações sobre o psicopata por meio de redes sociais, e-mails, mensagens de texto ou sites. Considere seu estado mental, emocional e psicológico atual. É possível que esteja experimentando pensamentos e emoções intensos, que o impedem de agir racionalmente, ou esteja debilitado, incapaz de lidar com qualquer retaliação por parte do psicopata.

Entretanto, caso algum crime tenha sido cometido, não hesite em notificar as autoridades.

A necessidade de vingança parece ser satisfeita, ao menos para a maioria, mediante confirmação de que a pessoa responsável pelos abusos era realmente um psicopata; quanto mais aprendiam e entendiam sobre a psicopatia, melhor os indivíduos abusados se sentiam. Além disso, educar os amigos sobre os comportamentos aos quais devem estar atentos pode ser útil e possivelmente evitar que outra pessoa caia na rede de mentiras de um psicopata. Algumas vítimas até escrevem e publicam livros sobre suas experiências com um psicopata.

QUESTÕES PARA DISCUSSÃO

➲ O que um psicopata poderia querer de você?

➲ Que gatilhos (pontos sensíveis e fracos) você tem?

➲ Alguém já tentou manipulá-lo usando esses gatilhos?

➲ Essa pessoa conseguiu?

O QUE VOCÊ PODE FAZER?
PRÓXIMOS PASSOS PARA A RECUPERAÇÃO

Muitos leitores nos perguntaram: "O que eu posso fazer?". Eis aqui uma lista breve e necessariamente genérica de nossas sugestões de melhores práticas para lidar com a situação, caso você seja uma vítima.

REÚNA OS DADOS
- Colete todos os documentos que puder sobre a situação. Isso inclui qualquer diário que você tenha mantido; anotações, e-mails, mensagens de texto ou cartas para e do psicopata; extratos bancários e de cartões de crédito; transcrições de chamadas telefônicas e registros médicos e judiciais.
- Se você usa redes sociais, pare de postar imediatamente! Baixe ou imprima informações importantes de suas páginas.

AVALIE O PREJUÍZO
- Confira suas finanças, incluindo todas as faturas de cartões de crédito, extratos de contas bancárias e escrituras de bens. Mude todas as suas senhas ou códigos de acesso, até os números de telefone, se for preciso. Verifique se o psicopata não está entre os beneficiários ou titulares de contas conjuntas. Se necessário, feche-as. Se encontrar evidências de fraude, prepare uma lista para as autoridades.
- Submeta seu celular e seu computador particular a uma varredura profissional em busca de programas maliciosos. (Várias vítimas relatam a descoberta de softwares de rastreio em seus telefones e programas que registram o que está sendo digitado em seus computadores!)
- Procure um psicólogo ou psiquiatra para avaliar seu estado psicológico e emocional.

AVALIE SEUS AMIGOS
E CONTATOS SOCIAIS

- Faça uma lista dos seus amigos e classifique-os entre aqueles que o avisaram sobre o psicopata, os que pareciam estar do lado dele e os que não sabiam de nada sobre a situação (e avalie se acha que eles o apoiariam). Inclua seus familiares na lista.

ESCREVA A SUA HISTÓRIA

- Organize toda a sua documentação em ordem cronológica e em categorias (por exemplo, financeira, social etc.).
- Usando suas anotações como referência, escreva toda a história do seu relacionamento com o psicopata. A primeira versão será provavelmente um registro de "fluxo de consciência", repleto de digressões, às vezes vago e cheio de emoção.
- Edite sua história pedindo ajuda a um amigo ou, melhor ainda, a um editor profissional. O objetivo é deixar sua história mais "legível" para um leitor leigo, o que pode incluir as autoridades ou o seu advogado. O relato deve ter por volta de duas ou três páginas. Nesta etapa, o propósito é ter uma documentação completa e rigorosa das suas experiências.

AVALIE O SEU FUTURO
COM E SEM O PSICOPATA

- O psicopata ainda faz parte da sua vida? Estará presente durante o futuro próximo? Alguns fatos importantes que afetam esse aspecto: vocês são casados? Têm filhos? Você tem vínculos legais com o psicopata, como uma casa? O psicopata é seu parente?
- Se o psicopata o abandonou, considere-se um afortunado e concentre-se em reconstruir sua vida.
- Se você tem vínculos legais com o psicopata, como casamento, filhos ou propriedades, prepare-se para uma longa e árdua batalha. Você precisará de ajuda profissional.

CRIE UMA ESTRATÉGIA E
DÊ OS PRÓXIMOS PASSOS

- Procure um grupo de apoio a vítimas da psicopatia, conheça o relato de outras pessoas e leia materiais com informações embasadas. Se você quiser postar perguntas on-line, faça-o de maneira anônima, sem fornecer quaisquer detalhes que um psicopata possa usar para identificá-lo.
- Ligue para serviços de acolhimento a vítimas de abuso doméstico e/ou para a polícia caso esteja em perigo.
- Fale com um advogado.

PREPARE-SE PARA
RETALIAÇÕES PSICOPÁTICAS

- **Fazendo reféns.** O psicopata pode usar seus filhos ou sua casa como armas contra você, tipicamente forçando-o a entrar em batalhas judiciais onerosas para, assim, estender o conflito. Ele pode prometer compartilhar a guarda dos filhos, mas não aparecer para buscá-los (para bagunçar a sua agenda), ou prometer levar as crianças de férias e simplesmente nunca dar as caras.
- **Cerco.** Assim como nas guerras medievais, o psicopata "monta um cerco" na tentativa de fazer com que você se submeta por falta de opção. Comumente, isso envolve métodos físicos (estacionar na frente da casa tarde da noite; persegui-lo virtualmente ou no mundo real), métodos financeiros (iniciar processos legais para causar problemas ou arrastar questões jurídicas que acabam sugando todos os seus recursos) ou métodos sociais (virar seus amigos contra você ou convencê-los a excluí-lo). Também já ouvimos falar de psicopatas que convencem os advogados da vítima a se voltarem contra ela!
- **Sabotagem.** O psicopata pode ligar para o seu empregador, em uma tentativa de fazer com que seja demitido. Pode fazer saques acima do limite de seu cartão de crédito e da sua conta bancária, e também caluniá-lo nas redes sociais.

Não morda a isca; em vez disso, documente tudo o que ele fizer ou disser, e não reaja.

Sua meta é se *livrar* de qualquer contato (físico, emocional ou psicológico) com o psicopata, o que é necessário para *reparar* os danos causados e *reconstruir* sua vida sem a presença dele.

S 12.1

Entrevistas psicopáticas: análises computadorizadas da linguagem psicopática

"Se o jeito como falam às vezes é peculiar, por que os psicopatas são tão críveis, tão capazes de nos enganar e manipular? Por que não reparamos nas inconsistências do que dizem? [...] As incoerências na fala são, com frequência, sutis demais para serem captadas por um observador casual, e eles são bons atores" (p. 142).[145] Referindo-se a essa citação de Hare, Le et al. destacaram que a análise computadorizada poderia fornecer algumas respostas.[146]

Cerca de duas décadas atrás, Louth et al.[147] usaram um software para medir variáveis acústicas na fala de psicopatas. Descobrimos que os psicopatas, classificados por meio do PCL-R, colocavam a mesma ênfase (amplitude vocal) em palavras emocionais e neutras, enquanto outros criminosos punham mais ênfase em palavras emocionais do que nas neutras. Mais ou menos na mesma época, uma das alunas de Hare descobriu que as narrativas dos psicopatas eram um tanto estranhas[148] (ver resumos dessas e outras pesquisas linguísticas em *Sem consciência*). Ela conduziu uma análise do conteúdo de narrativas neutras e emocionais de criminosos e concluiu que, em comparação com outros criminosos, os psicopatas faziam mais declarações contraditórias e logicamente inconsistentes. Eles frequentemente "perdiam o rumo", pulando de um assunto para outro e dando respostas contraditórias e desarticuladas para perguntas simples, especialmente as relacionadas a eventos emocionais.

Recentemente, diversos pesquisadores publicaram uma série de sofisticadas análises computadorizadas da linguagem psicopática. Devido a limitações de espaço, descrevemos apenas alguns desses estudos. Os psicólogos Hancock, Woodworth e Porter,[149] colegas de Hare, usaram duas ferramentas de análise de texto para examinar as narrativas criminais de condenados por homicídio. Uma ferramenta analisava partes da fala e o conteúdo semântico e a outra examinava aspectos emocionais. "Nós previmos que eles apresentariam padrões linguísticos únicos em relação a seu ponto de vista instrumental do mundo, suas necessidades fisiológicas primitivas (em contraste com as de nível mais elevado) e seu profundo déficit afetivo ao descrever um importante evento autobiográfico — um homicídio cometido por eles. Os resultados foram, em geral, consistentes com as hipóteses. Em comparação às narrativas dos criminosos não psicopáticos, as dos psicopatas continham níveis mais altos de instrumentalidade e mais explicações, concentravam-se na autopreservação e nas necessidades físicas, além de serem menos coesas, mais centradas no passado e apresentarem menos intensidade emocional. Importante destacar que essas diferenças de estilo provavelmente não são conscientes, sendo difícil alterá-las de propósito na fala" (p. 110). Pontuações no fator 1 no PCL-R estavam por trás dos aspectos emocionais da narrativa.

Le et al. usaram um software de análise de texto para examinar as características linguísticas da fala psicopática. O conjunto de dados do estudo consistia em entrevistas para o PCL-R fornecidas por Hare. Os resultados foram coerentes com outras pesquisas similares. Comparativamente a outros criminosos, os psicopatas usaram mais termos que interrompiam a fluência da fala (por exemplo, "hum", "hã"), muletas de linguagem ("sabe", "daí", "né") e pronomes pessoais, referiram-se menos a outras pessoas (por exemplo, citando nomes de pessoas, família) e foram menos expressivos emocionalmente (palavras relacionadas a raiva e ansiedade). Os fatores que previram com mais exatidão as pontuações no PCL-R foram uma baixa frequência de palavras relativas à ansiedade e o uso mais frequente de pronomes pessoais.

Nota: a maioria dos pesquisadores utilizou criminosos em seus estudos de semântica e fala emocional dos psicopatas. Não sabemos até que ponto as conclusões se aplicam a funcionários corporativos mais instruídos e bem-sucedidos do mundo corporativo, mas a questão é intrigante e potencialmente será muito útil na compreensão da psicopatia corporativa.

S 12.2
Personalidades sombrias no ambiente profissional[150]

Tríade Sombria e a escolha da profissão

Pesquisas descobriram uma ligação entre intenções empreendedoras (o desejo de abrir um negócio próprio), narcisismo[151] e psicopatia.[152] Conforme esperado, para indivíduos com pontuação elevada nas personalidades da Tríade Sombria, os motivos para começar um novo negócio podem ser de natureza destrutiva (como forma de usar outros em benefício próprio e para receber atenção e admiração).[153] Um estudo sobre narcisismo feito por Hill e Yousey[154] descobriu que, entre as ocupações da amostra, políticos tinham a pontuação mais alta em narcisismo. Indivíduos com pontuação elevada em maquiavelismo tendiam a escolher carreiras relacionadas ao setor corporativo e a ficar longe de profissões relacionadas à ajuda.[155] Indivíduos da Tríade Sombria valorizam poder, dinheiro e status social, e esses valores guiam suas escolhas profissionais.

Tríade Sombria e liderança

As personalidades da Tríade Sombria podem ganhar poder, dinheiro e status social por meio de cargos de liderança. Como líderes, indivíduos narcisistas são egoístas, no sentido de que, em vez de trabalharem pelo bem da empresa, trabalham apenas a seu favor[156] e parecem carecer de sensibilidade moral.[157] Grijalva, Harms, Newman, Gaddis e Fraley[158] conduziram uma meta-análise entre narcisismo e liderança. Eles concluíram que o narcisismo está associado à liderança, mas não com sua eficácia. A associação do narcisismo com o papel de liderança pode refletir o fato de que narcisistas obtêm altas pontuações em extroversão. Embora não tenha sido confirmado por pesquisas similares feitas com as outras duas personalidades da Tríade Sombria, acreditamos que resultados semelhantes se aplicariam também ao maquiavelismo e à psicopatia. Personalidades sombrias adotam comportamentos abusivos na liderança[159,160] e têm impactos negativos sobre seus funcionários. (Para uma análise aprofundada das personalidades da Tríade Sombria no ambiente profissional, ver LeBreton et al.[161])

Tríade Sombria e comportamentos/atitudes dos funcionários

Os comportamentos profissionais de todas as três personalidades da Tríade Sombria são improdutivos e tóxicos.[162] Além disso, parece que funcionários com essas personalidades têm prazer e sentem alegria em ver os colegas de trabalho sofrendo.[163]

E então ficaram quatro: a Tétrade Sombria

Este último resultado é interessante, pois o autor do conceito da Tríade Sombria recentemente introduziu uma quarta personalidade, o sadismo (manifestar prazer em infligir dor emocional ou física nos outros), formando o que ele agora chama de Tétrade Sombria.[164] Parece que todas as personalidades da Tétrade Sombria pontuam baixo na escala de Honestidade/Humildade (mentirosos, gananciosos, dissimulados) e na escala de Afabilidade (competitivos, com pouca empatia pelos outros). Estudos empíricos sobre sadismo no ambiente profissional ainda não estão disponíveis; entretanto, acreditamos que essa quarta personalidade sombria também apresentará efeitos muito deletérios no ambiente de trabalho, especialmente para o bem-estar dos funcionários.

Alguns as chamam de personalidades sombrias bem-sucedidas, enquanto outros acham que podem garantir vantagens no ambiente corporativo. É importante lembrar que esses indivíduos podem apresentar-se de maneira atraente, mas vão inevitavelmente causar dano a colegas e funcionários e, cedo ou tarde, à empresa em que trabalham.

Mais ainda?

Embora não perfaçam tecnicamente *personalidades sombrias,* Egoísmo, Desengajamento Moral, Orgulho Psicológico, Interesse Próprio e Despeito se juntaram ao panteão de características sombrias. Os psicólogos Moshagen, Hilbig e Zettler[165] propuseram que todas as personalidades e características sombrias têm, em seu cerne, um *Fator Sombrio de Personalidade (S):* "Uma tendência geral ao comportamento ética, moral e/ou socialmente questionável". Indivíduos com "altos níveis de S geralmente buscam maximizar sua utilidade individual à custa dos outros. Aqui, o termo utilidade é usado com o sentido mais amplo de 'medida de alcance da meta' [...] de modo que a utilidade de um indivíduo pode assumir a forma de ganhos visíveis, como um status mais elevado ou rendimentos monetários mais vultosos, mas também a forma de ganhos menos tangíveis, como sentimento de poder, superioridade, prazer ou alegria. Crucial para este aspecto é que a maximização da utilidade é buscada apesar de ir contra os interesses alheios ou justamente para causar esses efeitos negativos". De maneira mais sucinta, "S é a tendência básica de maximizar a própria utilidade à custa dos outros".

O CASO DE DAVE

ATO 5, Cena 2

DESVENDANDO O ENIGMA

Frank chegou ao escritório de John pouco depois das seis da tarde, carregado de pastas.

— Quer um café? — ofereceu John, de pé junto ao aparador, com a garrafa térmica nas mãos.

— Quero, por favor. Acho que vamos ficar por aqui um tempinho — respondeu Frank, colocando as pastas na mesinha e aproximando-se de John.

— O que você descobriu? — perguntou o vice-presidente.

— Muitas coisas, e não muito boas. Aparentemente, o problema com a equipe é só a ponta do iceberg. Eu puxei o arquivo pessoal de Dave, conversei bastante com algumas pessoas da equipe e descobri vários outros detalhes com alguns dos chefes de outros departamentos, inclusive o Tim, de compras, e o Matthew, o chefe da segurança.

— Segurança? Ah, rapaz, essa vai ser boa. Por que não partimos do início?

— Bom — começou Frank —, enquanto conferia o arquivo pessoal do Dave, notei algumas discrepâncias entre os e-mails que ele trocou com o RH, seu currículo e o formulário de inscrição na vaga.

— Que tipo de discrepância? — perguntou John, inclinando-se para a frente.

— Pelo visto, ele deu o nome de três cursos superiores diferentes, embora muito similares, nesses documentos. Fiquei na dúvida se foi intencional ou apenas um engano, então pedi que Melanie conferisse sua formação. No fim das contas, a universidade no currículo dele é, na verdade, uma dessas fábricas de diplomas on-line. Picaretagem.

— Por que a Melanie não chamou a nossa atenção para isso antes? — indagou John, preocupado.

— Bom, ela não havia conferido as informações porque nós demos a vaga para ele na mesma hora, lembra? Ela disse que normalmente faz esse procedimento quando...

— Eu me lembro, sim, a gente se precipitou — disse John, chacoalhando a cabeça. — O que mais ela descobriu?

— Ele não tem antecedentes criminais...

— Bom saber — interrompeu John.

— Mas tem várias multas por excesso de velocidade. Não é um problema de verdade, mas como estávamos investigando, pedi que ela fosse atrás de tudo o que pudesse. — Frank tomou um gole de seu café e prosseguiu. — No arquivo dele, também encontrei uma nota de Tim, pedindo a Dave para... — Frank pegou o bilhete e leu: — "Parar de pedir suprimentos e equipamento diretamente de fornecedores". — Frank ergueu os olhos e encontrou John a encará-lo. — É, pelo visto ele usou seu poder para comprar um computador pessoal novo, alguns periféricos e outras coisinhas sem passar pelos canais adequados. Por fim, um dos auditores internos perguntou para o Tim e ele fez o bilhete para o Dave.

— E o que o Dave disse ao Tim? — perguntou John.

— Ele pediu desculpas, disse que era novo na empresa, que não faria isso de novo etc.

— E ninguém contou isso para você?

— Não. Tim acreditou nas desculpas do Dave e decidiu colocar uma cópia do bilhete no arquivo pessoal dele caso alguém comentasse algo — respondeu Frank. — Melanie também sugeriu que eu conversasse com o Matt, da segurança, e ele me contou que Dave causou uma cena quando um dos guardas não permitiu que ele estacionasse na frente do prédio.

— Bem, o pessoal do Matt às vezes exagera nas exigências... — disse John.

— Não foi o único incidente. Dave tentou entrar no prédio depois do horário quando ainda era novo e não tinha o cartão de acesso. Aparentemente, ele ficou furioso com a moça da recepção, ameaçou fazer com que fosse demitida e por aí vai. Então, ela registrou tudo. No fim das contas, ele me pediu que eu liberasse a sua entrada e agora, segundo o Matt, Dave e essa moça da recepção são "melhores amigos".

— Por favor, não vamos começar nenhum rumor sobre esse tipo de coisa.

— Eu tenho mais informações coletadas pela Melanie.

— Certo — disse John, servindo-se de outra xícara de café.

— Ela tentou confirmar algumas das quatros referências listadas por Dave e descobriu que uma não trabalhava mais na empresa, duas fizeram apenas comentários neutros e uma disse que ele era um "cara ótimo". No entanto, segundo Melanie, o barulho ao fundo nessa última chamada soava mais como o de uma república universitária do que de uma empresa. — John franziu a testa, e Frank continuou: — Então ela investigou um pouco e conseguiu entrar em contato com pessoas das últimas duas empresas em que Dave trabalhou, e as duas disseram que ele é problema. — Frank pegou suas anotações e leu: — Citação direta: "Ele é uma bomba-relógio, sempre maltrata as pessoas, mente demais, um puxa-saco traidor".

— Basicamente o que os seus funcionários estão dizendo — declarou John.

— Isso, tudo se encaixa. E o projeto do novo produto...

— Sim? — perguntou John, hesitante.

— A ideia toda, desde o conceito até o plano de ação, incluindo a apresentação da proposta para o comitê executivo, é tudo obra da Dorothy. Dave apenas se aproveitou dela e tomou o projeto para si.

— Você ouviu isso do Jerry? — questionou John.

— É, ele não tinha desconfiado antes, mas a Dorothy encontrou uma cópia da apresentação na mesa do Dave e viu que o nome dela não estava lá, então confrontou o próprio Dave na reunião há dois dias. Ele tentou enrolá-la, dizendo que eu havia tirado o nome dela dos slides. Então ela foi falar com o Jerry, que me procurou hoje cedo, mas eu já tinha ouvido a história da pessoa que pediu para sair da equipe.

— O que mais? — perguntou John, terminando de tomar o café e deixando a xícara na mesa.

— Isso praticamente resume tudo. Há outros incidentes e mais detalhes, mas o que importa é que Dave não é o cara que pensávamos ser. Não se pode confiar nele. Eu não posso confiar nele.

— Concordo, ele não se encaixa aqui — disse John, olhando para o relógio. — Tenho certeza de que a Melanie já foi embora. Vamos até o escritório do Jack ver se podemos acabar com essa operação hoje mesmo. Dave começou faz só dez ou onze meses, certo? — Frank assentiu. — Bom. Não deve ser um problema muito grande. Melanie pode preparar os documentos amanhã.

Frank podia ver as luzes ainda acesas na ala executiva e sentiu-se aliviado. Enquanto desciam pelo corredor, encontraram Victoria, a secretária de Jack Garrideb, indo embora.

— Oi — disse John. — O Jack ainda está aqui?

— Você sabe que sim, John — disse Victoria, com um sorriso. — O sr. Garrideb nunca vai embora antes do pessoal da limpeza chegar.

— É, você tem razão nisso — disse Frank, sorrindo de volta. — Ele está ocupado?

— Tem alguém na sala com ele. Não vi quem é. A pessoa deve ter entrado enquanto eu estava na copiadora. Mas vocês podem esperar, se quiserem.

— Acho que vamos fazer isso mesmo — disse Frank, sorrindo para Victoria enquanto ela partia.

John e Frank se sentaram perto da mesa de Victoria, posicionando-se de modo a ver quando Jack terminasse sua reunião e abrisse a porta. Aproveitaram o tempo disponível para revisar o material que tinham sobre Dave e montar uma estratégia para informar Jack sobre o que estava acontecendo. Considerando-se o que agora sabiam sobre Dave, havia poucas opções. De fato, viam apenas uma. Combinaram o que cada um deles diria e Frank fez anotações.

Vinte minutos se passaram. Risos ocasionais vinham do escritório de Jack. Frank e John sorriram um para o outro, relembrando a primeira vez que ouviram a gargalhada de Jack em um evento da empresa. Sua atenção, então, se voltou para a porta e a reunião pela qual estavam esperando.

A voz de Jack soou mais alta conforme ele saía de trás da mesa e aproximava-se da porta para deixar seu visitante sair. Frank e John juntaram suas notas e se levantaram.

— Então vamos tomar alguma coisa qualquer dia, certo? — perguntou Jack, dando tapas fortes nas costas do visitante.

— Pode apostar — disse Dave, apertando vigorosamente a mão de Jack e virando-se para sair do escritório.

Foi um daqueles momentos em câmera lenta, como em um acidente automobilístico, quando os olhares dos dois encontraram o de Dave. Frank e John ficaram ali, mudos, mal conseguindo segurar os queixos. Dave parou, abriu um sorriso e, com brilho nos olhos, ao passar por eles a caminho do corredor, disse:

— Oi, pessoal! Sempre bom ver vocês.

QUESTÕES PARA DISCUSSÃO

➲ O que Frank e John deveriam dizer a Jack Garrideb?

➲ O que você diria?

13

A QUINTA-COLUNA

PSICOPATAS ENTRE NÓS

Vários anos atrás, após um workshop matutino e um almoço com seu anfitrião, Babiak aproveitou a tarde livre para passear por uma grande metrópole, que visitava pela primeira vez. Turistas e moradores locais lotavam as ruas e o tempo estava bom. Ele relembra:

A certa altura, o fluxo da multidão desacelerou quando um grupo se amontoou mais adiante. Enquanto eu me aproximava, testemunhei o jogo monte de três cartas que descrevemos no Capítulo 3 deste livro. Embora eu já tivesse ouvido falar dele, nunca o tinha visto pessoalmente, e fiquei espantado com quanto a operação parecia profissional. Fiquei ainda mais espantado com a credulidade dos turistas, em particular da pobre mulher, com sua filha, que perdeu o dinheiro do aluguel.

Continuei minha caminhada e visitei butiques, galerias de arte, cafeterias e lojinhas para turistas, tudo enquanto observava a arquitetura única do centro da cidade. Conforme ia anoitecendo, tive que voltar para comparecer a um banquete para os palestrantes e participantes que seria oferecido pelo meu anfitrião. Fazendo uma rota diferente, pude ver mais da cidade até que a multidão, inchada pelo pessoal que saía em busca do jantar, reduziu o passo. Passando pela maioria, topei com uma cena muito familiar. A gangue do monte de três cartas estava de volta, atraindo turistas desavisados com sua mutreta. Rapidamente, um depois do outro, os turistas perdiam seus dólares para o crupiê de dedos ligeiros. Estava me divertindo até conseguir chegar na frente e ver uma moça, segurando um bebê, aproximar-se e apostar uma nota de cem dólares — o dinheiro para pagar o aluguel — para jogar.

O leitor pode adivinhar o que aconteceu a seguir: ela perdeu, a gangue desapareceu na multidão e os olhos dela se encheram de lágrimas. Uma idosa vestindo um velho casaco azul, a mesma que tinha visto fazer a mesma coisa mais cedo, emergiu da multidão, afagou a cabeça do bebê e entregou uma nota de dez dólares para nossa "vítima". Várias pessoas na multidão também deram dinheiro para a moça chorosa. Pela minha estimativa, ela recebeu pelo menos cem dólares no total, talvez até mais.

Empolgado pela minha descoberta, corri de volta ao hotel, sentei-me no bar, pedi uma bebida e anotei o caso. Dois dos participantes do workshop, ambos policiais federais, juntaram-se a mim e eu, empolgado, contei minha história. Eles se entreolharam de relance, depois voltaram-se para mim e sorriram.

Recebemos do público muitas perguntas sobre como lidar com um psicopata no ambiente profissional, seja ele um chefe, subordinado, colega de escritório ou outro profissional da indústria. Sem muitas outras informações além das que costumamos receber nas mensagens, é impossível determinar se o indivíduo descrito é verdadeiramente psicopático, embora muitas vezes acreditemos que seja o caso.

No Capítulo 11, falamos sobre como uma empresa pode reforçar seus procedimentos para evitar contratar ou promover psicopatas corporativos. No Capítulo 12, descrevemos as muitas formas mediante as quais é possível se tornar vítima de suas manipulações. Acreditamos que saber como operam nos ajuda a entender com clareza e, assim, fica um pouco mais fácil evitá-los ou ao menos nos defender. Também descrevemos alguns passos gerais a tomar se um psicopata já causou danos à sua vida pessoal.

Neste capítulo, nos concentraremos primeiro no que é possível fazer para minimizar a capacidade que os psicopatas têm de prejudicá-lo no trabalho e então ofereceremos sugestões de atitudes gerais a tomar se você não foi bem-sucedido em se precaver.

ENTENDA E ADMINISTRE SUA REPUTAÇÃO

A reputação é seu bem mais precioso no trabalho. Portanto, é o aspecto mais vulnerável ao ataque psicopático, por ser tão evidente aos outros e tão frágil. Alguns pesquisadores afirmam que são necessários doze elogios para contrabalançar apenas uma única coisa "ruim" dita a seu respeito. Ao macular a competência e a lealdade alheias, o psicopata pode neutralizar qualquer ameaça que os outros representem para ele e conseguir o rebaixamento ou mesmo a demissão das vítimas. Cimentar sua reputação contra qualquer ataque é a primeira linha de defesa pessoal.

COMPETÊNCIA

Quando sua habilidade de desempenhar tarefas se encaixa no propósito dos psicopatas, eles tentarão seduzi-lo, preparando-o para ajudá-los a atingir o sucesso em seus próprios empregos. Enquanto ainda tiver valor, sua competência não representará uma ameaça direta. Contudo, se um psicopata o vir como alguém competente *demais*, ou seja, como um rival, ou caso você se recuse a ajudá-lo, vai acabar sendo atacado, com frequência sendo depreciado pelas costas ou, se o psicopata for o seu chefe, mais formalmente, em avaliações de desempenho.

Devido às diferenças de poder e de expectativas profissionais entre gerentes e subordinados, as empresas tomarão partido do seu chefe na maioria dos desentendimentos relacionados a desempenho. A melhor defesa é sempre desempenhar suas funções ao máximo e cumprir todas as tarefas que lhe sejam designadas, a menos que sejam claramente ilegais, antiéticas ou violem procedimentos de segurança e proteção. Nas mãos de um chefe psicopático, apresentar um desempenho abaixo de excelente é uma falha que pode ser (e será) usada contra você, e sem apoio adicional (ver abaixo), você ficará indefeso.

LEALDADE

Empresas estabelecem e mantêm vínculos de lealdade ao fomentarem sentimentos de orgulho (como celebrar um grande sucesso no mercado), noções de pertencimento individual (mediante prêmios por realizações de equipe e eventos como piqueniques, entre outros), oportunidades de crescimento pessoal e profissional (por meio de programas de treinamento patrocinados pela empresa e designação de tarefas desafiadoras) ou o reconhecimento de funcionários (aumentos salariais, promoções e bônus por realizações). Psicopatas, por outro lado, simplesmente esperam e exigem lealdade, sem oferecer nada em troca. Se o virem como alguém desleal, também o perceberão como uma ameaça, e tratarão de descartá-lo ou atacá-lo; você vai virar "boi de piranha", como dizem. Fazem isso criticando-o para outras pessoas na gerência, afirmando que você é desleal para com a empresa.

Caso tente reclamar de um chefe psicopata, vai descobrir que ele já envenenou os outros contra você. As outras pessoas entenderão todo esforço para remediar a situação como uma confirmação da sua nova reputação de "desleal". Cabe a você, portanto, tomar *medidas preventivas* para assegurar que ninguém possa questionar sua competência e lealdade. Eis algumas sugestões.

CONSTRUA E MANTENHA RELACIONAMENTOS COM A ALTA GERÊNCIA

Aproveite cada chance de cultivar uma reputação de pessoa amistosa, talentosa, competente e leal. Busque oportunidades para interagir com membros da alta gerência. Embora eles talvez não visitem rotineiramente o seu local de trabalho, é provável que façam visitas ocasionais para "conhecer" os funcionários, durante as quais estarão constantemente prestando atenção nos talentos. Tire vantagem dessas reuniões informais preparando-se para fazer algum questionamento que não seja constrangedor, confrontador ou interesseiro; pergunte sobre os negócios, a concorrência ou uma nova linha de produtos.

Quanto mais maturidade e conhecimentos práticos sobre a empresa você demonstrar em sua pergunta, mais favoravelmente os executivos *se lembrarão de você*. Além de melhorar a sua reputação, isso fará com que você esteja sempre no radar e será benéfico para a sua carreira, pois comunica competência e lealdade a quem realmente importa. E, o mais importante, levantará dúvidas sobre qualquer publicidade negativa que parta do psicopata.

COM O SEU CHEFE

Manter uma relação de proximidade com o seu chefe é necessário para que você possa lidar com outros funcionários e colegas de trabalho psicopatas. Baseie esse relacionamento no pronto compartilhamento de informações sobre o que está ocorrendo no departamento e nos projetos. Empenhe-se para manter seu chefe por dentro de tudo: é uma atitude leal e demonstra competência.

Existem muitas formas de manter abertos os canais de comunicação. Alguns chefes gostam de se reunir semanalmente com os membros de sua equipe para revisar a evolução das tarefas, a situação dos projetos ou os desafios que surgiram, enquanto outros têm uma abordagem mais relaxada, preferindo almoçar com os funcionários de vez em quando ou parando em suas mesas para coletar as últimas informações. Tire vantagem dessas oportunidades para dar e receber informações, particularmente sobre potenciais problemas.

COM A SUA EQUIPE

Embora isso também tenha a ver com ser um bom gestor, é tão importante para lidar com a manipulação psicopática que merece uma menção isolada. Psicopatas são bons em colocar as pessoas umas contra as outras, em especial quando a comunicação não funciona de maneira adequada. Quanto mais você mantiver os canais de comunicação abertos entre você e os membros da sua equipe, mais provável será que eles o procurem se observarem comportamentos semelhantes aos descritos neste livro. Esse é o sinal de alerta necessário para estar um passo à frente do psicopata.

Mas é preciso manter a mente aberta. Às vezes, subordinados exageram as situações, amplificando-as porque são importantes para eles, mas não necessariamente para você. Mesmo assim, é provável que os relatos de seus subordinados sejam precisos, porque têm mais contato com colegas do mesmo escalão do que um chefe é capaz de ter. É importante levar todas as denúncias a sério e investigá-las a fundo. No mínimo, você deve manter anotações de todas as questões que forem levadas e revisá-las com superiores em reuniões privadas.

ENTENDA AS REGRAS

Se você não leu o manual de políticas da empresa, faça isso! Muitas empresas distribuem exemplares para seus funcionários e podem até oferecer programas de orientação para dirimir eventuais dúvidas. Familiarize-se com suas obrigações com a empresa, assim como com quaisquer políticas ou procedimentos instituídos para lidar com problemas e reclamações. Por exemplo: muitas empresas americanas promovem políticas voltadas a coibir o assédio sexual e o bullying que devem ser destacadas. Não tenha medo de fazer perguntas sobre políticas e procedimentos que não compreender. Ninguém quer ser acusado de violar uma política da empresa, e é sempre bom saber quais são as suas opções caso tenha que fazer uso delas para lidar com um chefe ou um colega de trabalho abusivo ou psicopático.

DOCUMENTE TUDO

Isso é tedioso, de fato! Todavia, a experiência nos diz que ter acesso a notas tomadas no momento de cada interação que você teve ao desempenhar o seu trabalho é inestimável caso acabe sucumbindo à fúria do psicopata. Certamente o seu advogado (e cedo ou tarde você vai precisar de um) concordará.

REUNIÕES E TELEFONEMAS

Trata-se de uma providência que não precisa ser enfadonha, mas parte da sua rotina diária. Boas anotações incluem as seguintes informações: data, nomes dos participantes, questões discutidas, decisões acordadas, próximos passos. Embora isso provavelmente possa ser feito no seu celular, é melhor manter as anotações em um caderno ou no seu computador pessoal, em casa, pois assim você também pode acrescentar detalhes específicos sobre o que o psicopata lhe disse ou fez. Citações literais são importantes, especialmente se você foi repreendido na frente de terceiros ou sofreu algum tipo de abuso verbal. Essa informação será valiosa quando você quiser descobrir "o que deu errado" depois de ter sido o alvo de um psicopata corporativo.

METAS E OBJETIVOS

Muitas empresas distribuem tarefas e objetivos por escrito. Se não for esse o caso no lugar em que trabalha, você pode sempre responder a cada diretiva verbal com um "memorando de entendimento" por escrito. Ele deve ser breve, bem escrito e direto ao ponto. Exponha simplesmente o seu entendimento da atribuição, o cronograma, os recursos exigidos e a assistência que espera receber de seu chefe ou de outras pessoas trabalhando no projeto. Se possível, peça para se reunir com seu chefe para revisar o memorando, tome notas e, é claro, mantenha para si uma cópia de todos os documentos.

OUTRAS COISAS

Você também deve documentar outras coisas. Por exemplo, anote no seu calendário ou agenda qualquer feedback positivo ou negativo que vier a receber do seu chefe. Uma simples anotação que documente a reunião, o que as pessoas disseram e a sua resposta é suficiente. Registre ameaças de chefes e outros colegas de trabalho, seja no seu bloco de anotações ou em um documento de arquivo, que deve ser mantido em casa.

APROVEITE SUA AVALIAÇÃO DE DESEMPENHO

A maioria dos supervisores não gosta de escrever ou fazer avaliações de desempenho. Alguns acham que elas consomem tempo demais (especialmente se o gestor tem muitos funcionários para avaliar), outros acham difícil redigi-las de maneira apropriada e, ainda, há os que não gostam de avaliar negativamente os membros de sua equipe, mesmo que tal análise seja válida. Como a avaliação de desempenho se torna uma parte do *histórico registrado*, seu conteúdo é importantíssimo para um funcionário.

Um chefe inescrupuloso pode usar essas avaliações para prejudicar a sua carreira, incluindo nelas informações imprecisas e distorções. Leve o processo a sério e tente se envolver o máximo possível. Por exemplo: algumas empresas permitem que os funcionários forneçam informações ao supervisor — uma autoavaliação —, que serão utilizadas por ele ao escrever seu relatório. Embora nenhum supervisor seja obrigado a aceitar autorrelatos e autoavaliações de desempenho, eles podem ajudá-los a se lembrar de detalhes dos quais tinham se esquecido e esclarecer diferenças na compreensão dos objetivos. Aproveite essa oportunidade caso estiver ao seu alcance. Entretanto, lembre-se de manter sua autoavaliação consistente, equilibrada, precisa e sucinta. Este também é um bom momento para você refletir sobre pontos que precisa desenvolver. Esteja aberto para ouvir comentários sobre eles durante sua avaliação.

No momento de receber a sua avaliação (uma situação cara a cara é a mais usual), você estará mais preparado para participar da discussão se tiver revisado cuidadosamente seu próprio desempenho. Se achar que algo não está claro, peça ao seu chefe que lhe dê exemplos reais de incidentes ou dos comportamentos mencionados por ele. Se sua avaliação for um reflexo preciso do seu desempenho real, o registro oficial sustentará de forma mais confiável sua reputação de funcionário competente e leal.

Alguns sistemas de avaliação de desempenho permitem que o funcionário acrescente comentários por escrito ou forneça um adendo a ser incluído no arquivo pessoal. Uma nota deve ser acrescentada mesmo que a sua avaliação seja extraordinária. Se a avaliação contém imprecisões, e especialmente se o seu chefe não quiser modificar o documento final, essa pode ser a sua única chance de corrigir o registro. Não escreva com pressa. Em vez disso, anote cuidadosamente sua visão dos eventos em questão. Certifique-se de que a sua nota seja profissional, sem o registro de emoções ou de linguagem agressiva; atenha-se aos fatos. Pode ser uma boa ideia pedir a um amigo que leia a nota e ofereça sugestões antes de enviá-la para o setor de recursos humanos. Caso alguém questione seu desempenho, sua reputação ou sua credibilidade, as avaliações de desempenho são o primeiro registro procurado pela empresa.

PARA SUPERVISORES

Em alguns casos, as avaliações de desempenho podem ser a única forma de lidar com um subordinado psicopático. Se um supervisor deseja aplicar sanções ou demitir um funcionário, o RH sem dúvida lhe pedirá que justifique essas medidas por meio de uma avaliação de desempenho. Se você, como gestor, não completou uma avaliação ou não documentou as deficiências no desempenho, pode não conseguir seguir adiante tão depressa quanto gostaria. No caso de subordinados psicopáticos, o registro oficial de desempenho — a avaliação escrita e a discussão cara a cara — é vital para que você consiga lidar com eles de maneira adequada e, se necessário, demiti-los.

CONTINUE APRIMORANDO SUAS HABILIDADES DE LIDERANÇA E GESTÃO

Quanto mais você souber sobre liderança e gerenciamento de pessoas, mais preparado estará para lidar com um psicopata. Existem dois motivos para isso. O primeiro é que seu estilo esclarecido de gestão também lhe servirá bem ao ser aplicado aos outros integrantes de sua equipe. Eles serão produtivos e ciosos da necessidade de qualidade, entregarão aquilo que você lhes pede e *vão apoiá-lo* quando preciso. O segundo é que isso será notado por seu próprio chefe, o que ajuda muito a estabelecer e manter a sua *reputação* de bom líder ou gerente. Lembre-se de que o funcionário psicopático atacará a sua reputação, colocará em xeque sua eficácia e seu estilo e sabotará seus esforços para construir e gerenciar sua equipe. Se você puder evitar essa propaganda negativa mantendo um registro de realizações e boas práticas de gestão, receberá mais apoio de seus superiores na organização.

EVITE CONFRONTOS

Discutir com o chefe em público nunca é uma boa ideia, mas enfrentar um chefe psicopático é uma receita para o desastre. Psicopatas o manipularão para que você exploda — acionando seus gatilhos — quando isso for mais conveniente aos propósitos deles. Não morda a isca. Por mais difícil que seja, você deve sempre permanecer calmo e frio quando atacado, não importa quão injusto seja. Não estamos sugerindo que você seja submisso, mas que confie em seus pontos fortes — por meio da assertividade, não da agressividade — quando confrontado.

O método mais seguro, embora nem sempre mais fácil de implementar, é minimizar ou evitar o contato com um chefe que você acredita ser psicopata. Quando tiver de interagir com ele, certifique-se de que haja outros no local que possam testemunhar sua postura calma e profissional enquanto o psicopata reage com agressividade. Em seguida, documente a interação com termos precisos e sem emoção.

Psicopatas às vezes repreendem seus subordinados na frente dos superiores para demonstrar sua própria característica de "líderes". Como não possuem informações sobre a liderança verdadeira, acham que isso é bom para suas carreiras; na maioria das vezes, não é o caso. Executivos experientes sabem que censurar subordinados em público é uma prática de gestão ruim. Para eles, isso demonstra que o chefe não está no controle de si mesmo nem da situação, e esse sinal de fraqueza não passa despercebido ao alto escalão. Entretanto, nessas situações, você jamais dever ficar nervoso e retaliar o seu chefe (ou seja, morder a isca). Em vez disso, defenda suas decisões, julgamentos ou resultados alcançados apresentando fatos. Se estiver errado, admita, desculpe-se e peça uma nova chance. Se outras pessoas forem claramente responsáveis pelo problema (por exemplo, se outro departamento não entregou o material a tempo), faça alusão a isso tomando cuidado para não transferir a culpa para elas. Certifique--se de destacar que fez tudo o que estava em seu poder (inclusive pedir ajuda a seu chefe) para atingir a meta ou objetivo. Você deve aproveitar toda oportunidade de demonstrar ser competente e leal, inclusive com o chefe que acabou de censurá-lo em público.

Você também deve fazer boas anotações do que o seu chefe diz. Muitos chefes psicopáticos e alguns não psicopáticos usam uma linguagem ofensiva. Muitas empresas não toleram esse tipo de abuso verbal, que quase nunca é apropriado, exceto quando alguém está prestes a fazer algo perigoso (por exemplo, apertar o botão errado de um reator nuclear). Na maioria dos casos, contudo, o uso de xingamentos depõe contra o emissor, e nesse caso você deve anotar tudo, palavra por palavra, em sua agenda para referências futuras.

COMO PROCEDER CASO SEJA FEITO DE VÍTIMA

REÚNA OS DADOS

Reúna todos os documentos relacionados à situação que puder. Isso inclui e-mails, mensagens de texto ou memorandos escritos pelo psicopata ou enviados para ele, transcrições de telefonemas, suas avaliações formais e informais, quaisquer outras provas de desempenho, como relatórios de metas e objetivos, o manual de recursos humanos, o Código de Conduta da empresa, organogramas, seu bloco de notas ou agenda e toda e qualquer anotação que tenha feito nesse período.

Se o seu antagonista for um sócio (uma ocorrência nada incomum), reúna todos os documentos e registros corporativos, e-mails, mensagens de texto e quaisquer outras correspondências que tenha mantido com o psicopata e também com outros investidores/sócios ou funcionários.

Se qualquer uma dessas informações estiver armazenada no seu celular, transfira-a para o seu computador pessoal.

AVALIE O PREJUÍZO

Avalie a situação do seu emprego respondendo para si mesmo: você recebeu uma avaliação de desempenho ruim? A sua carreira está saindo dos trilhos? Você está em um período de observação? Já lhe deram o aviso prévio?

As perguntas importantes são: é possível remediar a sua reputação no emprego? O que será preciso para isso? Se outros sofreram o mesmo abuso do psicopata, será que eles o apoiarão? A gerência ficará do seu lado ou do lado do seu antagonista? Quais são suas opções de crescimento na empresa atual? Seu currículo está atualizado, por via das dúvidas?

AVALIE SEUS COLEGAS

Obtenha uma cópia do organograma da empresa. Se não estiver disponível, faça um, começando por você mesmo, acrescentando seus colegas, superiores (até três níveis acima) e subordinados. Em seguida, analise o nível de confiança que deposita em cada pessoa, se são amigas ou possuem associação com o psicopata, se também são vítimas, se socializam com ele fora do trabalho, se existe a possibilidade de haver algum relacionamento íntimo secreto etc. Avalie se alguns colegas pararam de falar com você ou começaram a se distanciar. Outros começaram a passar mais tempo (no escritório e fora dele) com o psicopata?

ESCREVA A SUA HISTÓRIA

Este conselho é semelhante àquele dado para o caso de haver um psicopata em sua vida pessoal: organize toda a sua documentação em ordem cronológica e em categorias (por exemplo, financeira, social). Usando suas anotações e documentos como referência, escreva toda a história do seu relacionamento com o psicopata. A primeira versão será provavelmente um registro de "fluxo de consciência", repleto de digressões, possivelmente vago e cheio de emoção. Edite sua história pedindo ajuda a um amigo ou, melhor ainda, a sua esposa ou parceiro. O objetivo é deixar sua história mais "legível" para um leitor leigo, que pode incluir a alta gerência, o setor de recursos humanos ou o seu advogado. Nesta etapa, o propósito é reunir uma documentação completa e precisa de suas experiências para que quem as examine se informe de forma convincente.

CRIE UMA ESTRATÉGIA E DÊ OS PRÓXIMOS PASSOS

Procure um grupo de apoio a vítimas da psicopatia que inclua informações sobre psicopatas corporativos, conheça o relato de outras pessoas e leia materiais com informações embasadas. Se você quiser postar perguntas on-line, faça-o de maneira anônima, sem fornecer quaisquer detalhes que sua empresa possa usar para identificá-lo. Fale com um advogado especializado em leis trabalhistas. Busque ajuda de um profissional de saúde mental especializado em psicopatia, especialmente se a relação com o psicopata afetou sua vida pessoal. Converse também com seus amigos mais próximos, seu cônjuge ou parceiro, seu coach pessoal ou seu conselheiro religioso/espiritual.

COGITE APRESENTAR UMA RECLAMAÇÃO CONTRA O SEU CHEFE

Antes de fazer uma reclamação formal, você deve analisar a sua situação com muito cuidado. Qual é a *reputação* e a conexão com a hierarquia da empresa que o seu chefe psicopata tem? Como ele é percebido por ela? Outras pessoas relataram as mesmas dificuldades?

Compreenda e leve em conta que o psicopata já manchou sua reputação aos olhos dessas pessoas. Agora, considere suas opções. Você talvez tenha que aceitar o fato de que não pode sair ganhando dessa situação. Sua empresa pode ter procedimentos para facilitar que os funcionários levem algumas questões para o setor de recursos humanos ou para a alta gerência. Leia e compreenda as instruções de como proceder cuidadosamente, avaliando-as de acordo com o abuso que sofreu. Algumas empresas possuem um telefone de denúncias anônimas à disposição dos funcionários caso tenham testemunhado algo ilegal (como desvio de verbas da empresa ou mentiras nos registros de produção) ou situações de comportamento abusivo (como assédio sexual ou bullying). Descubra mais sobre essas opções e o modo apropriado de aproveitá-las caso haja necessidade de fazer uma denúncia.

É importante compreender que não é porque houve uma reclamação que a empresa precisa tomar uma atitude — e que a atitude eventualmente tomada pode não ser a esperada. Prepare-se para entender que a empresa talvez deposite confiança no julgamento de supervisão do chefe. É preciso muita coisa para mudar isso. Se você está lidando com um psicopata, é possível que ele esteja mais estabelecido (tendo construído uma rede de influência pessoal) do que você imagina. Sua reclamação pode se transformar em uma narrativa de que *você* é desleal e não possui um bom desempenho, inventada cuidadosamente por seu chefe psicopático. Você pode acabar desempregado no processo.

Se você sofreu *pessoalmente* um abuso, busque conselho de familiares, amigos ou profissionais fora da empresa (isso também é uma forma de documentação) e denuncie o abuso para os recursos humanos ou por meio de outras vias disponíveis em sua empresa. Certifique-se de entender completamente o procedimento adequado e de usar as ramificações dele a seu favor. Haja com cautela.

UMA RECLAMAÇÃO ANÔNIMA

A confidencialidade é uma parte importante da vida organizacional. Entretanto, é importante entender que o *seu arquivo pode não permanecer confidencial* caso reclame do seu chefe ou de um colega de trabalho. Se você se sentir ameaçado ou teme retaliações, deve fazer sua denúncia *de maneira anônima*; é possível assumir a autoria posteriormente, se for o caso. Tenha em mente, todavia, que algumas empresas não levam reclamações anônimas muito a sério, pois as veem como rumores ou fofocas; sua reclamação pode passar despercebida se for esse caso. Reclamações repetidas sobre o mesmo chefe, contudo, às vezes chamam a atenção.

Caso observe algum comportamento ilegal ou abuso flagrante de outras pessoas, informe seu chefe (não psicopático), mas *apenas* se tiver um bom relacionamento com ele e estiver habituado a receber seu apoio. Senão, envie uma mensagem anônima ao chefe. É possível optar entre os procedimentos de denúncia da empresa, mas faça isso anonimamente, se puder. Muitas empresas enxergam denúncias de comportamentos ilegais, imorais e abusivos como demonstrações de lealdade à organização, à indústria e, em casos mais graves, ao país. Não obstante, não presuma de antemão que outras pessoas vão considerá-lo um herói, porque psicopatas estão constantemente administrando as percepções das pessoas ao redor deles. Lembre-se de que um psicopata corporativo bem-sucedido já contará com uma rede de influência forte e terá semeado dúvidas a seu respeito.

CONSIDERE MUDANÇAS DE CARREIRA

Na época do contrato psicológico, os empregados esperavam ter trabalhos vitalícios ou pelo menos até que se aposentassem. Os tempos mudaram, e o mesmo deve ocorrer com a sua maneira de encarar o trabalho. É prudente manter o currículo atualizado, com uma lista dos projetos executados por você, suas realizações e avaliações de desempenho à mão. Trata-se de uma medida de segurança. Pode ser interessante buscar vagas em outros locais pela Internet de vez em quando. Você não precisa estar de fato procurando outro emprego ou realmente pensando em pedir demissão do atual; isso é simplesmente um exemplo de boa gestão de carreira.

Se você estiver de fato trabalhando com um chefe psicopático, sua melhor opção talvez seja se distanciar, mediante um pedido de transferência. Muitas empresas têm quadros de avisos para anunciar vagas em outros departamentos e filiais. Informe-se sobre o processo de abertura das vagas e tire vantagem dele *quanto antes*. Caso se candidate para uma transferência interna, tenha em mente que o gerente contratante verificará suas avaliações de desempenho anteriores e conversará com o seu chefe atual. É apropriado manter um bom relacionamento com o seu superior, psicopata ou não, pelo tempo que você continuar na vaga. Você pode se surpreender, mas é possível que o seu chefe psicopático o ajude a conseguir um novo emprego, especialmente se isso lhe parecer um jeito fácil de se livrar de um rival ou ameaça. Se você trabalha em equipes interdepartamentais, deve nomear indivíduos de outras áreas como referências internas. Se foi recompensado por fazer um bom trabalho, tendo sido nomeado funcionário do mês ou recebido uma participação nos lucros, por exemplo, certifique-se de que isso está registrado no seu arquivo pessoal. Quando estiver avaliando suas opções — e cabe somente a você avaliar como se sente sobre a sua situação —, pode escolher mudar de área em vez de esperar por uma promoção de cargo. Caso tenha feito cursos em uma nova área — por exemplo, se atualmente trabalha no departamento de contabilidade, mas está fazendo uma especialização em marketing —, então uma posição inicial no departamento de marketing pode ser uma boa opção tanto para você como para a empresa. O segredo é manter suas opções abertas o tempo todo e permanecer atento às mudanças na percepção que os outros têm de você por causa das maquinações do seu chefe.

BUSQUE ACONSELHAMENTO NO DEPARTAMENTO DE RECURSOS HUMANOS

Muitos participantes de nossas palestras e seminários são profissionais de recursos humanos. Praticamente todos eles reconhecem traços e características psicopáticos em um ou mais de seus funcionários, seja em sua empresa atual ou em experiências anteriores. Segundo o que nos dizem, ficam "de mãos atadas" por causa de supervisores que não os procuram logo no começo dos problemas. Outros destacam que as avaliações de desempenho são mal redigidas e não entram nos detalhes necessários para que eles possam lidar com (nas palavras deles) funcionários "perturbadores", "improdutivos", "disfuncionais" ou "problemáticos".

Depois do seu supervisor direto, os profissionais de recursos humanos são, talvez, as pessoas mais indicadas para você conversar sobre um comportamento questionável ou suspeito. Não é necessário chegar a ponto de rotular alguém de psicopata, mas você pode documentar e denunciar comportamentos abusivos, improdutivos ou que não estejam à altura dos padrões de desempenho exigidos pela vaga ou pelo código de conduta que rege todos os funcionários. Tenha em mente, entretanto, que a equipe de recursos humanos trabalha para a empresa, e sua lealdade é para com o empregador. Peça a opinião de seus colegas sobre o departamento de recursos humanos antes de entrar em contato.

DÊ O BRAÇO A TORCER

Se você não puder mudar de posto, departamento ou local e for improvável que o psicopata deixe o cargo, então pode chegar o momento em que decida que o melhor curso de ação é sair da empresa. Como essa decisão também diz respeito a seu cônjuge e outros familiares, certifique-se de tomar todas as precauções antes de agir. O ideal é ter um novo emprego garantido antes de anunciar sua intenção de sair.

Se *lhe pedirem* que saia, então é importante conhecer os benefícios a que você tem direito por causa da demissão. Entram nessa lista multa rescisória, cobertura do plano de saúde, seguro-desemprego, férias acumuladas, fundo de garantia e aviso prévio. Seu representante no departamento de recursos humanos é responsável por informá-lo de tudo isso (em alguns casos, talvez o representante do sindicado também participe do processo).

É possível que lhe deem a opção de se demitir, ou você pode solicitar essa oportunidade, porque uma demissão no currículo talvez se mostre problemática mais adiante na sua carreira. Nesse caso, a empresa provavelmente pedirá que assine um formulário de dispensa ou uma carta de demissão. Sempre busque aconselhamento jurídico antes de assinar qualquer documento, para que possa compreender plenamente com o que está concordando.

Talvez você tenha de justificar sua vontade de sair, geralmente durante *uma entrevista de demissão*. Confie sempre no seu bom senso, mas buscar conselhos de um advogado não está fora de questão. É sempre apropriado alegar "motivos pessoais", sem entrar em mais detalhes. Você pode sentir, porém, a necessidade de informar a empresa sobre as dificuldades que enfrentou com seu chefe, subordinado ou colega de trabalho problemático. Pode descobrir que o setor de recursos humanos já tem ciência do comportamento da pessoa; é possível até que lhe ofereçam incentivos para ficar se perceberem que você tem sido um funcionário competente, leal e valioso para a empresa (não conte com isso, porém). Sempre saia em bons termos; mantenha as portas abertas.

SIGA ADIANTE COM SUA VIDA E SUA CARREIRA

Assim que estiver fora do alcance das garras do relacionamento psicopático, muitos sentimentos surgirão, alguns dos quais já descrevemos anteriormente. Acima de tudo, você sentirá alívio, pois terá se livrado do fardo em suas costas. Deixe a situação e o psicopata no passado. Busque aconselhamento se precisar, mas siga em frente. Considere a experiência uma das duras lições da vida, e comece a nova fase com entusiasmo e olhos bem abertos.

Há muitos tipos de pessoas no planeta. Infelizmente, algumas são psicopatas. Em um mundo ideal, nós conseguiríamos nos dar bem com os outros e aceitá-los como iguais; nosso instinto nos diz que esse é o jeito certo de agir. Entretanto, a realidade é, com frequência, imperfeita, e nossos desejos de lidar de maneira iluminada com os negócios e com os relacionamentos profissionais são amiúde frustrados. Esperamos que este livro possa ajudar os leitores a evitar a manipulação psicopática dentro e fora do ambiente de trabalho e auxiliar aqueles que se viram envolvidos na ficção psicopática a se libertarem e reconquistarem uma vida normal, feliz e produtiva.

O CASO DE DAVE

ATO 5, Cena 3

ASCENSÃO E QUEDA

Dave estava sentado no deque de sua casa, admirando as árvores no quintal. Naquela manhã, tinha ligado para avisar que estava doente, pois resolvera se esconder por alguns dias.

Aquele galho precisa ser cortado, pensou, ao avistar um galho seco em um carvalho na beira do bosque.

Ficou de olho em sua caixa de entrada de e-mails durante a maior parte do dia, caso algo interessante aparecesse, e se perguntava o que estaria acontecendo na empresa. Finalmente, enviou uma mensagem para a secretária. Escreveu: "Denise, estou me sentindo um pouco melhor, mas ainda tossindo. Aconteceu alguma coisa de que eu precise saber antes do fim de semana?".

Segundos depois ele recebeu a resposta que queria: "Frank acaba de ser mandado embora! A Marge está chorando na sala dela, outras pessoas estão em choque".

Dave sorriu, apanhou seu telefone e digitou. Ele ensaiou sua tosse enquanto o telefone tocava.

— Minha nossa, Denise! Mandaram mesmo? — perguntou ele quando Denise atendeu.

— Sim, Dave, acabou de acontecer. Não sabemos o motivo — afirmou ela, segurando as lágrimas.

Dave perguntou o que ela tinha ouvido e a secretária lhe contou tudo o que sabia. Ele tinha muitas perguntas e pareceu se deleitar com cada detalhe que Denise pôde fornecer. Dave garantiu que as coisas ficariam bem e então desligaram.

Dave respirou fundo, desfrutando o ar fresco, e em seguida ligou para Jack Garrideb.

— Oi, Jack. Como foi?

— Tão bem quanto possível — respondeu Jack, cansado. — As notícias correm depressa, tenho certeza.

— É, a Denise acabou de me ligar. Muita gente está em choque, pelo visto. Alguma coisa sobre mim? — indagou Dave, ansioso.

— Nada ainda. Vou pedir para o RH lhe enviar o rascunho do anúncio da sua promoção para você revisar. Talvez você queira acrescentar algo sobre suas experiências prévias. Devolva-o ao departamento de comunicação até segunda-feira. Nós vamos publicá-lo na terça, depois que as coisas se acalmarem um pouco.

— Sim, claro — asseverou Dave.

Ele desligou o telefone e sorriu. Sua esposa lhe trouxe outra taça de vinho e eles caminharam até a beira do deque. Dave olhou para seu quintal e silenciosamente brindou ao carvalho com o galho seco.

— Às vezes a gente precisa podar os galhos mortos, só isso — disse ele para a esposa, tomando um gole. — A vida é boa.

POSFÁCIO

Frank aceitou um pacote de "aposentadoria" melhorado e se mudou com a esposa para sua casa de férias, junto a um lago, na floresta. Ele pesca sempre que pode e gosta de passar tempo com os netos.

Dave assumiu seu novo cargo e continuou a ascender na carreira, tornando-se vice-presidente depois de um ano. A empresa acabou se fundindo com uma concorrente e Dave foi selecionado para liderar a equipe de transição, o que significava que poderia decidir quem ficaria e quem cairia fora. Ele se livrou de todos os rivais. Promoveu Dorothy, que continuou a trabalhar com ele por mais um ano antes de ser recrutada por uma empresa concorrente. A esposa de Dave pediu o divórcio depois de descobrir que ele tinha um caso com sua secretária. Dave por fim deixou a Garrideb para abrir uma empresa de consultoria que, segundo os relatos, é muito bem-sucedida. Ele também dá aulas como professor-adjunto em uma universidade muito prestigiosa e reconhecida. Seu curso mais popular? *Ética empresarial.*

AGRADECIMENTOS

NOS 25 ANOS QUE SE PASSARAM DESDE QUE CONHECI MEU PRIMEIRO psicopata corporativo, uma quantidade considerável de pesquisa forneceu respostas para muitas perguntas prementes. Com base em interessantes estudos de caso e teorias exploratórias dos comportamentos dos psicopatas, temos agora um campo rico de pesquisa aplicada que continuamente avança nossa compreensão de como esses predadores humanos "invisíveis" operam. Organizações outrora céticas agora estão profundamente interessadas em estudar os indivíduos raros, mas disfuncionais, que solapam o seu sucesso em tempos cada vez mais caóticos. Nesta edição, revisada e atualizada, integramos as descobertas mais importantes das pesquisas que têm contribuído para o nosso entendimento.

Depois de mais de 25 anos de colaboração e amizade, trabalhar com Bob nesta segunda edição apenas aumentou meu respeito por seu rigor científico, astúcia sutil, senso de humor gentil e genuína bondade humana. Claramente, ninguém compreende a mente dos psicopatas tão bem quanto Bob.

Agradecemos a John Silbersack, nosso agente, que nos ajudou a transformar um manuscrito rudimentar sobre um tópico um tanto controverso em um produto finalizado, tanto da primeira vez quanto agora, para a segunda edição. Rebecca Raskin, nossa editora na HarperCollins, foi fundamental ao nos ajudar a integrar a nova pesquisa a esta edição expandida; valorizamos muito sua paciência e diligência.

Também somos gratos aos muitos leitores da primeira edição que entraram em contato conosco para compartilhar suas próprias histórias sobre psicopatas em sua vida profissional. Muitas de suas percepções reafirmaram nossas ideias de como os psicopatas operam em organizações e aprofundaram nossa compreensão de suas táticas mais nuançadas. Foi muito recompensador trabalhar com alguns leitores para resolver suas situações pessoais. Posso dizer que, com diligência, é possível superar o psicopata em sua vida, a despeito das adversidades.

Estou em dívida e sou eternamente grato pelo apoio de Joan, minha esposa, amiga e parceira de vida, que fez com que a escrita desta segunda edição fosse mais fácil do que eu esperava ao, generosamente, me dar o amor, o apoio e o incentivo de que eu precisava, quando havia outras coisas mais urgentes com as quais ela tinha de lidar. Seu amor pela vida, sua aceitação natural de pessoas de todos os tipos e sua profunda compreensão da mente humana fizeram de cada dia uma aventura. Sou eternamente grato por seu amor imortal. Sinto saudades dela todos os dias.

—Paul Babiak,
Nova York, 2019

Durante meus anos de pesquisa sobre a psicopatia, tive o privilégio de trabalhar com muitos colegas e alunos extraordinários. Agradeço a todos eles. Particularmente prestativos na escrita deste livro foram os doutores Cynthia Mathieu, Craig Neumann, Dan Jones e Andreas Mokros. Desde que comecei a trabalhar nessa área, cinco décadas atrás, as coisas mudaram drasticamente. Em vez de alguns poucos acadêmicos e médicos trabalhando isoladamente, existem agora várias centenas de pesquisadores no mundo todo, muitos em contato uns com os outros e todos dedicados a entender a natureza da psicopatia e suas implicações para a sociedade. Um evento significativo foi a formação, em 2005, da Sociedade para o

Estudo Científico da Psicopatia [Society for the Scientific Study of Psychopathy, SSSP], uma organização que facilita muito a colaboração internacional e interdisciplinar no estudo da psicopatia e seu impacto na sociedade.

A pesquisa e o debate científicos e suas aplicações na saúde mental e na justiça criminal são certamente importantes, mas, ao mesmo tempo, o público deve aprender o máximo que puder sobre a psicopatia. Foi por esse motivo que escrevi *Sem consciência: o mundo perturbador dos psicopatas que vivem entre nós*. Enquanto o escrevia, tive minhas primeiras discussões com Paul Babiak. Ele me forneceu um estudo de caso que incluí em um capítulo sobre "Psicopatas do Colarinho Branco". Desde então, tive o grande prazer de trabalhar com Paul, como colega e amigo, em vários projetos, um dos quais este livro. Sua vasta experiência como psicólogo organizacional é evidente em cada capítulo desta obra.

Gostaria de agradecer a Kylie Neufeld, cuja assistência, por duas décadas, tem sido inestimável em minha pesquisa, minha escrita, na organização do meu site e em nosso trabalho com o Darkstone. Nosso agente, John Silbersack, forneceu conselhos sábios durante nosso trabalho nesta e na primeira edição do livro. Agradecemos sua orientação e seu empenho em nosso nome. Temos uma dívida especial de gratidão para com nossa editora, Rebecca Raskin, por sua edição perspicaz, seus comentários e sugestões convincentes e sua paciência ao lidar com nossos atrasos em entregar o produto final.

Minha esposa e melhor amiga por mais de cinco décadas, Averil, continua a me oferecer um ambiente amoroso e estimulante, conselhos sólidos, percepções mordazes e debates esclarecedores sobre coisas importantes. Sua carreira como assistente social, consultora de campo para abuso e negligência infantil e Diretora de Inspeções e Padrões para o Ministério de Serviços Sociais da Colúmbia Britânica a colocou em contato diário com o que há de melhor e pior nas pessoas e nas situações. Suas experiências e nossas discussões tiveram grande influência em meu trabalho.

Nossa amada e falecida filha, Cheryl, que era diretora de admissões da Faculdade de Medicina da Universidade da Colúmbia Britânica, nos ensinou muito sobre coragem, dignidade e graça diante das adversidades. Ela continua profundamente entalhada em nossos corações.

—Robert D. Hare,
Vancouver, 2019

APÊNDICE

EXISTE UM CÉREBRO PSICOPÁTICO?

INÍCIO

EM *SEM CONSCIÊNCIA*, HARE (P. I)[166] FAZ REFERÊNCIA A UM ARTIGO que ele e seus alunos enviaram à revista *Science*. O editor o rejeitara com o seguinte comentário: "Francamente, achamos alguns dos padrões de ondas cerebrais descritos no artigo muito estranhos. Aqueles EEGs [eletroencefalogramas] não podem ser de pessoas reais". Na verdade, foram obtidos de uma amostra de criminosos psicopáticos que participaram de um estudo de laboratório sobre reações comportamentais e cerebrais a sequências de letras projetadas brevemente em uma tela de computador. As sequências de letras eram neutras, positivas, negativas ou não formavam palavras. O participante tinha que apertar um botão o mais rápido possível se o que visse fosse uma palavra. A maioria dos participantes respondeu mais rapidamente e exibiu reações cerebrais mais intensas e mais prolongadas (potenciais relacionados a eventos, ou PREs) quando as palavras eram emocionais do que quando era neutras. Psicopatas, por outro lado, reagiram a todas as palavras como se fossem neutras.

Felizmente, outra grande publicação aceitou o estudo,[167] que foi o primeiro a corroborar a hipótese de Cleckley sobre a ausência de integração dos componentes semânticos e afetivos da linguagem psicopática. Ou seja, as palavras dos psicopatas não têm tons emocionais. Essa descoberta foi muito replicada de maneiras literal e conceitual, usando-se tanto PREs como neuroimagens.[168,169,170]

NEUROIMAGIOLOGIA

No início da década de 1990, Joanne Intrator, recentemente no comando de uma unidade de imagem cerebral no Centro Médico para Veteranos do Bronx, e o grupo de Hare conduziram o que pode ter sido o primeiro estudo de imagens de psicopatia, com a participação de pacientes internados por abuso de substâncias que haviam sido classificados por intermédio do PCL-R. A injeção de um marcador radiativo permitiu aos pesquisadores determinar que partes do cérebro ficavam mais ativas durante a tarefa, baseada em Williamson et al.[171] Os resultados indicaram claramente que pacientes psicopáticos usavam relativamente poucos recursos emocionais e diferentes partes do cérebro para processar palavras neutras e emocionais. Uma descoberta intrigante foi que, enquanto processavam palavras emocionais, os pacientes psicopáticos exibiram uma ativação incomum em áreas do cérebro associadas aos processos semântico e de tomada de decisão.

Em meados da década de 1990, um dos pesquisadores orientados por Hare, Kent Kiehl — agora um dos principais pesquisadores no campo da neurobiologia da psicopatia —, coordenou uma pesquisa colaborativa entre o laboratório de Hare, Peter Liddle, do campo da psiquiatria, e Bruce Forster, do campo da radiologia. Esse foi o primeiro de uma série de estudos com ressonância magnética funcional (fMRI) que demonstraram que as partes do cérebro associadas ao processamento emocional exerciam pouco impacto na linguagem, na cognição e no comportamento dos psicopatas.[172]

PANORAMA DE DESCOBERTAS RECENTES

Desde esses estudos iniciais, a pesquisa sobre a neurociência da psicopatia explodiu, e agora inclui neurobiologia da linguagem, comportamento moral, tomada de decisão, recompensa e punição, funções executivas, inibição de reações, monitoramento de erros, processamento emocional, integração cognitivo-emocional, empatia, cognição social e decisão de perspectiva, para nomear apenas algumas áreas. Uma visão geral das descobertas das pesquisas está muito além do escopo deste livro. Análises detalhadas da neurociência da psicopatia estão disponíveis em vários livros e artigos escritos para o público geral[173,174,175] e para a comunidade científica[176,177,178,179] (ver um estudo recente publicado por Espinoza et al.[180]).

Destacamos que os instrumentos mais utilizados na maioria dessas pesquisas são o PCL-R e seus derivados, o PCL: SV (ver Capítulo 2) e o PCL: YV.[181,182] Sua importância decorre do fato de que são o padrão para a avaliação da psicopatia, mas também porque cada um deles tem a mesma estrutura de quatro fatores. Por que esse detalhe é importante? Porque as associações entre psicopatia e neurologia com frequência dependem do fator envolvido (ver a análise feita por Poeppl et al.[183]). O resultado é uma imagem mais matizada da psicopatia do que poderíamos obter apenas com pontuações totais de psicopatia. Por exemplo, Wolf et al.[184] notaram: "Além disso, a descoberta do fascículo uncinado direito [a principal fibra de associação da substância branca que conecta o córtex pré--frontal ventral ao lobo temporal] foi especificamente relacionada às características interpessoais da psicopatia (charme superficial e falso, autoestima grandiosa, mentira patológica, manipulação) em vez de às características afetivas, antissociais ou de estilo de vida. Esses resultados indicam um marcador neural para essa dimensão crucial da sintomatologia psicopática".

É importante destacar que os pesquisadores conseguiram relacionar, de modos teoricamente relevantes, muitos dos traços e comportamentos da psicopatia a várias estruturas, funções e redes cerebrais. Kiehl,[185] por exemplo, descreveu o *sistema paralímbico*, um grupo de estruturas cerebrais interconectadas envolvido no processamento da emoção, realização de metas, motivação e autocontrole. Com base em um extenso corpus de pesquisa, ele e seus colegas identificaram algumas das estruturas cerebrais e das suas funcionalidades de processamento relacionadas à psicopatia criminosa. Na maioria dos casos, a evidência indica que, em média, os psicopatas exibem uma atividade reduzida e menores volumes em áreas cerebrais envolvidas no processamento emocional, mas atividade aumentada e maiores volumes em áreas relacionadas à recompensa e sua antecipação.

Poeppl et al.[186] conduziram uma meta-análise de 28 estudos com fMRI e 155 experimentos. Em geral, seus resultados foram consistentes com os descritos acima. A meta-análise revelou atividade cerebral "aberrante" associada com a psicopatia convergindo nas regiões frontal, insular e límbica: atividade reduzida em regiões cruciais para o processamento semântico da linguagem, execução de ações, processamento da dor, cognição social e processamento de recompensa *emocional*. Houve atividade aumentada em uma região de processamento de recompensa *cognitiva* e em outra região associada ao processamento da dor e da semântica da linguagem. Curiosamente, a atividade aumentada em regiões associadas ao processamento semântico da linguagem é consistente com os resultados dos estudos iniciais descritos anteriormente, indicando que os psicopatas tendem a usar recursos linguísticos para processar material emocional.

Obviamente, as regiões cerebrais são interdependentes e interativas, e uma importante linha de pesquisa ocupa-se de seus circuitos funcionais, redes e conectividade. Nesse trabalho, os pesquisadores medem a conectividade funcional durante um estado de repouso (com ausência de tarefa), um procedimento que descobre as relações entre padrões de ativação neural de regiões cerebrais anatomicamente separadas, e descrevem a organização, a inter-relação e o desempenho integrado de regiões cerebrais funcionalmente pareadas (p. 36).[187] Espinoza et al. (p. 2634) sugeriram que "os sintomas afetivos e interpessoais da psicopatia (Fator 1) estão associados com conectividade aberrante em múltiplas redes cerebrais, inclusive em zonas paralímbicas".[188,189,190]

MODELOS ATENCIONAIS

Hamilton e Newman[191] argumentaram que os modelos cognitivo/afetivo de psicopatia, discutidos acima, são consistentes com modelos *atencionais* (cognitivos), nos quais é possível explicar os resultados de estudos comportamentais e de imagens cerebrais da psicopatia por meio de termos de processos atencionais seletivos. Eles apresentam a *hipótese de modulação de resposta*, na qual um "gargalo" no córtex pré-frontal lateral bloqueia informações inibitórias e emoções quando a atenção está voltada a informações orientadas a uma meta.

UM CÉREBRO PSICOPÁTICO?

Então, após essa longa exposição, fica a pergunta: existe um cérebro psicopático? Dezenas de estudos empíricos com criminosos, muitos dos quais chegaram aos mesmos resultados, sugerem que existe uma diferença na estrutura e na função do cérebro dos psicopatas, pelo menos no nível da amostra. (Muitos psicopatas exibem as anomalias descritas acima, mas muitos outros, não.) Acreditamos que, como grupo, eles são *programados* de maneira diferente, mas por razões ainda não explicadas. A maioria dos pesquisadores usa termos como *danificado*, *disfuncional* ou *deficitário*, embora seja possível que as diferenças não indiquem um déficit, e sim um processo adaptativo evolucionário. Certamente, é difícil entender como executivos psicopatas altamente funcionais podem ser produtos de conexões cerebrais defeituosas. E isso ainda levanta uma questão importante à qual não temos como responder agora. A estrutura e o funcionamento do cérebro de psicopatas corporativos e de outros profissionais são similares às dos criminosos psicopatas?

NEUROCIÊNCIA E DIREITO

Essas questões não são meramente acadêmicas. Elas abrangem sérias implicações quanto à determinação da culpabilidade e responsabilidade legal. Já houve pelo menos uma tentativa de usar a imagiologia como fator mitigante em uma audiência de pena capital.[192,193] A tentativa fracassou, mas os argumentos legais e científicos continuarão a ser utilizados por um longo tempo.[194,195,196]

ALGUNS DOCUMENTÁRIOS RECOMENDADOS

UMA BUSCA NO GOOGLE OU NO YOUTUBE REVELARÁ CENTENAS DE filmes, documentários e sites que apresentam, descrevem ou explicam sobre o que são, ou supostamente seriam, os psicopatas. Infelizmente, muitas dessas explicações e descrições são absurdamente incorretas, enganosas ou até mesmo bizarras. Um número preocupante de sites baseou-se no PCL-R para montar "testes" que buscam determinar se o visitante, ou alguém que ele conhece, pode ser um psicopata. Outros apresentam psicopatas como heróis ou "agitadores sociais". Pedimos ao leitor que avalie esses conteúdos criticamente e que se concentre na ciência legítima relativa à psicopatia. Vários sites e fontes na Internet fornecem informações atualizadas sobre os desdobramentos do estudo da psicopatia (visite, por exemplo [em inglês]: www.hare.org; aftermath-surviving-psychopathy.org; www.snakesinsuits.com). Muitos dos pesquisadores aos quais nos referimos neste texto têm suas próprias páginas. A seguir, relacionamos diversas recomendações de documentários.

The Psychopath Next Door. Um documentário da rede CBC (Canadian Broadcasting Corporation) dirigido por Jeremy Torrie, lançado em 27 de novembro de 2014. Recebeu o Aftermath Media Award em 2015. Esse filme fascinante de uma hora de duração documenta o impacto que indivíduos com traços psicopáticos exercem sobre as pessoas ao seu redor. Disponível em: <https://www.cbc.ca/player/play/2618078499>. Acesso em: out. 2021.

Bad Bosses: The Psycho-Path to Success? Um segmento e artigo da CNN sobre chefes psicopáticos que foi ao ar em 20 de janeiro de 2012. Comete o mesmo erro em relação à porcentagem de gestores seniores psicopáticos que descrevemos no S 9.3: *Os "Dez por Cento" de Wall Street*. Disponível em: <https://edition.cnn.com/2012/01/19/business/psychopath-boss/index.html>. Acesso em: out. 2021.

I, Psychopath. Um documentário excelente, dirigido pelo australiano Ian Walker, que acompanha um autodeclarado narcisista/possível psicopata em uma jornada perturbadora até o diagnóstico e uma sessão em um laboratório de imagens na Alemanha. Hare alertou o produtor para que se preparasse para uma jornada difícil e para o fato de que não sairia da aventura sem cicatrizes psicológicas. Trechos de vídeos "dos bastidores" validaram esse alerta. Disponível em: <https://www.youtube.com/watch?v=jKvhKI6Kxew>. Acesso em: out. 2021.

Psychopath. Um ótimo documentário feito para o programa Equinox da emissora Channel 4, do Reino Unido, pela diretora Rosalind Arden, com mais de 5 milhões de visualizações no YouTube. Para uma transcrição do material, visite http://www.hare.org/links/equinox.html. O indivíduo retratado no filme foi posteriormente solto, capturado com uma arma no carro quando estava a caminho de matar sua esposa e morreu na prisão. Disponível em: <https://www.youtube.com/watch?v=60vK6Uw9sSE>. Acesso em: out. 2021.

I am Fishead: Are Corporate Leaders Psychopaths? Um documentário interessante produzido por Misha Votruba e Vaclav Dejcmar e narrado por Peter Coyote. A primeira metade fala sobre psicopatia; a segunda, sobre a indústria farmacêutica. Os produtores declararam: "Nós criamos o termo 'Fishead' como metáfora para os erros fundamentalmente devastadores que nossa sociedade enfrenta hoje. Fishead é sinônimo destas palavras: problema, devastador, fundamental, egoísta, desconsideração, irresponsável, indiferente, sem empatia, psicopático, errado, irracional e apatia". Disponível em: <https://topdocumentaryfilms.com/i-am-fishead-are-corporate-leaders-psychopaths/>. Acesso em: out. 2021.

The Criminal Mind. Um documentário que deveria ter sido o episódio piloto de uma série de Tony Wade para a CBC. A série nunca foi produzida. Disponível em: <https://www.youtube.com/watch?v=NJ7ck8Q_RII>. Acesso em: out. 2021.

Psychopath MRI. Um relato detalhado de Hare sobre o primeiro estudo de psicopatia com o uso de imagens de SPECT (tomografia computadorizada por emissão de fóton único) (Intrator, J.; Hare, R. D.; Stritzke, P.; Brichtswein, K.; Dorfman, D.; Harpur, T.; Bernstein, D.; Handelsman, L.; Schaefer, C.; Keilp, Rosen, J.; Machac, J. "Um estudo de imagem cerebral - por meio de tomografia computadorizada por emissão de fóton único - do processamento semântico e afetivo em psicopatas". *Biological Psychiatry*, 42, 1997, p. 96-103). Disponível em: <https://www.youtube.com/watch?v=oaTfdKYbudk>. Acesso em: out. 2021.

Notas

INTRODUÇÃO

1 Hare, R. D. *Sem consciência*: o mundo perturbador dos psicopatas que vivem entre nós. Porto Alegre: Artmed, 2013. [Ed. original: *Without Conscience: the Disturbing World of the Psychopaths among Us*. 2. ed. Nova York: Guilford Press, 1999.]

2 Para uma discussão detalhada sobre essas questões, ver Lilienfeld, S. O.; Watts, A. L.; Smith, S. F. Successful Psychopathy: a Scientific Status Report. *Current Directions in Psychological Science*, 24, 298-303, 2015. doi: 10.1177/0963721415580297.

3 Babiak, P.; Hare, R. D. *Snakes in Suits: When Psychopaths Go to Work*. 1. ed. Nova York: Harper Collins, 2006.

CAPÍTULO 1: O CASO DO PIT BULL

4 Os autores gostariam de agradecer ao dr. Michael Walton, um psicólogo licenciado no Reino Unido, por fornecer material para este caso.

CAPÍTULO 2: QUEM *SÃO* ESSAS PESSOAS?

5 Hare, R. D. *Sem consciência*: o mundo perturbador dos psicopatas que vivem entre nós. Porto Alegre: Artmed, 2013. [Ed. original: *Without Conscience: the Disturbing World of the Psychopaths among Us*. 2. ed. Nova York: Guilford Press, 1999.] Ver relatos empíricos recentes feitos por Hare, R. D.; Neumann, C. S.; Mokros, A. The PCL-R Assessment of Psychopathy: Development, Properties, Debates, and New Directions. In: Patrick, C. (ed.). *Handbook of Psychopathy*. 2. ed. Nova York: Guilford Press, 2018. p. 26-79.

6   Este livro fala sobre psicopatas adultos. Discutimos as origens das características psicopáticas no S 2.1: *Natureza? Criação? As duas coisas!* É importante notar que muitos estudos sobre a psicopatologia do desenvolvimento indicam claramente que fatores hereditários e ambientais relacionados à psicopatia manifestam-se muito cedo na vida. Os autores de um estudo recente, longitudinal e com ampla amostragem relataram que as avaliações dos professores de traços e comportamentos que definem a psicopatia adolescente e adulta são evidentes em meados da infância (entre seis e oito anos). Essas descobertas "confirmam que traços interpessoais, afetivos e antissociais e de estilo de vida podem ser observados em crianças desde os seis anos de idade. Essas descobertas sugerem que a estrutura dos traços psicopáticos em meados da infância é um tanto similar ao construto dos traços psicopáticos identificados na adolescência e na vida adulta". Os traços foram baseados no Checklist de Avaliação da Psicopatia: Versão para Jovens (ver Tabela 2.1, Nota 6 do Capítulo 2, e Notas 178 e 179, do Apêndice). Gorin et al. Psychopathic Traits in Middle Childhood. *Journal of Psychopathology and Behavioral Assessment.* Publicação eletrônica antecipada, 2019. doi: 10.1007/s10862-019-09733-2.

Ver também Salekin, R. T. Psychopathy in Childhood: toward Better Informing the DSM-5 and ICD-11 Conduct Disorder Specifiers. *Personality Disorders: Theory, Research, and Treatment*, 7, 180-191, 2016.

7   Associação Americana de Psiquiatria. *Manual Diagnóstico e Estatístico de Transtornos Mentais.* 4. ed., DSM-IV. Washington, D. C.: Associação Americana de Psiquiatria, 1994. DSM-5: Associação Americana de Psiquiatria. *Manual Diagnóstico e Estatístico de Transtornos Mentais.* 5. ed., DSM-5. Arlington: Associação Americana de Psiquiatria, 2013. Ver panoramas diagnósticos de Johnson, S. A. Understanding the Violent Personality. Antisocial Personality Disorder, Psychopathy, & Sociopathy Explored. *Forensic Research & Criminology International Journal*, 7, 76-88, 2019.

8   "Desde a publicação do DSM-III, o manual diagnóstico da Associação Americana de Psiquiatria tem sido recorrentemente criticado por não ser plenamente equivalente à conceitualização de psicopatia feita por Cleckley [...] e/ou pelo PCL R" (p. 52). Crego, C.; Widiger, T. A. Psychopathy and the DSM. *Journal of Personality*, 83, 665-677, 2015. "Cleckley e Hare são autores reconhecidos que definiram o conceito atual da psicopatia; nenhum

dos dois foi citado na fundamentação do DSM-5" (p. 826). Blashfield, R. K.; Reynolds, S. M. An Invisible College View of the DSM-5 Personality Disorder Classification. *Journal of Personality Disorders*, 26, 821-829, 2012. De maneira semelhante, "os critérios do DSM-IV para [TPAS] consistem quase exclusivamente de indicadores comportamentais, negligenciando-se as características afetivas-interpessoais que parecem refletir boa parte da noção de um tipo distinto de personalidade, conforme descrito por Cleckley [1941/1976]. Para falar sobre essas questões, Hare et al. ressuscitaram o construto da psicopatia, definido operacionalmente pelo Checklist da Psicopatia, atualmente disponível em uma versão revisada" (p. 251-277). Minzenberg, M. J.; Siever, L. J. *Neurochemistry and Pharmacolog Handbook of Psychopathy*. Nova York: Guilford Press, 2006.

9   Lykken, D. T. Psychopathy, Sociopathy, and Antisocial Personality Disorder. In Patrick, C. J. (ed.). *Handbook of Psychopathy*. 2. ed. Nova York: Guilford Press, 2018. p. 22-32. Primeiro publicado em Lykken, D. T. A Study of Anxiety in the Sociopathic Personality. *Journal of Abnormal and Social Psychology*, 55, 6-10, 1957.

10   Hare, R. D. *Sem consciência*: o mundo perturbador dos psicopatas que vivem entre nós. Porto Alegre: Artmed, 2013. [Ed. original: *Without Conscience: The Disturbing World of the Psychopaths Among us*. 2. ed. Nova York: Guilford Press, 1999.] Ver relatos empíricos recentes feitos por Hare, R. D.; Neumann, C. S.; Mokros, A. The PCL-R Assessment of Psychopathy: Development, Properties, Debates, And New Directions. In Patrick, C. (ed.). *Handbook of Psychopathy*. 2. ed. Nova York: Guilford Press, 2018. p. 26-79.

11   Douglas, K. S; Vincent, G. M.; Edens, J. F. Risk for Criminal Recidivism: the Role of Psychopathy. In Patrick, C. (ed.). *Handbook of Psychopathy* 2. ed. Nova York: Guilford Press, 2018. p. 682-709. Verona, E.; Vitale, J. Psychopathy in Woman: Assessment, Manifestations, And Etiology. In Patrick, C. (ed.). *Handbook of Psychopathy*. 2. ed. Nova York: Guilford Press, 2018. p. 509-528.

12   Blais, J.; Solodukhin, E.; Forth, A. E. A Meta-Analysis Exploring the Relationship between Psychopathy And Instrumental versus Reactive Violence. *Criminal Justice And Behavior*, 41, 797-821, 2014. doi: 10.1177/0093854813519629.

13   Sewall, L. A.; Olver, M. E. Psychopathy and Treatment Outcome: Results from a Sexual Violence Reduction Program. *Personality Disorders: Theory, Research, And Treatment*, 10, 59-69, 2019. Hare, R. D.; Neumann, C. S. Psychopathy as a Clinical And Empirical Construct. *Annual Review of Clinical Psychology*, 4, 217-246, 2008.

14   De Oliveira-Souza, R.; Ignácio, F. A.; Moll, J.; Hare, R. D. Psychopathy in a Civil Psychiatric Outpatient Sample. *Criminal Justice And Behavior*, 35, 427-437, 2008.

15   Hare, R. D. Comparison of the Procedures for the Assessment of Psychopathy. *Journal of Consulting And Clinical Psychology*, 53, 7-16, 1985.

16   Westen, D.; Weinberger, J. When Clinical Description Becomes Statistical Prediction. *American Psychologist*, 59, 595-613, 2004.

17   Lilienfeld, S. O.; Watts, A. L.; Patrick, C. J.; Hare, R. D. Hervey Cleckley (1903-1984): Contributions to the Study of Psychopathy. *Personality Disorders: Theory, Research, And Treatment*. 9, 520-520, 2018. doi:10.1037/per0000306.

18   Cleckley, H. *The Mask of Sanity*. 5. ed. St. Louis: Mosby, 1976. Este livro está disponível gratuitamente para download [em inglês], por cortesia da segunda esposa de Cleckley, Emily Cleckley.

19   Lilienfeld, S. O.; Watts, A. L.; Patrick, C. J.; Hare, R. D. Hervey Cleckley (1903-1984): Contributions to the Study of Psychopathy. *Personality Disorders: Theory, Research, And Treatment*. 9, 520-520, 2018. doi:10.1037/per0000306.

20   Inicialmente, essas classificações eram um tanto básicas (psicopatia Baixa, Média e Alta). Posteriormente, Hare e seus alunos passaram a classificar criminosos de acordo com uma escala de 7 pontos, com resultados de 6 a 7 indicando psicopatia. Embora o acordo entre os avaliadores funcionasse, outros pesquisadores e editores de revistas científicas nunca tinham certeza do significado das classificações em relação ao conceito tradicional de psicopatia. Como resultado, Hare comentou em *Sem consciência* que ele e sua equipe "passaram mais de dez anos aprimorando e refinando nossos procedimentos para descobrir os psicopatas na população carcerária em geral".

21   Hare, R. D. A Research Scale for the Assessment of Psychopathy in Criminal Populations. *Personality And Individual Differences*, 1, 111-119, 1980.

22 Hare, R. D. *The Hare Psychopathy Checklist — Revised.* Toronto: Multi-Health Systems, 1991. Hare, R. D. *Manual for the Revised Psychopathy Checklist* 2. ed. Toronto: Multi-Health Systems, 2003.

23 Gacono, C. B. (ed.). *The clinical And Forensic Assessment of Psychopathy: A Practitioner's Guide.* 2. ed. Nova York: Routledge, 2016.

24 Hare, R. D.; Black, P.; Walsh, Z. The PCL-R: Forensic Applications And Limitations. In Archer, R. P.; Wheeler, E. M. A. (eds.) *Forensic Uses of Clinical Assessment Instruments.* 2. ed. Nova York: Routledge, 2013. p. 230-265.

25 Hart, S. D.; Cox, D. N.; Hare, R. D. *The Hare Psychopathy Checklist: Screening Version.* Toronto: Multi-Health Systems, 1995. Hare e sua equipe desenvolveram o PCL: SV para uso no Estudo MacArthur de Avaliação do Risco de Violência, que avaliou 133 indicadores de violência potencial entre internos. O PCL: SV foi o mais bem colocado. Steadman, H. J.; Silver, E.; Monahan, J.; Appelbaum, P. S.; Clark Robbins, P.; Mulvey, E. P.; Grisso, T.; Roth, L. H.; Banks, S. A Classification Tree Approach to the Development of Actuarial Violence Risk Assessment Tools. *Law And Human Behavior,* 24, 83-100, 2000.

26 Neumann, C. S.; Hare, R. D. Psychopathic Traits in a Large Community Sample: Links to Violence, Alcohol Use, And Intelligence. *Journal of Consulting And Clinical Psychology,* 76, 893-899, 2008.

27 Kelsey, K. R.; Rogers, R.; Robinson, E. V. Self-Report Measures of Psychopathy: What Is Their Role in Forensic Assessments? *Journal of Psychopathology And Behavioral Assessment,* 37, 380-391, 2015. doi:10.1007/s10862-014-9475-5.

28 Hare, R. D. *Manual for the Revised Psychopathy Checklist.* 2. ed. Toronto: Multi-Health Systems, 2003.

29 Rosner, B. *Swindle.* Homewood: Business One Irwin, 1990.

30 Ação civil pública n. 08-495-KSF.

31 Comunicação pessoal entre B. Rosner e R. Hare, 12 de dezembro de 2018.

Suplemento S 2.1: Natureza? Criação? As duas coisas!

32 Waldman, I. D.; Rhee, S. H.; LoParo, D.; Park, Y. Genetic And Environmental Influences on Psychopathy And Antisocial Behavior. In Patrick, C. J. (ed.). *Handbook of Psychopathy.* 2. ed. Nova York: Guilford Press, 2018. p. 335-353.

33   Powledge, T. Behavioral Epigenetics: How Nature Shapes Nurture. *Bioscience*, 61, 588-592, 2011. doi:10.1525/bio.2011.61.8.4.

34   Verona, E.; Hicks, B. M.; Patrick, C. J. Psychopathy And Suicidality in Female Offenders: Mediating Influences of Personality And Abuse. *Journal of Consulting And Clinical Psychology*, 73, 1065-1073, 2005. doi:10.1037/0022-006X.73.6.1065.

35   Blonigen, D. M.; Sullivan, E. A.; Hicks, B. M.; Patrick, C. J. Facets of Psychopathy in Relation to Potentially Traumatic Events And Post-Traumatic Stress Disorder among Female Prisoners: The Mediating Role of Borderline Personality Disorder Traits. *Personality Disorders: Theory, Research, And Treatment*, 3, 406–414, 2012. doi:10.1037/a0026184.

36   Graham, N.; Kimonis, E. R.; Wasserman, A. L.; Kline, S. M. Associations among Childhood Abuse And Psychopathy Facets in Male Sexual Offenders. *Personality Disorders: Theory, Research, And Treatment*, 3, 66--75, 2012. doi:10.1037/a0025605.

37   Dargis, M.; Newman, J.; Koenigs, M. Clarifying the Link between Childhood Abuse History And Psychopathic Traits in Adult Criminal Offenders. *Personality Disorders: Theory, Research, And Treatment*, 7, 221--228, 2016. doi:10.1037/per0000147.

38   Uma análise detalhada do papel da família e de outras influências precoces no desenvolvimento da psicopatia está disponível em Farrington, D. P.; Bergstrøm, H. Family Background And Psychopathy. In Patrick, C. (ed.). *Handbook of psychopathy*. 2. ed. Nova York: Guilford Press, 2018. p. 354-379.

39   Glenn, A. L.; Kurzban, R.; Raine, A. Evolutionary Theory And Psychopathy. *Aggression And Violent Behavior*, 16, 371-380, 2011. doi:10.1016/j.avb.2011.03.009.

40   Meloy, J. R.; Book, A.; Hosker-Field, A.; Methot-Jones, T.; Roters, J. Social, Sexual, And Violent Predation: Are Psychopathic Traits Evolutionarily Adaptive? *Violence and Gender*, 5, 153-165, 2018. doi:10.1089/vio.2018.0012.

41   Mealey, L. The Sociobiology of Sociopathy: An Integrated Evolutionary Model. *Behavioral And Brain Sciences*, 18, 523-540, 1995. doi:10.1017/S0140525X00039595. Em *Sem consciência*, Hare descreveu o caso de Diane Downs como um exemplo apavorante de psicopatia maternal. (Para um relato mais detalhado, ver o livro *Small Sacrifices* [Pequenos sacrifícios], de Ann Rule. Nova York: New American Library, 1987. Também é revelador

o livro de Diane Downs, *Best Kept Secrets* [Segredos bem guardados]. Springfield: Danmark Publishing, 1989.) Downs constantemente deixava seus filhos pequenos sozinhos e sem supervisão quando não havia babás disponíveis. Os vizinhos descreveram as crianças, com idades entre quinze meses e seis anos, como famintas, emocionalmente carentes e, de modo geral, negligenciadas. Downs dizia amar seus filhos, mas sua cruel indiferença ao bem-estar físico e emocional deles contraria essa afirmação. Ela atirou nas crianças em 1983 (matando uma delas) porque o homem com quem estava tendo um caso extraconjugal não queria filhos. Ela foi condenada à prisão perpétua, tendo sua liberdade condicional negada em 2008, 2010 e 2021.

42   Book, A. S.; Quinsey, V. L. Psychopaths: Cheaters or Warrior Hawks? *Personality And Individual Differences*, 36, 33-45, 2004. doi:10.1016/S0191-8869(03)00049-7.

43   Mischief/Bad Behavior. *Spy in the Wild*. Reino Unido/Estados Unidos: BBC e PBS. Programa de TV.

44   Krupp, D. B.; Sewall, L. A.; Lalumière, M. L.; Sheriff, C.; Harris, G. T. Psychopathy, Adaptation, And Disorder. *Frontiers in Psychology*, 4, article 139, 2013. doi:10.3389/fpsyg.2013.00139.

45   Hare, R. D. Prefácio. In Kiehl, K.; Sinnott-Armstrong, W. (eds.). *Handbook on Psychopathy And Law*. Nova York: Oxford University Press, 2013. p. vii-ix.

Suplemento S 2.2: Psicopatia e violência letal

46   Neumann, C. S.; Hare, R. D.; Pardini, D. A. Antisociality And the Construct of Psychopathy: Data from across the Globe. *Journal of Personality*, 83, 678-692, 2015.

47   DeLisi, M. Psychopathy Is the Unified Theory of Crime. *Youth Violence And Juvenile Justice*, 7, 256-273, 2009. doi:10.1177/1541204009333834.

48   Fox, B.; DeLisi, M. Psychopathic Killers: A Meta-Analytic Review of the Psychopathy-Homicide Nexus. *Aggression And Violent Behavior*, 44, 67-79, 2019. doi:10.1016/j.avb.2018.11.005.

49   O'Connell, D.; Marcus, D. K. A Meta-Analysis of the Association between Psychopathy And Sadism in Forensic Samples. *Aggression And Violent Behavior*, 46, 109-115, 2019. Ver também Darjee, R. Sexual Sadism And Psychopathy in Sexual Homicide Offenders: an Exploration of Their

Associates in a Clinical Sample. *International Journal of Offender Therapy And Comparative Criminology*. Publicação eletrônica antecipada, 2019. doi: 10.1177/0306624X19836872.

50   Fox, B.; DeLisi, M. Psychopathic Killers: a Meta-Analytic Review of the Psychopathy-Homicide Nexus. *Aggression And Violent Behavior*, 44, 67-79, 2019. doi:10.1016/j.avb.2018.11.005.

51   O'Connell, D.; Marcus, D. K. A Meta-Analysis of the Association between Psychopathy And Sadism in Forensic Samples. *Aggression And Violent Behavior*, 46, 109-115, 2019. Ver também Darjee, R. Sexual Sadism And Psychopathy in Sexual Homicide Offenders: an Exploration of Their Associates in a Clinical Sample. *International Journal of Offender Therapy And Comparative Criminology*. Publicação eletrônica antecipada, 2019. doi: 10.1177/0306624X19836872.

52   Lalumière, M. L.; Mishra, S.; Harris, G. T. In Cold Blood: the Evolution of Psychopathy. In Duntley, J.; Shackelford, T. K. (eds.). *Evolutionary Forensic Psychology*. Oxford: Oxford University Press, 2008. p. 176-197.

53   Woodworth, M.; Porter, S. In Cold Blood: Characteristics of Criminal Homicides as a Function of Psychopathy. *Journal of Abnormal Psychology*, 111, 436-445, 2002. doi:10.1037/0021-843X.111.3.436.

Suplemento S 2.3: A Tríade Sombria

54   Paulhus, D. L.; Williams, K. M. The Dark Triad of Personality: Narcissism, Machiavellianism, And psychopathy. *Journal of Research in Personality*, 36, 556-563, 2002. doi:10.1016/S0092-6566(02)00505-6.

55   Jones, D. N.; Figueredo, A. J. The Core of Darkness: Uncovering the Heart of the Dark Triad. *European Journal of Personality*, 27, 521-531, 2013. doi:10.1002/per.1893. Ver também Jones, D. N.; Hare, R. D. The Mismeasure of Psychopathy: a commentary on Boddy's PM-MRV. *Journal of Business Ethics*, 138, 579-588, 2013. doi:10.1007/s10551-015-2584-6.

56   Moshagen, M.; Hilbig, B. E.; Zettler, I. The Dark Core of Personality. *Psychological Review*, 125, 656-688, 2016. doi.org/10.1037/rev0000111. Ver também Jonason, P. K.; Webster, G. D.; Schmitt, D. P.; Li, N. P.; Crysel, L. The Antihero in Popular Culture: Life History Theory And the Dark Triad Personality Traits. *Review of General Psychology*, 16, 192-199, 2012. http://dx.doi.org/10.1037/a0027914.0

Suplemento S 2.4: Gênero, Etnia, Cultura

57   Murphy, J. Psychiatric Labeling in Cross-Cultural Perspective. *Science*, 191, 1019-1028, 1976. Ela destacou: "Tipos similares de comportamentos perturbados parecem ser rotulados como anormais em diversas culturas" (p. 1019). Ela descreveu o termo inuíte "*kunlangeta*, que significa 'a mente dele sabe o que fazer, mas ele não o faz'. Este é um termo abstrato para a violação de muitas regras, quando a consciência das regras não se aplica. O termo pode se referir à pessoa que, por exemplo, mente, trapaceia e rouba coisas repetidamente; que não vai caçar; e, quando os outros homens não estão no vilarejo, abusa sexualmente de muitas mulheres — alguém que ignora reprimendas e que é sempre levado aos anciãos para ser punido" (p. 1026).

58   Fanti, K. A.; Lordos, A.; Sullivan, E. A.; Kosson, D. S. Cultural and Ethnic Variations in Psychopathy. In Patrick, C. (ed.). *Handbook of psychopathy*. 2. ed. Nova York: Guilford Press, 2018. p. 529-569. Esta é uma análise detalhada e atual da literatura sobre as diferenças culturais e étnicas da perspectiva da psicopatia e sua mensuração.

59   Verona, E.; Vitale, J. Psychopathy in Women. In Patrick, C. J. (ed.). *Handbook of Psychopathy*. 2. ed. New York, NY: Guilford Press, 2018. p. 509-528.

60   Thomson, D.; Bozgunov, K.; Psederska, E.; Vassileva, J. Sex Differences on The Four-Facet Model of Psychopathy Predict Physical, Verbal, And Indirect Aggression. *Aggressive Behavior*, 2019. DOI: 10.1002/ab.21816.

61   Book, A. S.; Forth, A. E.; Clark, H. J. The Hare Psychopathy Checklist —Youth Version. In Archer, R. P. ; Wheeler, E. M. A (eds.). *Forensic Uses of Clinical Assessment Instruments*. 2. ed. Nova York: Routledge, 2013. p. 266-290.

62   Verona, E.; Vitale, J. Psychopathy in Women. In Patrick, C. J. (ed.). *Handbook of psychopathy*. 2. ed. Nova York: Guilford Press, 2018. p. 509-528.

63   Bolt, D. M.; Hare, R. D.; Vitale, J. E.; Newman, J. P. A Multigroup Item Response Theory Analysis of the Psychopathy Checklist — Revised. *Psychological Assessment*, 16, 155-168, 2004.

64   Fanti, K. A.; Lordos, A.; Sullivan, E. A.; Kosson, D. S. Cultural and Ethnic Variations in Psychopathy. In Patrick, C. (ed.). *Handbook of psychopathy*. 2. ed. Nova York: Guilford Press, 2018. p. 529-569. Esta é uma análise detalhada e atual da literatura sobre as diferenças culturais e étnicas da perspectiva da psicopatia e sua mensuração.

65 Olver, M. E.; Neumann, C. S.; Sewall, L. A.; Lewis, K.; Hare, R. D.; Wong, S. C. P. A Comprehensive Examination of the Psychometric Properties of the Hare Psychopathy Checklist — Revised in a Canadian Multisite Sample of Indigenous and Non-Indigenous Offenders. *Psychological Assessment*, 30, 779-792, 2018. doi: 10.1037/pas0000533. Kosson, D.; Neumann, C. S.; Forth, A. E.; Hare, R. D.; Salekin, R. T.; Sevecke, K. Factor Structure of the Hare Psychopathy Checklist: Youth Version (PCL: YV) in Adolescent Females. *Psychological Assessment*, 25, 71-83, 2013. Vachon, D. D.; Lynam, D. R.; Loeber, R.; Stouthamer-Loeber, M. Generalizing the Nomological Network of Psychopathy across Populations Differing on Race And Conviction Status. *Journal of Abnormal Psychology*, 121, 263-269, 2012.

66 Bolt, D. M.; Hare, R. D.; Neumann, C. S. Score Metric Equivalence of the Psychopathy Checklist — Revised (PCL-R) across Criminal Offenders in North America And the United Kingdom: A Critique of Cooke, Michie, Hart, and Clark (2005) And New Analyses. *Assessment*, 14, 44-56, 2007.

67 Neumann, C. S.; Schmitt, D. S.; Carter, R.; Embley, I.; Hare, R. D. Psychopathic Traits in Females And Males across the Globe. *Behavioral Sciences & the Law*, 30, 557-574, 2012. doi:10.1002/bsl.2038. Os participantes classificaram cada item (por exemplo, "Eu gosto de enganar os outros"; "Regras foram feitas para serem desobedecidas") em uma escala de 5 pontos, indo de 1 (discordo plenamente) até 5 (concordo plenamente). Uma pontuação média de 9,5 definia alta psicopatia. As onze regiões do estudo foram: América do Norte, América Central/do Sul, Norte da Europa, Europa Oriental, Sul da Europa, Oriente Médio, África, Oceania, Sul/Sudeste da Ásia e Ásia Oriental. O estudo fazia parte do Projeto Internacional para Descrição da Sexualidade-2, um esforço de pesquisa colaborativo envolvendo questionários anônimos aplicados junto a homens e mulheres de todo o mundo. Para mais detalhes, ver Schmitt, D. P. Romantic Attachment from Argentina to Zimbabwe: Patterns of Adaptive Variation across Contexts, Cultures, And Local Ecologies. In Kok-Mun, N.; Erdman, P. (eds.). *Attachment: Expanding the Cultural Connections.* Nova York: Routledge, 2010. p. 211-226.

68 Paulhus, D. L.; Neumann, C. S.; Hare, R. D. *Manual for the Self-Report Psychopathy Scale* (SRP-4). 4. ed. Toronto: Multi-Health Systems, 2016. O SRP-E foi chamado de versão experimental do SRP, mas é igual ao SRP-III.

CAPÍTULO 3: O QUE SE VÊ PODE NÃO SER O QUE SE VÊ

69   Associação Americana de Psiquiatria. *Manual Diagnóstico e Estatístico de Transtornos Mentais.* 5. ed. Arlington: Associação Americana de Psiquiatria, 2013.

70   Babiak, P. "Psychopath" Or "narcissist": the Coach's Dilemma. *Worldwide Association of Business Coaches eZine.* Publicado em fevereiro de 2008.

Suplemento S 3.2: Criminosos do Colarinho Vermelho

71   Perri, F. S. Red Collar Crime. *International Journal of Psychological Studies*, 8, 61-84, 2016. doi: 10.5539/ijps.v8n1p61.

72   Perri, F. S.; Lichtenwald, T. G. The arrogant Chameleons: Exposing Fraud Detection Homicide. *Forensic Examiner*, 17, 26-34, 2008. Ver também os relatos extensos e detalhados de crimes do colarinho branco feitos por Perri. F. S. *White-Collar Crime, Organizational Misconduct, And Fraud Examination: an Accounting, Behavioral, And Criminological Approach.* Rockford: sem editora, 2019.

CAPÍTULO 5: ENTRA O PSICOPATA, À ESQUERDA DO PALCO

73   Psicopatas são hábeis em simular doenças mentais quando lhes convém. Para os médicos, muitas vezes é difícil determinar se um paciente é realmente "maluco" ou "malvado", o que frequentemente tem consequências graves. Há várias décadas, a equipe de um dos principais manicômios judiciários dos Estados Unidos concedeu a um paciente privilégios especiais de circulação, permitindo que caminhasse livremente pelo hospital. Ele matou um funcionário e a investigação que se seguiu determinou que ele tinha uma pontuação altíssima no PCL-R. O hospital adotou uma política de que os pacientes com pontuação elevada no PCL-R e um histórico de violência precisavam de permissão especial do diretor para receber privilégios de circulação.

Suplemento S 5.2: A Tríade Sombria e Negociações Presenciais

74   Jonason, P. K.; Slomski, S.; Partyka, J. The Dark Triad at Work: How Toxic Employees Get Their Way. *Personality And Individual Differences*, 52, 449-453, 2012. doi:10.1016/j.paid.2011.11.008.

75   Crossley, L.; Woodworth, M.; Black, P. J.; Hare, R. D. The Dark Side of Negotiation: Examining the Outcomes of Face-To-Face And Computer-Mediated Negotiations among Dark Personalities. *Personality And Individual Differences*, 91, 47-51, 2016. doi:10.1016/j.paid.2015.11.052.

76   Jones, D. N.; Hare, R. D. The Mismeasure of Psychopathy: A Commentary on Boddy's PM-MRV. *Journal of Business Ethics,* 138, 579-588, 2016. doi:10.1007/s10551-015-2584-6.

77   Paulhus, D. L.; Neumann, C. S.; Hare, R. D. *Manual for the Self-Report Psychopathy Scale* (SRP-4). 4. ed. Toronto: Multi-Health Systems, 2016.

CAPÍTULO 7: CAOS E ESCURIDÃO

Suplemento S 7.1: A oportunidade bate

78   Quora. What Is the Meaning Of the "Chaos Is a Ladder" Quote from Game of Thrones? Disponível em: <https://www.quora.com/What-is-the-meaning-of-the-Chaos-is-a-ladder-quote-from-Game-of-Thrones>. Acesso em: out. 2021.

79   Michael Deacon, 7 de abril de 2019.

CAPÍTULO 8: EU NÃO SOU UM PSICOPATA, SÓ FALO E AJO COMO UM

80   Halpin, A. W.; Winer, B. J. A Factorial Study of the Leader Behavior Descriptions. In Stogdill, R. M.; Coons, A. E. (eds.). *Leader Behavior: Its Description And Measurement.* Columbus: Departamento de Pesquisa em Negócios, Universidade Estadual de Ohio, 1957.

81   Babiak, P.; Neumann, C. S.; Hare, R. D. Corporate Psychopathy: Talking the Walk. *Behavioral Sciences And the Law*, 28, 174-193, 2010. doi:10.1002/bsl.925. Faça download do artigo em www.hare.org.

82   Mokros, A.; Hare, R. D.; Neumann, C. S.; Santtila, P.; Habermeyer, E.; Nitschke, J. Variants of Psychopathy in Adult Male Offenders: a Latent Profile Analysis. *Journal of Abnormal Psychology*, 124, 372-386, 2015. doi:10.1037/abn0000042.

CAPÍTULO 9: UM ESTUDO EMPÍRICO ÚNICO SOBRE A PSICOPATIA CORPORATIVA

83   Partes deste capítulo são adaptadas de Babiak, Neumann & Hare (2010), Mokros et al. (2015) e de análises recentes feitas por Craig Neumann.

84   Lowman, R. L. *Pre-Employment Screening for Psychopathology: A Guide To Professional Practice.* Sarasota: Professional Resource Series, 1989. Professional Resource Exchange, Inc.

85   Hare, R. D.; Neumann, C. S. Psychopathy as a Clinical And Empirical Construct. *Annual Review of Clinical Psychology,* 4, 217-246, 2008. doi:10.1146/annurev.clinpsy.3.022806.091452.

86   Hare, R. D. *Manual for the Revised Psychopathy Checklist.* 2. ed. Toronto: Multi-Health Systems, 2003.

87   Babiak, P.; Neumann, C. S.; Hare, R. D. Corporate Psychopathy: Talking the Walk. *Behavioral Sciences And the Law,* 28, 174-193, 2010. doi:10.1002/bsl.925. Faça o download desse artigo em www.hare.org.

88   Neumann, C. C.; Hare, R. D. Psychopathic Traits in a Large Community Sample: Links to Violence, Alcohol Use, And Intelligence. *Journal of Consulting and Clinical Psychology,* 76, 893-899, 2008. doi:10.1037/0022-006X.76.5.893. Essa amostra fez parte do Estudo MacArthur de Avaliação do Risco de Violência para identificar previsores de violência entre pacientes internos. Ver Capítulo 2, Nota 25.

89   Coid, J.; Yang, M.; Ullrich, S.; Roberts, A.; Hare, R. D. Prevalence And Correlates of Psychopathic Traits in the Household Population of Great Britain. *International Journal of Law And Psychiatry,* 32, 65-73, 2009. doi:10.1016/j.ijlp.2009.01.002.

90   Babiak, P.; Neumann, C. S.; Hare, R. D. Corporate Psychopathy: Talking the Walk. *Behavioral Sciences And the Law,* 28, 174-193, 2010. doi:10.1002/bsl.925. Faça o download desse artigo em www.hare.org.

91   Babiak, P.; Neumann, C. S.; Hare, R. D. Corporate Psychopathy: Talking the Walk. *Behavioral Sciences And the Law,* 28, 174-193, 2010. doi:10.1002/bsl.925. Faça o download desse artigo em www.hare.org.

Suplemento S 9.1: Fraude Econômica e Corporativa

92   PricewaterhouseCoopers. Pulling Fraud out of the Shadows: *Global Economic Crime And Fraud Survey,* 2018.

Suplemento S 9.2: O erro na medição da psicopatia corporativa

93 Boddy, C. R. Corporate Psychopaths, Conflict, Employee Affective Well-Being And Counterproductive Work Behaviour. *Journal of Business Ethics*, 121, 107-121, 2014. doi:10.1007/s10551-013-1688-0.

94 Boddy, C. R.; Ladyshewsky, R. K.; Galvin, P. Leaders without Ethics in Global Business: Corporate Psychopaths. *Journal of Public Affairs*, 10, 121--138, 2010. doi:10.1002/pa.352.

95 Boddy, C. R.; Ladyshewsky, R. K.; Galvin, P. Leaders without Ethics in Global Business: Corporate Psychopaths. *Journal of Public Affairs*, 10, 121--138, 2010. doi:10.1002/pa.352.

96 Deutschman, A. Is Your Boss a Psychopath? *Fast Company*, julho 2005.

97 Jones, D. N.; Figueredo, A. J. The Core of Darkness: Uncovering the Heart of the Dark Triad. *European Journal of Personality*, 27, 521-531, 2013. doi:10.1002/per.1893.

98 Jones, D. N.; Hare, R. D. The Mismeasure of Psychopathy: A Commentary on Boddy's PM-MRV. *Journal of Business Ethics*, 138, 579-588, 2016. doi:10.1007/s10551-015-2584-6.

99 Jones, D. N.; Hare, R. D. The Mismeasure of Psychopathy: A Commentary on Boddy's PM-MRV. *Journal of Business Ethics*, 138, 579-588, 2016. doi:10.1007/s10551-015-2584-6.

Suplemento S 9.3: Os "Dez por Cento" de Wall Street

100 Babiak, P.; Neumann, C. S.; Hare, R. D. Corporate Psychopathy: Talking the Walk. *Behavioral Sciences And the Law*, 28, 174-193, 2010. doi:10.1002/bsl.925. Faça o download desse artigo em www.hare.org.

101 Comunicação pessoal entre J. Grohol e R. D. Hare, 3 de maio de 2012.

102 http://psychcentral.com/blog/archives/2012/03/06/untrue-1-out-of-every-10-wall-street-employees-is-a-psychopath/.

CAPÍTULO 10: O B-SCAN

103 Steinberger, M. Psychopathic C.E.O.'s. *The New York Times Magazine*. Disponível em: <https://www.nytimes.com/2004/12/12/magazine/psychopathic-ceos.html. Acesso em: out. 2021.

104 Kelsey, K. R.; Rogers, R.; Robinson, E. V. Self-Report Measures of Psychopathy: What Is Their Role in Forensic Assessments? *Journal of*

Psychopathology And Behavioral Assessment, 37, 380-391, 2015. doi:10.1007/s10862-014-9475-5.

105   Sellbom, M.; Lilienfeld, S. O.; Fowler, K. A.; McCrary, K. L. The Self-Report Assessment of Psychopathy: Challenges, Pitfalls, And Promises. In Patrick, C. J. (ed.). *Handbook of psychopathy*. 2. ed. Nova York: Guilford Press, 2018. p. 211-258.

106   Babiak, P. When Psychopaths Go to Work: a Case Study of an Industrial Psychopath. *Applied Psychology: an International Review*, 44, 171-188, 1995. doi:10.1111/j.1464-0597.1995.tb01073.x.

107   Mathieu, C.; Hare, R. D.; Jones, D. N.; Babiak, P.; Neumann, C. S. Factor Structure of the B-Scan 360: A Measure of Corporate Psychopathy. *Psychological Assessment*, 25, 288-293, 2013. doi:10.1037/a0029262.

108   Paulhus, D. L.; Neumann, C. S.; Hare, R. D. *Self-Report Psychopathy Scale* (SRP-4). 4. ed. Toronto: Multi-Health Systems, 2016.

109   Mathieu, C.; Babiak, P. Validating the B-Scan Self: A Self-Report Measure Of Psychopathy in the Workplace. *International Journal of Selection And Assessment*, 24, 272-284, 2016b. doi:10.1111/ijsa.12146.

110   LeBreton, J. M.; Shiverdecker, L. K.; Grimaldi, E. M. The Dark Triad And Workplace Behavior. *Annual Review of Organizational Psychology And Organizational Behavior*, 5, 387-414, 2018. doi:10.1146/annurev-orgpsych-032117-104451.

111   Coid, J.; Yang, M.; Ullrich, S.; Roberts, A.; Hare, R. D. Prevalence And Correlates of Psychopathic Traits in the Household Population of Great Britain. *International Journal of Law and Psychiatry*, 32, 65-73, 2009. doi:10.1016/j.ijlp.2009.01.002.

112   Lynam, D. R.; Gaughan, E. T.; Miller, J. D.; Mullins-Sweatt, S.; Widiger, T. A. Assessing Basic Traits Associated with Psychopathy: Development And Validation of the Elemental Psychopathy Assessment. *Psychological Assessment*, 23, 108-124, 2010. doi:10.1037/a0021146.

113   Neumann, C. C.; Hare, R. D. (2008). Psychopathic traits in a large community sample: Links to violence, alcohol use, and intelligence. *Journal of Consulting and Clinical Psychology*, 76, 893-899. doi:10.1037/0022-006X.76.5.893.

114   Verona, E.; Vitale, J. Psychopathy in Women. In Patrick, C. J. (ed.). *Handbook of psychopathy*. 2. ed. Nova York: Guilford Press, 2018. p. 509-528.

115 Mathieu, C.; Babiak, P. Validating the B-Scan Self: A Self-Report Measure of Psychopathy in the Workplace. *International Journal of Selection And Assessment*, 24, 272-284, 2016b. doi:10.1111/ijsa.12146.

116 Mathieu, C.; Babiak, P.; Hare, R. D. *Use of the B-Scan in a Large Sample of Public Employees.* Manuscrito em preparação.

117 Raver, J. L.; Nishii, L. H. Once, Twice, Or Three Times as harmful? Ethnic Harassment, Gender Harassment, And Generalized Workplace Harassment. *Journal of Applied Psychology*, 95, 236, 2010. doi:10.1037/a0018377.

118 Andersson, L. M.; Pearson, C. M. Tit for Tat? The Spiraling Effect of Incivility in the Workplace. *Academy of Management Review*, 24, 452-471, 1999. doi:10.5465/AMR.1999.2202131.

119 Skarlicki, D. P.; Folger, R.; Tesluk, P. Personality as a Moderator in the Relationship between Fairness And Retaliation. *Academy of Management Journal*, 42, 100-108, 1999. doi:10.2307/256877.

120 Douglas, S. C.; Martinko, M. J. Exploring the Role of Individual Differences in the Prediction of Workplace Aggression. *Journal of Applied Psychology*, 86, 547-559, 2001. doi:10.1037/0021-9010.86.4.547.

121 Lee, K.; Ashton, M. C.; Shin, K. H. Personality Correlates of Workplace Anti-Social Behavior. *Applied Psychology*, 54, 81-98, 2005. doi:10.1111/j.1464-0597.2005.00197.x.

122 Hershcovis, M. S.; Turner, N.; Barling, J.; Arnold, K. A.; Dupré, K. E.; Inness, M.; Leblanc, M. M.; Sivanathan, N. Predicting Workplace Aggression: a Meta-Analysis. *Journal of Applied Psychology*, 92, 228-238, 2007. doi:10.1037/0021-9010.92.1.228.

123 Hoel, H.; Cooper, C. L.; Faragher, B. The Experience of Bullying in Great Britain: The Impact of Organizational Status. *European Journal of Work And Organizational Psychology*, 10, 443-465, 2001. doi:10.1080/13594320143000780.

124 Mathieu, C.; Babiak, P. Workplace Harassment: the Influence of Corporate Psychopathy And the HEXACO Model of Personality. *Personality And Individual Differences*, 101, 298, 2016c. doi:10.1016/j.paid.2016.05.225.

125 Mathieu, C.; Fabi, B.; Lacoursière, R.; Raymond, L. The Role of Supervisory Behavior, Job Satisfaction And Organizational Commitment on Employee Turnover. *Journal of Management & Organization*, 22, 1-17, 2015. doi:10.1017/jmo.2015.25.

126 Mathieu, C.; Neumann, C.; Babiak, P.; Hare, R. D. Corporate Psychopathy And the Full-Range Leadership Model. *Assessment*, 22, 267-278, 2015. doi:10.1177/1073191114545490.

127 Avolio, B. J.; Bass, B. M. *Multifactor Leadership Questionnaire: Manual And Sampler Set*. Redwood City: Mind Garden Incorporated, 2004.

128 Judge, T. A.; Piccolo, R. F.; Ilies, R. The Forgotten Ones? The Validity of Consideration And Initiating Structure in Leadership Research. *Journal of Applied Psychology*, 89, 36-51, 2004. doi:10.1037/0021-9010.89.1.36.

129 Sosik, J. J.; Godshalk, V. M. Leadership Styles, Mentoring Functions Received, And Job-Related Stress: a Conceptual Model And Preliminary Study. *Journal of Organizational Behavior*, 21, 365-390, 2000. doi:10.1002/(SICI)1099-1379(200006)21:4:AID-JOB14:3.0.CO;2-H.

130 Barling, J.; Weber, T.; Kelloway, E. K. Effects Of Transformational Leadership Training on Attitudinal And Financial Outcomes: a Field Experiment. *Journal of Applied Psychology*, 81, 827-832, 1996. doi:10.1037/0021-9010.81.6.827.

131 Lim, B.C .; Ployhart, R. E. Transformational Leadership: Relations to the Five-Factor Model And Team Performance in Typical And Maximum Contexts. *Journal of Applied Psychology*, 89, 610-621, 2004. doi:10.1037/0021-9010.89.4.610.

132 Arnold, K. A.; Turner, N.; Barling, J.; Kelloway, E. K.; McKee, M. C. Transformational Leadership And Psychological Well-Being: the Mediating Role of Meaningful Work. *Journal of Occupational Health Psychology*, 12, 193-203, 2007. doi:10.1037/1076-8998.12.3.193.

133 Mathieu, C.; Babiak, P. Tell Me Who You Are, I'll Tell You how You Lead: beyond the Full-Range Leadership Model, the Role of Corporate Psychopathy on Employee Attitudes. *Personality And Individual Differences*, 87, 8-12, 2015. doi:10.1016/j.paid.2015.07.016.

134 Tepper, B. J. Consequences of Abusive Supervision. *Academy of Management Journal*, 43, 178-190, 2000. doi:10.2307/1556375.

135 Tepper, B. J.; Duffy, M. K.; Henle, C. A.; Lambert, L. S. Procedural Injustice, Victim Precipitation, And Abusive Supervision. *Personnel Psychology*, 59, 101-123, 2006. doi:10.1111/j.1744-6570.2006.00725.x.

136 Mathieu, C.; Babiak, P. Corporate Psychopathy And Abusive Supervision: Their Influence on Employees' Job Satisfaction And Turnover Intentions.

Personality And Individual Differences, 91, 102-106, 2016a. doi:10.1016/j. paid.2015.12.002

137 Os autores gostariam de agradecer à dra. Cynthia Mathieu, da Universidade do Quebec em Trois-Rivières, por sua colaboração e extensivas contribuições a este capítulo, além de por sua pesquisa, citada no texto.

CAPÍTULO 11: INIMIGO NOS PORTÕES

138 Book, A.; Methot, T.; Gauthier, N.; Hosker-Field, A.; Forth, A.; Quinsey, V.; Molnar, D. The Mask of Sanity Revisited: Psychopathic Traits And Affective Mimicry. *Evolutionary Psychological Science*, 1, 91-102, 2015. doi:10.1007/s40806-015-0012-x.

139 *The Brock News*, 2 de dezembro de 2018.

Suplemento S 11.1: A prática leva à perfeição?

140 Cleckley, H. *The Mask of Sanity.* 5. ed. St. Louis: Mosby, 1976.

Suplemento S 11.2: Política e Pôquer: licença para mentir

141 Gillstrom, B. J.; Hare, R. D. Language-Related Hand Gestures in Psychopaths. *Journal of Personality Disorders*, 2, 21-27, 1988. doi:10.1521/ pedi.1988.2.1.21.

142 ten Brinke, L.; Porter, S.; Korva, N.; Fowler, K.; Lilienfeld, S. O.; Patrick, C. J. An Examination of the Communication Styles Associated with Psychopathy And Their Influence on Observer Impressions. *Journal of Nonverbal Behavior*, 41, 269-287, 2017. doi:10.1007/s10919-017-0252-5.

143 Gunnery, S. D.; Ruben, M. A. Perceptions of Duchenne And Non-Duchenne Smiles: a Meta-Analysis. *Cognition And Emotion*, 30, 501-515, 2016. doi:10.1080/02699931.2015.1018817.

144 ten Brinke, L.; Porter, S.; Korva, N.; Fowler, K.; Lilienfeld, S. O.; Patrick, C. J. An Examination of the Communication Styles Associated with Psychopathy And Their Influence on Observer Impressions. *Journal of Nonverbal Behavior*, 41, 269-287, 2017. doi:10.1007/s10919-017-0252-5.

CAPÍTULO 12: AUTODEFESA PESSOAL
Suplemento S 12.1: Entrevistas psicopáticas

145 Hare, R. D. *Sem consciência*: o mundo perturbador dos psicopatas que vivem entre nós. Porto Alegre: Artmed, 2013. [Ed. original: *Without Conscience: the Disturbing World of the Psychopaths among Us*. 2. ed. Nova York: Guilford Press, 1999.]

146 Le, M.; Woodworth, M.; Gillman, L.; Hutton, E.; Hare, R. D. The Linguistic Output of Psychopathic Offenders During a PCL-R Interview. *Criminal Justice And Behavior*, 44, 551-565, 2017. doi:10.1177/0093854816683423.

147 Louth, S. M.; Williamson, S.; Alpert, M.; Pouget, E. R.; Hare, R. D. Acoustic Distinctions in the Speech of Male Psychopaths. *Journal of Psycholinguistic Research*, 27, 375-384, 1998. doi:10.1023/A:1023207821867.

148 Williamson, S. *Cohesion And Coherence in the Speech of Psychopaths*. 1991. Tese (Doutorado), Universidade da Colúmbia Britânica, Vancouver, Canadá.

149 Hancock, J.; Woodworth, M.; Porter, S. Hungry Like the Wolf: an Analysis of the Language of Human Predators. *Legal And Criminological Psychology*, 18, 102-114, 2011. doi:10.1111/j.2044-8333.2011.02025.x.

Suplemento S 12.2: Personalidades sombrias no ambiente profissional

150 Agradecemos à dra. Cynthia Mathieu por sua extensiva contribuição a este Suplemento.

151 Mathieu, C.; St-Jean, É. Entrepreneurial Personality: the Role of Narcissism. *Personality And Individual Differences*, 55, 527-531, 2013. doi:10.1016/j.paid.2013.04.026.

152 Akhtar, R.; Ahmetoglu, G.; Chamorro-Premuzic, T. Greed is Good? Assessing the Relationship between Entrepreneurship And Subclinical Psychopathy. *Personality And Individual Differences*, 54, 420-425, 2013. doi:10.1016/j.paid.2012.10.013.

153 Hmieleski, K. M.; Lerner, D. A. The Dark Triad: Narcissism, Psychopathy, And Machiavellianism as Predictors of Entrepreneurial Entry (resumo). *Frontiers of Entrepreneurship Research*, 33, artigo 6, 2013.

154 Hill, R. W.; Yousey, G. P. Adaptive And Maladaptive Narcissism among University Faculty, Clergy, Politicians, And Librarians. *Current Psychology*, 17, 163-169, 1998. doi:10.1007/s12144-998-1003-x.

155 Fehr, B.; Samsom, D.; Paulhus, D. L. The Construct of Machiavellianism: Twenty Years Later. In Spielberger, C. D.; Butcher, J. N. (eds.). *Advances in Personality Assessment.* Hillsdale: Erlbaum, 1992. v. 9, p. 77-116.

156 Hornett, A.; Fredericks, S. An Empirical And Theoretical Exploration of Disconnections between Leadership And Ethics. *Journal of Business Ethics,* 59, 233-246, 2005.

157 Blair, C. A.; Hoffman, B. J.; Helland, K. R. Narcissism in Organizations: a Multisource Appraisal Reflects Different Perspectives. *Human Performance,* 21, 254-276, 2008. doi:10.1080/08959280802137705.

158 Grijalva, E.; Harms, P. D.; Newman, D. A.; Gaddis, B. H.; Fraley, R. C. Narcissism And Leadership: a Meta-Analytic Review of Linear And Nonlinear Relationships. *Personnel Psychology,* 68, 1-47, 2015. doi:10.1111/peps.12072.

159 Mathieu, C.; Babiak, P. Corporate Psychopathy And Abusive Supervision: Their Influence on Employees' Job Satisfaction And Turnover Intentions. *Personality nd Individual Differences,* 91, 102-106, 2016a. doi:10.1016/j.paid.2015.12.002

160 Wisse, B.; Sleebos, E. When the Dark Ones Gain Power: Perceived Position Power Strengthens the Effect of Supervisor Machiavellianism on Abusive Supervision in Work Teams. *Personality And Individual Differences,* 99, 122-126, 2016. doi:10.1016/j.paid.2016.05.019.

161 LeBreton, J. M.; Shiverdecker, L. K.; Grimaldi, E. M. The Dark Triad And Workplace Behavior. *Annual Review of Organizational Psychology And Organizational Behavior,* 5, 387-414, 2018. doi:10.1146/annurev-orgpsych-032117-104451.

162 O'Boyle, E. H., Jr.; Forsyth, D. R.; Banks, G. C.; McDaniel, M. A. A Meta-Analysis of the Dark Triad And Work Behavior: a Social Exchange Perspective. *Journal of Applied Psychology,* 97, 557-579, 2012.

163 James, S.; Kavanagh, P. S.; Jonason, P. K.; Chonody, J. M.; Scrutton, H. E. The Dark Triad, Schadenfreude, And Sensational Interests: Dark Personalities, Dark Emotions, And Dark Behaviors. *Personality and Individual Differences,* 68, 211-216, 2014. doi:10.1016/j.paid.2014.04.020.

164 Buckels, E. E.; Jones, D. N.; Paulhus, D. L. Behavioral Confirmation of Everyday sadism. *Psychological Science,* 24, 2201-2209, 2013. doi:10.1177/0956797613490749.

165 Moshagen, M.; Hilbig, B. E.; Zettler, I. The Dark Core of Personality. *Psychological Review*, 125, 656-688, 2018. doi.org/10.1037/rev0000111.

APÊNDICE

166 Hare, R. D. *Without Conscience: the Disturbing World of the Psychopaths among Us*. 1. ed. Nova York: Simon & Schuster (Pocket Books), 1993. Edição paperback publicada em 1993 e reeditada em 1999 pela Guilford Press. No Brasil, o livro saiu pela Artmed em 2013.

167 Williamson, S. E.; Harpur, T. J.; Hare, R. D. Abnormal Processing of Affective Words by Psychopaths. *Psychophysiology*, 28, 260-273, 1992. doi:10.1111/j.1469-8986.1991.tb02192.x.

168 Kiehl, K. A.; Smith, A. M.; Hare, R. D.; Mendrek, A.; Forster, B. B.; Brink, J; Liddle, P. F. Limbic Abnormalities in Affective Processing by Criminal Psychopaths as Revealed by Functional Magnetic Resonance Imaging. *Biological Psychiatry*, 50, 677-684, 2001. doi:10.1016/S0006-3223(01)01222-7.

169 Poeppl, T. B.; Donges, M.; Mokros, A.; Rupprecht, R.; Fox, P. T.; Laird, A. R.; Bzdok, D.; Langguth, B.; Eickhoff, S. B. A View behind the Mask of Sanity: Meta-Analysis of Aberrant Brain Activity in Psychopaths. *Molecular Psychiatry*. Publicação eletrônica antecipada, 2018. doi:10.1038/s41380-018-0122-5.

170 Kiehl, K. A.; Bates, A. T.; Laurens, K. R.; Hare, R. D.; Liddle, P. F. Brain Potentials Implicate Temporal Lobe Abnormalities in Criminal Psychopaths. *Journal of Abnormal Psychology*, 115, 443-453, 2006. doi:10.1037/0021-843X.115.3.443.

171 Williamson, S. E.; Harpur, T. J.; Hare, R. D. Abnormal Processing of Affective Words by Psychopaths. *Psychophysiology*, 28, 260-273, 1991. doi:10.1111/j.1469-8986.1991.tb02192.x.

172 Kiehl, K. A.; Smith, A. M.; Hare, R. D.; Mendrek, A.; Forster, B. B.; Brink, J.; Liddle, P. F. Limbic Abnormalities in Affective Processing by Criminal Psychopaths as Revealed by Functional Magnetic Resonance Imaging. *Biological Psychiatry*, 50, 677-684, 2001. doi:10.1016/S0006-3223(01)01222-7.

173 Haycock, D. A. *Murderous Minds: Exploring the criminal Psychopathic Brain: Neurological Imaging And the Manifestation of Evil.* Nova York: Pegasus Books, 2015.

174 Kiehl, K. A. *The Psychopath Whisperer: The Science of Those without Conscience.* Nova York: Random House. Este é um relato pessoal das experiências de um dos alunos de Hare, que foi crucial para que se iniciasse a pesquisa com uso de MRI e fMRI em psicopatas. Para mais informações, visite http://kentkiehl.com/home/.

175 Raine, A.; Glenn, A. L. *Psychopathy: an Introduction to Biological Findings And Their Implications.* Nova York: NYU Press, 2014.

176 Kiehl, K. A.; Buckholtz, J. W. Inside the Mind of a Psychopath. *Scientific American Mind,* setembro de 2010. Disponível em: <https://www.scientificamerican.com/article/inside-the-mind-of-a-psychopath>. Acesso em: out. 2021.

177 Kiehl, K. A.; Sinnott-Armstrong, W. P. (eds.). *Handbook on Psychopathy And Law.* Nova York: Oxford University Press, 2013.

178 Patrick, C. J. (ed.). *Handbook of Psychopathy.* 2. ed. Nova York, NY: Guilford Press, 2018.

179 Thijssen, S.; Kiehl, K. A. Functional Connectivity in Incarcerated Male Adolescents with Psychopathic Traits. *Psychiatry Research: Neuroimaging,* 265, 35-44, 2017. doi:10.1016/j.pscychresns.2017.05.005.

180 Espinoza, F. A.; Vergara, V. M.; Reyes, D.; Anderson, N. E.; Harenski, C. L.; Decety, J.; Calhoun, V. D. Aberrant Functional Network Connectivity in Psychopathy From A Large (N = 985) Forensic Sample. *Human Brain Mapping,* 39, 2634-2634, 2018. doi: 10.1002/hbm.24028.

181 Forth, A. E.; Kosson, D.; Hare, R. D. *The Hare Psychopathy Checklist: Youth Version.* Toronto: Multi-Health Systems, 2003.

182 Book, A. S.; Forth, A. E.; Clark, H. J. The Hare Psychopathy Checklist: Youth Version. In Archer, R. P.; Archer, E. M. (eds.). *Forensic Uses of Clinical Assessment Instruments.* 2. ed. Nova York: Routledge, 2013. p. 266-290.

183 Poeppl, T. B.; Donges, M.; Mokros, A.; Rupprecht, R.; Fox, P. T.; Laird, A. R.; Bzdok, D.; Langguth, B.; Eickhoff, S. B. A View behind the Mask of Sanity: Meta-Analysis of Aberrant Brain Activity in Psychopaths. *Molecular Psychiatry.* Publicação eletrônica antecipada, 2018. doi:10.1038/s41380-018-0122-5.

184 Wolf, R. C.; Pujara, M. S.; Motzkin, J. C.; Newman, J. P.; Kiehl, K. A.; Decety, J.; Kosson, D. S.; Koenigs, M. Interpersonal Traits of Psychopathy Linked to Reduced Integrity of the Uncinate Fasciculus. *Human Brain Mapping*, 36, 4202-9, 2015. doi:10.1002/hbm.22911.

185 Kiehl, K. A. A Cognitive Neuroscience Perspective on Psychopathy: Evidence for Paralimbic System Dysfunction. *Psychiatry Research*, 142, 107-128, 2006. doi:10.1016/j.psychres.2005.09.013.

186 Poeppl, T. B.; Donges, M.; Mokros, A.; Rupprecht, R.; Fox, P. T.; Laird, A. R.; Bzdok, D.; Langguth, B.; Eickhoff, S. B. A View behind the Mask of Sanity: Meta-Analysis of Aberrant Brain Activity in Psychopaths. *Molecular Psychiatry*. Publicação eletrônica antecipada, 2018. doi:10.1038/s41380-018-0122-5.

187 Thijssen, S.; Kiehl, K. A. Functional Connectivity in Incarcerated Male Adolescents with Psychopathic Traits. *Psychiatry Research: Neuroimaging*, 265, 35-44, 2017. doi:10.1016/j.pscychresns.2017.05.005.

188 Baskin-Sommers, A. R.; Neumann, C. S.; Cope, L. M.; Kiehl, K. A. Latent-Variable Modeling of Brain Gray-Matter Volume And Psychopathy in Incarcerated Offenders. *Journal of Abnormal Psychology*, 125, 811-817, 2016. doi:10.1037/abn0000175.

189 Waller, R.; Gard, A. M.; Shaw, D. S.; Forbes, E. E.; Neumann, C. S.; Hyde, L. W. Weakened Functional Connectivity between the Amygdala And the Ventromedial Prefrontal Cortex Is Longitudinally Related to Psychopathic Traits in Low-Income Males During Early Adulthood. *Clinical Psychological Science*. Publicação eletrônica antecipada, 2018. doi:10.1177/2167702618810231.

190 Espinoza, F. A.; Vergara, V. M.; Reyes, D.; Anderson, N. E.; Harenski, C. L.; Decety, J.; Calhoun, V. D. Aberrant Functional Network Connectivity in Psychopathy from a Large (N = 985) Forensic Sample. *Human Brain Mapping*, 39, 2634-2634, 2018. doi: 10.1002/hbm.24028.

191 Hamilton, R. K. B.; Newman, J. P. The Response Modulation Hypothesis. In: Patrick, C. (ed.). *Handbook of psychopathy*. 2. ed. Nova York: Guilford Press, 2018. p. 80-93.

192 Haederle, M. A Mind of Crime: how Brain-Scanning Technology Is Redefining Criminal Culpability. *Pacific Standard*. 23 de fevereiro de 2010. Disponível em: <https://psmag.com/social-justice/a-mind-of-crime-8440>. Acesso em: out. 2021.

193 Saks, M. J.; Schweitzer, N. J.; Aharoni, E.; Kiehl, K. A. The Impact of Neuroimages in the Sentencing Phase of Capital Trials. *Journal of Empirical Legal Studies*, 11, 105-131, 2014. doi:10.111..1/jels.12036.

194 Hare, R. D. Prefácio. In Kiehl, K.; Sinnott-Armstrong, W. (eds.). *Handbook on Psychopathy And Law*. Nova York: Oxford University Press, 2013. p. vii-ix.

195 Harenski, C.; Kiehl, K.; Hare, R. D. Neuroimaging, Genetics, And Psychopathy: Implications for the Legal System. In Malatesti, L.; McMillan J. (eds.). *Interfacing Law, Psychiatry And Philosophy*. Nova York: Oxford University Press, 2011. p. 125-154.

196 Malatesti, L.; McMillan, J. (eds.). *Responsibility And Psychopathy: Interfacing Law, Psychiatry And Philosophy*. Nova York: Oxford University Press, 2010. Disponível em: <http://ukcatalogue.oup.com/product/9780199551637. do>. Acesso em: out. 2021.